dtv

Im Mai 1999 wird die Verfassung der Bundesrepublik Deutschland 50 Jahre alt – Zeit, Bilanz zu ziehen. Ist das Grundgesetz unsere endgültige Verfassung? Was hält unsere Gesellschaft zusammen? Was ist faul im Staate Deutschland? Antworten geben in diesem Buch Männer und Frauen, die erkannt haben, daß eine lebendige Demokratie vom Volk mitgestaltet werden muß. Sie machen ihren Herzen Luft, äußern Anregungen, Hoffnungen und unverblümte Kritik, nehmen Stellung zur Notwendigkeit von Plebisziten, zum Ausländerwahlrecht und zur Frage, wie die Würde des Menschen zu schützen ist. Sie machen deutlich, wie wichtig Visionen und Ideale für unsere Gesellschaft sind. Herausgegeben wird der Band von Hildegard Hamm-Brücher in Zusammenarbeit mit der Theodor-Heuss-Stiftung.

Hildegard Hamm-Brücher, geb. 1921 in Essen, studierte von 1940 bis 1945 Chemie in München. Nach der Promotion war sie von 1946 bis 1949 Redakteurin bei der ›Neuen Zeitung‹ in München. Seit 1948 in der Politik als Stadträtin, Landtagsabgeordnete, Staatssekretärin und Staatsministerin, Gründerin und Vorsitzende der Theodor-Heuss-Stiftung zur Förderung der politischen Bildung und Kultur. 1994 kandidierte sie für das Bundespräsidentenamt. 1995 erhielt sie als erste Frau die Ehrenbürgerschaft der Stadt München. 1996 erschien ihre Autobiographie ›Freiheit ist mehr als ein Wort‹.

»Ungehaltene Reden« mündiger Bürgerinnen und Bürger

Herausgegeben von
Hildegard Hamm-Brücher

Deutscher Taschenbuch Verlag

Von Hildegard Hamm-Brücher
ist im Deutschen Taschenbuch Verlag erschienen:
Freiheit ist mehr als ein Wort (30644)

Originalausgabe
Mai 1999
© Deutscher Taschenbuch Verlag GmbH & Co. KG, München
© des Vorworts: Hildegard Hamm-Brücher
Umschlagkonzept: Balk & Brumshagen
Redaktion und Satz: Lektyre Verlagsbüro
Olaf Benzinger, Germering
Gesetzt aus der Classical Garamond
Druck und Bindung: C. H. Beck'sche Buchdruckerei, Nördlingen
Gedruckt auf säurefreiem, chlorfrei gebleichtem Papier
Printed in Germany · ISBN 3-423-36140-9

Inhalt

Vorwort von *Hildegard Hamm-Brücher* 9

Petra Gummert Wiedersehen mit Herrenchiemsee 17
Roland Thalmair In guter Verfassung 21
Brigitte Tantau Was ist das – »der Bürger«? 26
Rupprecht Podszun Verfassungsverbrauch null-
  kommanull 29
Heinz Neumann Demokratie in Deutschland 33
Sabine Jacobi Innovationskerne verdorren in unserer
  Wüste 38
Hilde Obermayer Lernen, konfliktfähig zu sein 41
Klaus-Christoph Pfau 50 Jahre Soziale Marktwirtschaft
  oder Regiert das Geld die Welt? 44
Christian Hofert Die Handelnden des demokratischen
  Staates auf Abwegen 48
Volker Freystedt Was würden Sie ändern, wenn Sie
  Politiker wären? 54
Andreas Belwe Wider die Spaltung von innerer und
  äußerer Demokratie 58
Mark Harthun Willkür im Rechtsstaat: Wenn
  Staatsgewalt nur noch peinlich ist … 62
Ralf Hansen Sind Bürgerrechte »out«? 67
Elke Plöger Kritik an der Bürgergesellschaft 73
Gerold Caesperlein Ausländer/innen zu Inländer/innen
  machen 78
Elisabeth Mach-Hour Meine Grundrechte, ihre
  Grundrechte – wo ist da der Unterschied? 80
Benjamin Ortmeyer Offener Brief an den
  Ministerpräsidenten Eichel 85
Hans Klumbies Die Bürgergesellschaft lebt! 88
Werner Schmiedecke Aktives Wahlrecht für Kinder . . . 93
Helga Burkart Ungehalten und reformfreudig 98

Björn Milbradt Das ist nicht meine Bürgergesellschaft .. 102
Martin Sehmisch Mehr Aufbruchstimmung! 104
Erich Strohschein Danksagung 106
Ute Heymann gen. Hagedorn Demokratie – ein anderes
    Wort für Bevormundung? 111
Ingemarie Hennig Reform contra Sprachgewissen 114
Thomas Breuer Die Formel-1-Gesellschaft 117
Martin Siemer Kadavergehorsam? 120
Katharina Sprenger Nehmen wir uns die Freiheit, frei zu
    sein! Oder: Von dem Recht auf Pflichten und der
    Pflicht zur Gerechtigkeit 126
Axel Bernd Kunze Schützt die Grundrechte! 130
Klaus-Uwe Fischer Acht Jahre sind echt demokratisch:
    Adresse an den Bundeskanzler 134
Gereon Klein Ungehaltene Betrachtungen eines Kanzlers 136
Albrecht Schack Minister oder Abgeordneter? Plädoyer
    für eine klare Gewaltenteilung 140
Dirk Müller-Westing Ein Mandat ist kein Auftrag für eine
    Diktatur auf Zeit 144
Gudrun S. Koell 50 Jahre Grundgesetz – Wie weit haben
    wir uns davon entfernt? 146
Wolfgang M. Richter Eine verpaßte Chance 149
Udo Semper Fehler und Versäumnisse der
    Wiedervereinigung 153
Annegret Räuber Die Entfremdung zwischen Ost- und
    Westbürgern 157
Hellmut Räuber Was läuft falsch im vereinten
    Deutschland? 162
Simone Rauthe Appell für mehr Solidarität 168
Hans Jürgen Schmitz Festschrift oder Nachruf –
    Lobgesang oder Trauerlied? 169
Stefan Els Wertigkeit und Nachhaltigkeit politischen
    Handelns – drei Thesen, eine Folgerung 174
Helmut Kittlitz Brecht das Packeis auf! 178
Wolfgang Heckelmann Plädoyer für die Selbständigkeit 181
Marion Köbisch Was würde ich ändern oder tun? 184

Hartmut Neumann Was an unserer Demokratie verbessert werden müßte 187
Hans-J. Liese Demokratie mit Funktionsstörungen 189
Richarde Lequa Globalisierungsfolgen 193
Wilma Kobusch Defizite der Demokratie – Beispiel Bioethik-Konvention 196
Georg-Friedrich Jahn Gedanken zur Demokratie in Deutschland 201
Armin K. Nolting Konkrete Reformen sind überfällig 205
S. Michael Westerholz Du darfst denken und jede Wahrheit sagen 209
Georg Schwikart Ich halte nichts davon, den Mund zu halten 212
Wolfgang Geisel Zwölf Vorschläge für eine künftige Verfassung 215
Günter M. Hempel Grundgesetz: Verfassungsauftrag ... 217
Roland Hepp Ein Zwölf-PunktE-Plan für eine deutsche Verfassung in Europa 222
Dirk Jädke Was ich als Politiker ändern würde 224
Sigrid Schuler Mehr Mitsprache der Bürger, mehr Verantwortungsbewußtsein der Politiker 227
Lutz Schellmann Zur Diskrepanz zwischen Wortlaut und Verfassungswirklichkeit des Grundgesetzes 231
Elli Gramm Demokratie als Prozeß und Bewährungsprobe 235
Günter Grawe Mehr Bürgerbeteiligung 238
Maria Nicolini Bürgergesellschaft: Vision und Wirklichkeit 241
Eberhard Dutschmann Das Ende der DDR und die Folgen enttäuschter Ideale 246
Ulf Mailänder Artikel 1 GG: Falsches Pathos 250
Gerlinde Kraus Das Grundgesetz als Freiheitsraum für politisches Handeln 253
Stefan Kleinschmidt Über den opportunistischen Umgang mit Grundgesetzartikeln 258

Ernst August Thienemann Demokratie, Wachsamkeit
und Frieden 263
Anton Tischinger Unsere Demokratie ist nicht so demo-
kratisch, wie sie sein könnte 266
Christian Petzke Unsere Demokratie leidet unter
Parteien- und Funktionärsherrschaft 271
Kerstin Schröder Auf dem Weg zur mündigen Bürgerin . . 273
Holger Zettl Über Zusammenhänge zwischen
Demokratie, politischer Kultur und Lebenswelt 275
Reni Maltschew Haben wir etwas zu feiern? 278
Jan Röttgers Gebt der Jugend eine Chance! Über
Jugendliche und das Ehrenamt bei den Pfadfindern . . 281

Hildegard Hamm-Brücher

Vorwort

Was hat es mit diesem Buch auf sich, in dem 72 »ungehaltene Reden mündiger Bürgerinnen und Bürger« – Frauen und Männer, junge und alte, aus Ost und West – aufgezeichnet sind? Einmal gibt es dafür eine demokratiegeschichtliche Begründung, die bis in die Anfänge unserer mühsamen und wechselvollen Demokratiewerdung, also etwa 150 Jahre, zurückreicht (ich komme darauf zurück); und da steht zum anderen im Mai 1999 der 50. Geburtstag unseres Grundgesetzes bevor, der aktuellen Anlaß bietet, über die Verfassung unserer Demokratie nachzudenken und dieses Nachdenken nicht allein Politikern, allenfalls noch Wissenschaftlern zu überlassen, vielmehr die Befindlichkeit eben jenes »Volkes« sprechen zu lassen, von dem – laut Artikel 20 unseres Grundgesetzes – *alle Staatsgewalt ausgeht*. Die hierauf zutreffende Fragestellung hat der damalige Bundespräsident Richard von Weizsäcker anläßlich des 40. Geburtstages des Grundgesetzes im Mai 1989 so formuliert: »Ja, wir *haben* eine gute Verfassung! Aber *sind* wir auch in guter Verfassung?«

Auf diese Frage Antworten zu suchen, liegt der Absicht dieses Bandes zugrunde. Mit Hilfe und Unterstützung des Deutschen Taschenbuch Verlages und seiner engagierten Lektorinnen Andrea Wörle und Julika Jänicke wurde im September eine Ausschreibung mit folgendem Text vorgenommen:

»*Die Bundesrepublik wird 50 Jahre alt. Da ist es an der Zeit, Bilanz zu ziehen: Ist unsere Demokratie so demokratisch, wie sie sein könnte? Wie könnte sie verbessert werden? Was würden Sie ändern, wenn Sie Politiker wären? ... Erzählen Sie uns von Ihren Erfahrungen. Schreiben Sie uns Ihre Wünsche, Ihre Verbesserungsvorschläge und Ihre Kritik – als Wunschliste, als offenen Brief oder als Pamphlet ...*«

Dieser Text wurde von einigen Zeitungen und Rundfunksendern verbreitet und erbrachte innerhalb weniger Wochen über 200 Einsendungen, aus denen mit Unterstützung von Olaf Benzinger die nun vorliegende Auswahl getroffen wurde. Dabei bemühten wir uns um eine repräsentative Auswahl, die in erster Linie nach Themen und Argumenten vorgenommen wurde. Entsprechend ergab sich eher zufällig eine Bündelung nach Alter (Jahrgang 1913 die Älteste, Jahrgang 1979 der Jüngste – insgesamt mehr Autorinnen und Autoren unter 40 Jahren als darüber), nach Geschlecht (leider nur etwa ein Drittel Frauen), Wohnsitz (etwa ein Viertel aus den Neuen Bundesländern) und Beruf (leider nur ein Viertel Nichtakademiker).

Dennoch und trotz mancher Zufälligkeiten im Ergebnis: Die inhaltliche Ausbeute erweist sich als interessant und lesenswert. Die Themen reichen von Kritik am Erscheinungsbild der »Parteiendemokratie« und der Diskrepanz zwischen geschriebener, gelebter und erlebter Verfassung über das eigene Engagement bis hin zu Vorschlägen und Botschaften, was und wie man es besser machen könnte und müßte. Dabei zeichnen sich Rednerinnen durch mehr konkrete Aufmüpfigkeit aus als Männer, dafür sezieren und dozieren diese geübter. Allen gemeinsam ist, daß sie sich als informierte, überzeugte und engagierte Demokraten unterschiedlicher Parteienpräferenz erweisen. In keiner einzigen der über 200 Einsendungen wurden extremistische, fremdenfeindliche oder antisemitische Töne angeschlagen!

Die 15 »Rednerinnen« und »Redner« aus den Neuen Bundesländern setzen »Ossi-spezifische« politische Akzente, die meines Erachtens besondere Beachtung verdienen. So fragt Reni Maltschew aus Cottbus: »Was haben wir Ossis denn zum 50. Geburtstag des Grundgesetzes zu feiern?« Auszugsweise gibt sie darauf folgende Antwort: »Eine Chance wurde bereits verpaßt, indem 1990 Art. 146 GG nicht umgesetzt wurde und der Weg für eine *gemeinsame* Verfassung versperrt blieb. Vielleicht wären wir mit einem Referendum heute tatsächlich ›politisch intelligenter, wacher und über uns selber aufgeklärter‹, ... Wir sollten die Gelegenheit (des 50. Grundgesetz-Geburtstages) nutzen, um zu zeigen, mit wie viel Kreativität und Engagement wir in Leipzig, Dresden, Cottbus (etc.), überall in den neuen Ländern, arbeiten und uns als Teil einer aktiven und mündigen Bürgergesellschaft erweisen.«

Natürlich ist es nicht erlaubt, aus der Zufälligkeit der Ausschreibung, ihrer Kurzfristigkeit und unserem Auswahlverfahren – also aus einem, alles in allem unvollkommenen Experiment – repräsentative Schlüsse zu ziehen. Dennoch: Unter den beschriebenen Bedingungen war die quantitative Ausbeute erstaunlich hoch, und die qualitative Ausbeute ist es auch.

Für interessiert und engagierte Bürgerinnen und Bürger, vor allem für junge Menschen, birgt sie viel Diskussionsstoff – aber auch für Politiker, sofern sie sich, über den Wahltag hinaus, über die Verfassung unserer Demokratie und ihrer Bürger Gedanken machen.

Die in diesem Band gesammelten »ungehaltenen Reden mündiger Bürgerinnen und Bürger« können anläßlich des 50. Geburtstages unseres Grundgesetzes dazu beitragen, daß es zu einem überfälligen, unsere Demokratie weiterführenden Dialog kommen möge zwischen dem Volk, »von dem alle Staatsgewalt *ausgeht*« und den Parteien, die »bei der politischen Willensbildung des Volkes *mitwirken*«. Um die Zukunft unserer immer noch jungen Demokratie willen gilt es, diese einmalige Chance zu nutzen.

Damit bin ich bei den eingangs erwähnten demokratiepolitischen Aspekten, die der von vier Bürgerstiftungen (der »Theodor-Heuss-Stiftung«, der »Stiftung Mitarbeit«, der »Aktion Gemeinsam« und des »Forums Bürgerbewegung«) anläßlich des 50. Geburtstages des Grundgesetzes vom 8. bis zum 23. Mai 1999 geplanten »Woche der Bürgergesellschaft« zugrunde liegen. Ich habe sie in einem größeren Beitrag für ›Die Zeit‹ im September 1998 unter dem Titel ›Laßt die Bürgergesellschaft wachsen!‹ zusammengefaßt und möchte daraus die mir wichtigsten Passagen wiederholen:

Es gibt viel Stoff zum Nachdenken über Zustand und Verfassung unseres demokratischen Gemeinwesens. Da ist zuerst – und vor allem! – die Frage nach der Funktionstüchtigkeit und Belastbarkeit unserer um 100 Jahre verspätet eingeführten repräsentativen Demokratie. Sie tut sich heute, nach beinahe 50 vergleichsweise fetten Jahren, ausgesprochen schwer, auf Neues zu reagieren. Sie kann die gewohnten Segnungen des Sozialstaates nicht mehr garantieren und verliert darüber hinaus auch noch im Zuge der Globalisierung Kompetenzen und Handlungsfähigkeiten. Das sind keine abstrakten Fragen. Die Bürger selbst spüren sie, instinktiv oder am eigenen Leibe.

Schon müssen wir lesen, daß Politikverdrossenheit in Demokratieverdrossenheit umschlage; für den Satz »Mit der Demokratie können wir die Probleme lösen, die wir in der Bundesrepublik haben« ging Umfragen zufolge die Zustimmung seit 1992 im Westen von 75 auf 56 Prozent zurück, im Osten gar von 52 auf 30 Prozent. Damit will ich kein Szenario des Untergangs der Demokratie beschwören. Wohl aber plädiere ich dafür, die sich offenbar verschlechternde Verfassung unserer Demokratie nicht länger zu ignorieren, zu bagatellisieren oder als Produkt populistischer Politikerschelte abzutun.

Just das ist es nämlich, was wir, die Initiatoren der für 1999 geplanten Woche der Bürgergesellschaft, uns vorgenommen haben – bundesweit, landauf, landab, in den Tagen zwischen dem 8. Mai (dem Tag der Annahmen des Grundgesetzes im Parlamentarischen Rat) und dem 23. Mai (dem Tag des Inkrafttretens vor 50 Jahren). Die zentralen Veranstaltungen werden in Berlin stattfinden, um zu bekunden, daß unsere Hauptstadt nicht nur Regierungssitz, sondern auch Zentrum einer Bürgerdemokratie werden soll.

Die Deutschen und die Demokratie, das ist eine Beziehung, die es schon immer schwer hatte und die auch heute wieder nur durch viel Engagement erneuert werden kann. Die Schwierigkeit beginnt ja schon damit, daß wir Deutschen uns nie eine dauerhafte Demokratie erkämpft haben; diese Erfahrung fehlt uns ganz einfach. Zwei demokratische Staatsversuche sind gescheitert, nämlich in den Jahren 1849 und 1933. Zwar enthielt die liberale Weimarer Verfassung umfassende bürgerrechtliche Garantien, auch hatte sie die zuvor geforderte konstitutionelle Gewaltenteilung und bahnbrechende Grundrechte postuliert, z. B. die »grundsätzliche« staatsbürgerliche Gleichberechtigung von Frauen und Männern und die Zuerkennung ihres aktiven und passiven Wahlrechts. Alle Errungenschaften aber fruchteten wenig vor dem Hintergrund der wirtschaftlichen und sozialen Krisen; letztlich war ausschlaggebend, daß es dem »Weimarer System« – ziemlich von Anbeginn – der Verankerung unter den Bürgern und nun auch den Bürgerinnen fehlte. Weimar scheiterte am antidemokratischen Denken des Bürgertums. Die große Mehrheit der Deutschen erlag den Verheißungen des Faschismus. Die zarten Sprosse eines zaghaft gewachsenen zivilgesellschaftlichen Engagements wurden nach Hitlers Machtergreifung in kürzester Frist zertreten. Und die meisten Deutschen folgten gehorsam und begeistert ihrem Diktator – bis zum eigenen und zum europäischen Untergang. Deshalb fiel uns der demokratische Neuanfang nach 1945 so schwer.

Nach der Gründung der Bundesrepublik folgte eine Epoche des materiellen Aufbaus – doch mit folgenreichen Fehlern: keine vertiefte Auseinandersetzung mit der Vergangenheit, Amnestie der Täter, Vernachlässigung der Opfer. Dennoch, immerhin, wuchs die Zustimmung zur Demokratie. Es folgte 1968 die Zeit der Studentenunruhen, des Nachholens der versäumten Reformen und der Entspannungspolitik, die gegen Ende der 80er Jahre reiche Früchte trugen. Bereits ab Mitte der 80er erlebten wir dann in den Bürgerrechtsbewegungen der mittel- und osteuropäischen Staaten und der DDR. Was Bürgerengagement bewirken kann!

Das Ende des Kalten Krieges und die Wiedervereinigung Deutschlands wären nun eine Chance gewesen, neue demokratie- und verfassungspolitische Konsequenzen zu ziehen. Das ist leider versäumt worden, und so blieb der Vereinigungsprozeß verfassungspolitisch unvollendet. Die Versäumnisse wirken sich auf das deutsch-deutsche Klima aus. Im Osten wird »Protest« gewählt, hier befinden sich auch die Zentren rechtsradikaler Gewalt. Die Initiatoren der Woche der Bürgergesellschaft bekommen im Osten folgende Vorbehalte zu hören: 50 Jahre Grundgesetz, was gibt es denn da für uns zu feiern, wo wir doch keine Gelegenheit hatten, dieses Grundgesetz auch zu unserer Verfassung zu machen? Und weshalb sollen wir uns angesichts der Arbeitslosigkeit und der sozialen Nöte bürgergesellschaftlich engagieren, wenn wir dann doch nichts ändern können? Das sind Vorbehalte, die sehr ernst genommen werden müssen. Überdies: Mag die Demokratie im Osten ihre spezifischen Probleme haben – prekär ist ihre Lage im ganzen Land. Wenn man bedenkt, daß weniger als vier Prozent unserer Wahlbevölkerung Mitglieder von politischen Parteien und von diesen bestenfalls ein Viertel innerparteilich aktiv sind, dann sind das schon beunruhigend wenig Bürger. Und was ist das für eine repräsentative Demokratie, die nur von einer hauchdünnen Parteienoligarchie bestimmt wird?

Etwa sechsmal so viele Bürger engagieren sich außerhalb der Parteien. Das wären dann immerhin über 20 Prozent aller Bürger. Dennoch, die Diskrepanz zwischen aktiven und – aus welchen Gründen auch immer – passiven Bürgern ist eklatant und für die Legitimation eines von Bürgern getragenen demokratischen Gemeinwesens keinesfalls befriedigend. Wie aber ließe sich das politische Fundament des Gemeinwesens festigen? Es gibt vielfältige Ansätze, der Verdrossenheit- und Zuschauerdemokratie, der oligarchischen Nur-Parteien-Demokratie entgegenzuwirken. Drei seien hier genannt.

Erstens: die Bürgergesellschaft. Obzwar ihr Wirken im etablierten Staats- und Parteiengefüge nicht immer geliebt, gelegentlich gefürchtet, nur selten dankbar anerkannt wird, ist sie sichtlich im Kommen und trägt in vielen Bereichen bereits zur Vitalisierung unserer Demokratie bei. Bürger gründen Initiativen mit sozialen, ökologischen, kommunalen, kulturellen Zielen, ohne darum gebeten zu werden – »Nichtregierungsorganisationen« im eigenen Land, jenseits von Parteien, Verbänden und Gewerkschaften. Freilich hat diese sich ausbreitende und vernetzende Bürgergesellschaft im Gefüge unserer Verfassungswirklichkeit neben den Parteien und Institutionen noch keinen definierten Standort gefunden. Doch mit ihr kann unsere Verfassung als Alltagsdemokratie wieder lebendig werden – lebendiger als mit noch so gutgemeinter Staatsbürgerkunde oder mit Festtagsverkündigungen von oben.

Diese demokratische Bürgergesellschaft birgt ein enormes Reformpotential. Ehrenamtliches Bürgerengagement ist nämlich durch und durch konstruktiv. Es verharrt, auf welchem Felde, in welcher Lücke oder Nische auch immer es stattfindet, nicht im Protest; es ist eine Quelle sachkundiger Innovationen, das Talente für Organisation, Konzeption und Aktion weckt. Es vermag an sozialen Brennpunkten erste und neuartige Hilfe zu leisten, läßt Solidarität in neuen Formen für alle Beteiligten erfahrbar werden. Die wichtigste Wirkung ist aber diese: gemeinsames Engagement schafft Zusammenhalt, und Zusammenhalt begründet demokratische Identität.

Zweitens: Es wächst die Einsicht, daß Bürgerengagement der finanziellen Unterstützung – des seed-money, wie es die Amerikaner nennen – durch gemeinnützige Stiftungen und Stifter bedarf. Die einen stiften freie Zeit, also soziales Kapital, die anderen wiederum stiften Geld; gemeinnützige Stiftungen sind es, die – eine geeignete Steuergesetzgebung vorausgesetzt – auf neue Herausforderungen flexibel, undogmatisch und unbürokratisch reagieren und vom Staat vernachlässigte oder gar nicht erst geleistete Aufgaben zumindest anfinanzieren können. Sie sind es, die weitere wohlhabende Mitbürger zum Stiften anstiften und ihnen die Genugtuung verschaffen können, Nützliches zu bewirken.

Drittens: Es entsteht so etwas wie eine gemeinsame politische Tendenz des bürgergesellschaftlichen Engagements, auch wenn sie noch nicht klar und deutlich zutage tritt. Sicher ist jedenfalls, daß die meisten Gruppen ihre sozialen oder politischen Projekte heute keinesfalls mehr nur als Reparaturwerkstätten für staatliche Versäumnisse verstehen, sondern als Antriebskräfte für und Teilhaber von demokratischer Erneuerung.

Unter ihnen fordert eine wachsende Zahl mehr partizipatorische Rechte wie die Stärkung des Petitionsrechts, Volksinitiativen, Volksbegehren und Volksentscheide. Andere plädieren für die Einrichtung von institutionalisierenden runden Tischen mit Verwaltungen, Parlamentariern und gewählten Abgesandten aus Bürgerinitiativen und Organisationen.

Gemeinsam ist allen die Überzeugung, daß die Überwindung des Formtiefs nicht nur unserer, sondern fast aller westlicher Demokratien, keineswegs von politischen Parteien, Parlamenten, Regierungen und Verwaltungen allein geleistet werden kann. Nein, nicht nur die Institutionen sind gefordert, sondern vor allem Bürgerinnen und Bürger, die mit Rat und Tat für unsere demokratische Ordnung – nun eben: bürgen wollen.

Das 20. Jahrhundert hat uns Westdeutschen vier, den Ostdeutschen fünf Staats- und Gesellschaftsformen, zwei Weltkriege und zahlreiche Katastrophen beschert. Zu guter Letzt hat es uns die Wiedervereinigung und eine allen Deutschen gemeinsame Demokratie geschenkt, die aber nach all diesen Um- und Abbrüchen wieder und immer wieder unserer bürgergesellschaftlichen Beglaubigung und politischen Fürsorge bedarf.

In diesem Sinne wollen wir den 50 Geburtstag unseres Grundgesetzes als Bürgerinnen und Bürger feiern. Dazu hat uns unser erster Bundespräsident Theodor Heuss nach seiner Wahl am 12. September vor 50 Jahren eine klare Wegweisung gegeben, als er auf dem Bonner Marktplatz versammelten Bürgerinnen und Bürgern – aber auch den frisch gewählten Politikern – zurief: »*Wenn unsere Verfassung nicht im Bewußtsein und in der Freude des Volkes lebendig ist, bleibt sie ein Stück Machtgeschichte von Parteienkämpfen, die wohl nötig sind, aber nicht den Sinn (der Verfassung) erfüllen.*«

Dem ist auch nach 50 Jahren nichts hinzuzufügen.

München, Anfang 1999 Hildegard Hamm-Brücher
Vorsitzende der
Theodor-Heuss-Stiftung e.V.

Petra Gummert

Wiedersehen mit Herrenchiemsee

Petra Gummert, geb. am 23. 01. 1966 in Lemgo (Lippe), ergriff nach Schulausbildung, Jurastudium und Referendariat den Beruf der Verwaltungsjuristin. Dazu zog sie zusammen mit ihrem Ehemann im Oktober 1994 in die Nähe von Magdeburg, wo sie lebt und arbeitet. Ihre Interessen beziehen sich insbesondere auf Geschichte und Literatur. Auf dem von ihr bewohnten Bauernhof stellen die Neugestaltung und Nutzung ihres Gartens zudem einen reizvollen Ausgleich dar.

Das Angenehme mit dem Nützlichen verbinden, dachten wir, als wir eine berufliche Fortbildung mit ein paar Tagen Urlaub würzten. Bei dem vorgegebenen Ziel nicht schwer: Prien am Chiemsee. Während meine bessere Hälfte schwitzend und Kaffee schlürfend Stunde um Stunde Vorträgen lauschte und Seite um Seite seiner Skripte inhalierte, wandte ich mich den schöneren Seiten der Umgebung zu. Erst einmal vertraut geworden mit der Örtlichkeit, kommt niemand mehr an einer Dampferfahrt zu den touristischen Highlights des Chiemsees vorbei: den Inseln. Eine Fahrkarte ist schnell gelöst und nach gut 20 Minuten betritt man und frau in ordentlich gelenkten Scharen das Eiland. Ganz nach Wunsch, sei es die Frauen- oder die Herreninsel. Die Abläufe sind dann identisch. Zielgerichtet werden die im Reiseführer auf Hochglanzphotos präsentierten Sehenswürdigkeiten abgearbeitet. So bleibt ausreichend Zeit, auch die jeweilige Nachbarinsel zwischen Kaffeezeit und Abendessen noch mitzunehmen. Auf der größeren Herreninsel erleichtern Pferdekutschen den sonst 20minütigen Fußweg zum Neuen Schloß. König Ludwig II. von Bayern beherrscht die Szenerie. Artig warten Hunderte in langen Schlangen vor den großen Flügeltüren um Einlaß zu den sogar mehrsprachig angebotenen Führungen durch sein kleines Versailles, das er für ganze neun Tage bewohnte und das mangels ausreichender Mittel unvollendet blieb. Ein fragwürdiges Vergnügen.

Für das Gros der Besucher steht danach wieder die Pferdekutsche bereit. Die Dampfer warten. Nur wenige fragen sich, ob es neben einem Neuen nicht auch ein Altes Schloß geben müßte. Und ihre Mühe wird belohnt. Schlicht weiß gehalten steht es auf einer Anhöhe fünf Minuten vom Anleger entfernt. Durchhastende Fußgänger erinnern sich vermutlich eher an das kleine Restaurant sowie den Biergarten am Seitenflügel der Schloßpforte. Die wenigsten ahnen, daß dies bescheidene Gebäude, an dem sie ob der Bezeichnung Schloß irritiert vorbeieilen, eine Geschichte erzählt, die ihrer aller Leben im wahrsten Sinne des Wortes »grundlegend« bestimmt. Im Jahr 1948 fand hier vor ziemlich genau 50 Jahren vom 10. bis 23. August eine Versammlung statt. Es tagten die Vertreter der neu entstandenen westdeutschen Länder. Ihre Aufgabe: Ausarbeitung eines Verfassungsentwurfs für den neu zu gründenden Staat »West-Deutschland«. Vorausgegangen waren der totale Zusammenbruch 1945, zaghafte Neuanfänge in den Besatzungszonen, dann das, was ursprünglich niemand gewollt hatte. Die Teilung Deutschlands hatte sich manifestiert, die Luftbrücke nach Berlin im Sommer 1948 war ein beredtes Zeichen hierfür.

So kamen die auf Herrenchiemsee Versammelten dem Auftrag nach, der ihnen durch die Besatzungsmächte der Westzonen mit auf den Weg gegeben war. Sie sollten für die vereinigte Trizone ein »staatsrechtliches Gerippe und eine geordnete Verwaltung« erarbeiten, die vor »gewaltigen wirtschaftlichen, sozialen und politischen Aufgaben« stand. (Alle Zitate entstammen der Ausstellung ›Auf dem Weg zum Grundgesetz: Verfassungskonvent Herrenchiemsee‹.) Die Ministerpräsidenten der elf Länder hatten zu diesem Zweck jeweils einen bevollmächtigten Delegierten entsandt, der durch maximal zwei »Mitarbeiter« begleitet wurde. Allesamt waren Experten, deren Auffassung auch politisch Gewicht besaß.

Betrachtet man die Umstände dieses sogenannten Verfassungskonvents, so wird deutlich, daß mit einfachsten Mitteln Großartiges geleistet wurde. Auf der Insel waren gerade zwei Telefonanschlüsse vorhanden, der Raum, in dem die Plenarsitzungen stattfanden, war ein etwa 35 qm großes Eckzimmer in der ersten Etage des Alten Schlosses. Die eigentliche Zuarbeit wurde in drei Unterausschüssen geleistet, die überall verstreut auf der Insel zusammentraten, so z.B. auch im Garten des Schloßgasthofs. Einzelne der Herren hatten, wie es hieß, »ihre Damen mitgebracht« – die sich vermutlich auch, während der Gatte schwitzte, die Umgebung ansahen. Als Verpflegung standen bereit: »zum Frühstück: Bohnenkaffee mit Milch und Zucker, Weißbrot, ein Ei, Butter und Marmelade; zwischen den Sitzungen am Vormittag: Bouillon und eine Semmel; zum Mittag: Suppe, Hauptgang und Nachtisch (eine Tasse Kaffee); zum Kaffee: Tee mit Zucker, Milch und ein Stückchen Kuchen; und zum Nachtessen: Suppe, Hauptgang, Nachtisch.« Unter der »Ausgabe auf genau kontrollierte Bons« standen »als Zubehör zur Verfügung: pro Person und Tag Spezialbier ein Liter; Wein eine halbe Flasche sowie an Rauchwaren drei Zigarren oder zwölf Zigaretten.«

Vom Begleitprogramm her waren in der ersten Woche eine Seerundfahrt, der Besuch der Nachbarinsel Frauenchiemsee, Ausflugsfahrten nach München, Bad Reichenhall, auf den Predigtstuhl sowie zum Abschluß der Tagung eine Fahrt nach Berchtesgaden und zum Königssee mit weiteren Besichtigungen vorgesehen.

Auch ärgerliche Vorfälle waren zu beklagen. So legte ein Tagungsteilnehmer dem Vorsitzenden als »Vormerkung« vor, daß für die 41 Personen eines Nachtessens »82 Gläschen Cognac in Anrechnung gebracht wurden, obwohl der Unterzeichnete nachweisbar gar keinen Cognac konsumierte (er nicht einmal eingegossen wurde)«.

Ferner wurde der zuständige bayerische Staatsminister für Ernährung, Landwirtschaft und Forsten um die »Ausfertigung eines Bezugsscheins von Käse« gebeten, »der als Gastgeschenk einigen Mitgliedern des Verfassungsausschusses von Herrenchiemsee mitgegeben werden soll.«

Trotz aller Meinungsverschiedenheiten war es jedoch alles andere als Käse, was die Versammlung bei Abschluß ihrer Tagung vorlegte. Die bescheiden als ›Bericht‹ zusammengefaßten Ergebnisse enthielten u. a. den fast vollständigen Entwurf eines Grundgesetzes. Wenn dieser später auch in den Verhandlungen im anschließend in Bonn tagenden Parlamentarischen Rat heftig kritisiert und angegriffen wurde, so beeinflußte er die Grundgesetzberatungen in erheblichem Maße. Das auf seiner Basis geschaffene Grundgesetz schrieb eine echte Gewaltenteilung fest, eine föderalistische Ordnung und nicht zuletzt die an den Anfang gestellten Grundrechte aller Menschen. Für diese Grundsätze benötigte die Konferenz ausweislich der Unterlagen, zieht man die Zeit für das Beiprogramm einmal ab, weniger als 13 Tage. Unser Aufenthalt am Chiemsee dauerte zwei Wochen.

Bei allem Schmunzeln oder vielleicht auch leise geknurrten »Typisch-die-da-oben«-Bemerkungen über die geschilderten »Umstände« der Konferenz bleibt nach dem Besuch des Alten Schlosses ein tiefer Eindruck des Dankes an diese Männer und Frauen für ihre Arbeit, die seit 1990 sogar für die östlichen Bundesländer wirksam werden konnte und damit den ursprünglich letzten Satz der Präambel des Grundgesetzes, der das gesamte deutsche Volk aufforderte, »in freier Selbstbestimmung die Einheit und Freiheit Deutschlands zu vollenden«, überflüssig machte.

Wie 1990 ist es auch in Zukunft wichtig, daß alle Menschen die Verfassung unseres Staates mit Leben füllen. Nur so bleiben wir in guter Verfassung.

Roland Thalmair

In guter Verfassung

Roland Thalmair, geb. am 24.09.1970 in München. 1985 bis 1992 ehrenamtliche Tätigkeit beim Museumsverein Dachau e.V. (Vorstandschaft). Seit 1991 freie Mitarbeit bei den ›Dachauer Nachrichten‹ des ›Münchner Merkur‹ mit dem Schwerpunkt Kultur. Studium der Rechtswissenschaft an der Universität München. Fünf Jahre Tätigkeit als studentische Hilfskraft bei Prof. Dr. Rupert Scholz am Institut für Politik und Öffentliches Recht der Universität München. Selbständige Veröffentlichungen in diversen juristischen Fachzeitschriften sowie in der heimatkundlichen Vierteljahresschrift ›Amperland‹.

Nach der Beendigung des Zweiten Weltkrieges nahmen die Überlegungen der Amerikaner und Briten, einen westdeutschen Teilstaat zu errichten, trotz anfänglicher Widerstände Frankreichs zunehmend konkrete Gestalt an. Die Empfehlungen der Londoner Sechsmächtekonferenz, an der neben diesen drei westlichen Besatzungsmächten auch die Niederlande, Belgien und Luxemburg als unmittelbare westliche Nachbarn Deutschlands teilnahmen, bildeten die Grundlage für die »Frankfurter Dokumente«, die die Militärgouverneure den Ministerpräsidenten der elf westdeutschen Länder dann am 1. Juli 1948 übergaben. Darin wurden sie u. a. aufgefordert, eine verfassunggebende Nationalversammlung einzuberufen, die spätestens am 1. September 1948 zusammentreten sollte. Die hierüber im Koblenzer Hotel »Rittersturz« beratenden Ministerpräsidenten hoben bei ihrer Stellungnahme zu den »Frankfurter Dokumenten« hervor, daß vermieden werden müsse, die Spaltung zwischen West und Ost zu vertiefen. Mithin wehrten sie sich gegen den Staatscharakter des zu errichtenden Gebildes und sprachen sich vielmehr für ein Provisorium aus, das bis zur deutschen Wiedervereinigung einen gemeinsamen organisatorischen Rahmen für den Bereich der Westzonen bilden sollte. Im Hinblick auf den unvermeidbar provisorischen Charakter dieses Staatsgebildes und zur nachdrücklichen Betonung insoweit wollte man – unter Vermeidung des staatsrechtlichen Begriffes – keine »Verfassung« ausarbeiten, sondern ein »Grundgesetz«. Weiterhin sollte keine vom Volk gewählte »Nationalversammlung« zur Erarbeitung des Grundgesetzes zusammentreten, sondern ein »Parlamentarischer Rat«, dessen 65 Mitglieder von den Länderparlamenten bestimmt wurden. Schließlich lehnte man auch eine Volksabstimmung über den Verfassungsentwurf ab; vielmehr sollte das Grundgesetz lediglich von den Länderparlamenten ratifiziert werden.

Nachdem ein von den Ministerpräsidenten berufener Verfassungskonvent als Sachverständigen-Ausschuß in Herrenchiemsee vom 10. bis 23. August einen Verfassungsentwurf erarbeitet hat, trat am 1. September 1948 in Bonn der Parlamentarische Rat zum Zwecke der endgültigen Verfassungsberatungen zusammen. Nach langen und mitunter kontroversen Debatten wurde am 8. Mai 1949 das (sog. Bonner) Grundgesetz für die Bundesrepublik Deutschland schließlich mit 53 gegen 12 Stimmen angenommen und nach der Genehmigung durch die drei Militärgouverneure wurde es am 23. Mai ausgefertigt und verkündet. In Kraft getreten ist die Verfassung dann einen Tag später, am 24. Mai 1949. Damit war die Bundesrepublik Deutschland als parlamentarische Demokratie entstanden, und deren Verfassung erweckte nicht gerade den Eindruck eines Provisoriums, wie es ja ursprünglich nur angestrebt worden war. Vielmehr ließen Aussehen und Inhalt des Grundgesetzes eine auf unbestimmte Dauer angelegte Verfassung erkennen, wie sie anderen Staaten auch zu eigen war.

Zweifelsohne war mit dem vermeintlichen Provisorium ein großer Wurf gelungen. Aber wie sollte es auch anders kommen? Denn zum einen konnte es unter den Augen der westlichen Besatzungsmächte ja – ohne daß sich das Grundgesetz jedoch als Diktat der Alliierten darstellen sollte – nur streng demokratisch und föderalistisch zugehen; zum anderen fanden die vielzitierten »Mütter und Väter des Grundgesetzes« mit der deutschen Verfassungsgeschichte ein reichhaltiges Reservoir vor, aus dem sie bei ihrer Tätigkeit schöpfen konnten. Exemplarisch hierfür ist das erste demokratisch legitimierte Verfassungswerk auf deutschem Boden, die Pauls-Kirchen Verfassung, deren 100jährige Wiederkehr just zu dieser Zeit sich bei der Schaffung des Grundgesetzes nur schwer hätte ignorieren lassen und hinsichtlich der Grundrechte abermals – wie einst in diesem so oft verunglimpften »Professoren-Parlament« – zu einer prinzipiellen Debatte führte. Anders als in der Weimarer Verfassung von 1949 fanden sich die sämtliche Staatsgewalten bindenden Grundrechte dann auch als Basis der Verfassung und entsprechend ihrer Bedeutung an deren Spitze. In ihren Bestand sollte der Gesetzgeber nur aufgrund besonderer Vorbehalte und auch hier nur in Grenzen eingreifen dürfen. Insgesamt erweist sich das Grundgesetz als das ebenso moderne wie effektive Resultat der Verarbeitung historischer Erfahrungen, insbesondere solcher aus der Weimarer Republik. Man denke nur an die – im Sinne einer relativen Schwächung – geänderte Funktion des Bundespräsidenten als konstitutionelles Staatsoberhaupt, die gestärkte Stellung des Bundeskanzlers im Regierungssystem der Bundesrepublik Deutschland (»Kanzlerdemokratie«), die Möglichkeit eines konstruktiven Mißtrauensvotums oder ein Wahlrecht, das Weimarer Verhältnisse nicht mehr zuläßt. Republik, Demokratie, Rechts-, Sozial- und Bundesstaat wurden vom Grundgesetz zu den obersten Verfassungsprinzipien erklärt, und sie wiederum erfahren allesamt ihre Verankerung in der Menschenwürde.

Inzwischen besteht das Grundgesetz seit 50 Jahren. Diese Zeitspanne stellt nur eine kleine Episode in der praktisch endlos erscheinenden Zeit dar, die der Menschheit von der Weltgeschichte dargeboten wurde. Als solche zählt sie nicht viel. Was aber zählt, jedenfalls für die Menschen, die in ihr leben, sind 50 Jahre bewährte Demokratie. Zwar war mit der Schaffung des (inzwischen geradezu in den Mittelpunkt des Verfassungsstaates gerückten) Bundesverfassungsgerichtes als »Hüter« – und mitunter auch »Herr« der Verfassung – das an sich durchgängig demokratische Prinzip des Grundgesetzes an einer entscheidenden Stelle durchbrochen worden. Aber nur so ließ sich sicherstellen, daß nicht noch einmal eine demokratisch legitimierte Mehrheit gleichsam der »Entartung« verfallen kann, und von allen an der Staatsleitung beteiligten Institutionen wird dem Bundesverfassungsgericht ja auch regelmäßig das höchste Vertrauen entgegengebracht. Die Legitimation des Grundgesetzes durch das Volk selbst war jedenfalls durch die breite Akzeptanz dieser Verfassung auf seiten der Menschen in der bisherigen Bundesrepublik und das bewußte Bekenntnis der Deutschen in der ehemaligen DDR hierzu nachgeholt worden. Echte Lücken, die 1949 noch im Grundgesetz enthalten waren, sind zwischenzeitlich durch mitunter bedeutsame Gesetzesänderungen ausgefüllt worden. Für die Wiedervereinigung Deutschlands hatte das Grundgesetz zwei verschiedene Konstruktionsmöglichkeiten vorgesehen: Der Beschluß einer gesamtdeutschen Verfassung durch das gesamte deutsche Volk nach Art. 146 (a. F.) GG war ebenso denkbar wie der Beitritt anderer Teile Deutschlands zur Verfassungsordnung des Grundgesetzes nach Art. 23 S. 2 (a. F.) GG. Entsprechend der letztgenannten Alternative hatte die Volkskammer der DDR am 23. August 1990 nach einem mitunter chaotischen Verfahren den Beitritt der DDR zur Bundesrepublik für den 3. Oktober 1990 beschlossen. Damit war das Grundgesetz im Beitrittsgebiet in Kraft zu setzen. Dies geschah in Art. 1 Abs. 1 und Art. 3 des am 31. August 1990 unterzeichneten Einigungsvertrages. Die Einheit und Freiheit Deutschlands war also vollendet, und seither gibt es nur noch einen einzigen deutschen Staat: die Bundesrepublik Deutschland.

Art. 5 des Einigungsvertrages empfahl den gesetzgebenden Organen des vereinten Deutschlands, sich mit den durch die deutsche Einigung aufgeworfenen Fragen einer Grundgesetznovellierung zu befassen. Zu diesem Zweck wurde von Bundestag und Bundesrat mit Beschlüssen vom 28. und 29. November 1991 die gemeinsame Verfassungskommission eingesetzt. Sie sollte sich vor allem mit den in Art. 5 des Einigungsvertrages genannten Grundgesetzänderungen befassen sowie mit solchen Änderungen, die durch die Verwirklichung der Europäischen Union erforderlich würden. Aber auch zur Untersuchung in der politischen Diskussion aktuell gewordener verfassungsrechtlicher Fragen im Hinblick auf eine Grundgesetzänderung sah sich die Verfassungskommission berufen. Nach knapp zwei Jahren, in denen – begleitet von einem bemerkenswert regen (Verfassung-) Interesse einer breiten Öffentlichkeit – etwa die Hälfte der Grundgesetzartikel auf ihre Reformbedürftigkeit überprüft worden waren, hatte die Gemeinsame Verfassungskommission mit der Vorlage eines einstimmig beschlossenen Berichts ihren Auftrag erfüllt. Er sollte die Grundlage bilden für Initiativen zur Änderung des Grundgesetzes durch die Bundesregierung, aus der Mitte des Bundestages oder durch den Bundesrat. Eine Total- bzw. Gesamtrevision oder gar die Schaffung einer neuen Verfassung erschien, obwohl zunächst von manchen favorisiert, letztlich doch nicht angezeigt, und die aktuelle Verfassungsdiskussion ließ schließlich erkennen, daß jedenfalls insofern Konsens besteht, daß sich das Grundgesetz als ebenso stabile wie auch anpassungsfähige Verfassung bislang bewährt hat und sich auch im internationalen Vergleich als hervorragend darstellt. Die Akzeptanz des Grundgesetzes zeigt sich auch darin, daß nach dem – freilich von Vorverständnissen geprägten – Rechtsgefühl die verfassungsmäßigen Gesetze als legitim erachtet werden. Dies verdeutlicht zugleich die vorhandene Akzeptanz in der Gesellschaft. Mithin ist die Demokratie in guter Verfassung und dieses gegenwärtige Wissen um die letzten 50 Jahre der deutschen Geschichte vermag durchaus das verständige Augenmaß für eine entsprechend hoffnungsvolle Zukunft hervorzubringen.

Brigitte Tantau

Was ist das – »der Bürger«?

Brigitte Tantau, geb. Soppart, verw. Schumacher, verw. Tantau. Geb. 1913, Abitur in Köln, anschließend Studium dort Theaterwissenschaft und Germanistik. 1. Heirat 1935, Ehemann 1941 gefallen. 2 Töchter aus dieser Ehe. 2. Ehe 1946, 2 weitere Kinder. 1986 Tod des 2. Ehemannes. Interessen: Literatur, Theater, Malerei, Musik. Gelegentliche journalistische Arbeiten (›Die Welt‹) – 5 Jahre Spielerin bei der Alten-Theatergruppe Thalia/Hamburg.

Hineingeboren in, ich weiß nicht, welche Zeit – ich weiß nicht, in welches Land – ich weiß nicht, in welche Familie!

Eltern formen ihre Kinder. Ich war ein Mädchen – und hätte ein Junge sein sollen. Der Vater steht auf die ritterlichen Tugenden: tanzen, reiten und fechten, Mut zeigen!

Die Zeit nach dem Ersten Weltkrieg prägt meine Jugend. Immer wieder Umzüge! Stationen: Stettin, Thorn, Trier, Karlsruhe, Berlin, Düsseldorf, Köln. Viele Schulen verschiedener Formen, wenige und immer zu kurze Freundschaften. – Welche politische Richtung soll es denn sein? Der Vater, deutschnational gesinnt, nimmt die Tochter zu den verschiedensten Versammlungen mit. Pan-Europa (Goudenhove-Kalergis) wäre interessant. (An der Uni ist die Tochter mit vielen jungen Ausländern zusammen.) Oder eine von den extremen Parteien? NSDAP, KPD? – Die erste Liebe gibt den Ausschlag: NSDAP. Ich bekomme eine Lehrstelle beim ›Westdeutschen Beobachter‹. Das Engagement für die Volksgemeinschaft gefällt mir. (Oft hat die Mutter Arbeitslose durchgefüttert.) 1935 Heirat. 1936 Geburt der ersten Tochter, 1939 Geburt der zweiten Tochter, im gleichen Jahr Ausbruch des Krieges. Keine Kriegsbegeisterung. 1941 »Heldentod« des Ehemannes. – Abgrundtiefe Verzweiflung. Was kann ich besser machen? Die Zustände in den besetzten Ostgebieten sollen miserabel sein. Aber »hier im Reich« … schimpfen kann jeder! – Hingehen, besser machen! – Je größer die Schwierigkeiten, desto besser für mich! Man könnte dort siedeln! Es bietet sich eine Arbeit bei der Pressestelle in Minsk. Ich bin 30 Jahre alt, Witwe mit zwei Kindern – irgendwie wird man dann zur Mutter (oder seelischem Mülleimer) für viele – ob Deutsche, ob Russen, die ratlos und unglücklich sind. 1944 Flucht aus Minsk, in Essen total ausgebombt, Arbeit in Thüringen im Büro einer Werkzeugfabrik. 1945 von den Amerikanern, wenig später von den Russen übernommen.

Man versucht, im absoluten Chaos, den Kinder ein bißchen »Kultur« beizubringen, unter den schwierigsten Umständen. Dazu gehört auch – so lächerlich das klingt – »der gedeckte Tisch«, obwohl es kaum noch etwas zu essen gibt. Eine Spur von Ordnung, eine Spur von »Schönheit« – vielleicht war es wichtig! Endlose Flüchtlingsströme, man fragt nicht woher, und sie wissen nicht wohin. Man hilft, wenn auch nur mit Kleinigkeiten.

Ein Brief aus Lübeck: »… die Scheiße liegt so hoch, daß man sie nicht allein niedertrampeln kann. Willst Du mir helfen?« Ein Werbebrief dieser Art – eine literarische Kostbarkeit! »Hurra, wir heiraten wieder!« jubeln die Kinder. Lübeck bringt die zweite Heirat und unglaubliche Schwierigkeiten. Vier Personen in einem Raum (Küche, Bad und Wohnklosett!). Aber wie haben uns lieb!! – »Wo vier nicht satt werden, werden auch fünf nicht satt! Bleiben Sie ruhig zum Essen!« Kohlrüben mit Ananasaroma! – 1947 bin ich wieder schwanger. Ich »erweine« uns beim Wohnungsamt eine bessere Bleibe! 1948 Geburt des Sohnes. Fünf Wochen später überfährt mich ein Betrunkener. Ein Jahr Krankenhaus, Rollstuhl, zwei Krücken, zwei Stöcke! Aber ein wundervoller Partner und drei muntere Kinder! Umzug nach Hamburg. Eine Wohnung mit *eigenem* Bad!! – 1952 Geburt des »kleinen Mädchens für die alten Tage«!

1986: Plötzlich wieder Witwe. This is the end.
Dies der Überblick über ein Frauenleben in jenen Zeiten!

Fazit: Das Kostbarste in einem Staat sind seine Menschen! Nicht das Geld, die Arbeit gibt dem Menschen Würde! Schaut nicht auf die Kleidung, schaut dem Mitmenschen in die Augen! Lächelt, sprecht miteinander! Verachtet den Bettler nicht und nicht den Drogensüchtigen, der sich vor eurer Tür eine Spritze setzt, lächelt ihm zu, gebt ihm eine Tafel Schokolade! Du kannst nicht alle retten, aber du kannst sie als *Menschen* behandeln!

Bitte an die Politiker: Helft der Familie, sie ist der Mikrokosmos des Staates! Sie ist die erste Gemeinschaft, die der kleine Mensch erfährt. Laßt Kinder nicht zum Luxus werden! Regt euch nicht auf, wenn sie mal laut sind! Bittet sie, wenn ihr Hilfe braucht. Lacht mit ihnen!

Gerade wir, die wir schlimme Notzeiten durchgemacht haben, sollten Verständnis für Flüchtlinge aus anderen Ländern haben, auch wenn sie nicht unsere Sprache sprechen. Die Probleme der Menschen, vor allem der Frauen und Kinder sind immer die gleichen!

Ruft nicht immer nach dem Staat! Der Staat, das sind wir!

Rupprecht Podszun

Verfassungsverbrauch nullkommanull

Rupprecht Podszun, Jg. 1976, stammt aus Brilon in Westfalen. Nach dem Abitur hat er ein Jurastudium aufgenommen, das er nach einigen Semestern in Heidelberg und London nun in München fortsetzt. Als freier Mitarbeiter arbeitet er für verschiedene Zeitungen und Zeitschriften. Sein Interesse gilt der Philosophie Kants, der deutschen Geschichte seit 1871 und der Macht der Medien.

Im Grundschulvokabular des Politikers kommen selten Staatsbürger, Menschen oder Individuen vor. Meist geht es um den »kleinen Mann«, um Herrn Otto Normalverbraucher, wohnhaft in Musterstadt. Selten gestehe ich mir ein, daß ich damit gemeint bin. Wer gibt schon gerne zu, daß sein Nachname Normalverbraucher ist? »Gestatten, Normalverbraucher« – »Nein, ich gestatte nicht, Sie sind mir zu durchschnittlich«. Vielleicht gucke ich zu wenig MTV für einen jungen Mann von 22 Jahren, und vielleicht hat meine Mutter Recht, wenn sie sagt, ich würde zu viele Molkereiprodukte zu mir nehmen. Mag sein, daß ich die Statistik insoweit leicht verzerre.

Was meinen Durchschnittsverbrauch an Staat angeht, weiche ich aber kein Aktenzeichen von der Norm ab. Staatsvorgänge im Jahr: vielleicht zwei. Den abgelaufenen Personalausweis erneuern. In miefigen Klassenzimmern die Wahlbeteiligung erhöhen. In der Fußgängerzone von Polizisten, die ich nicht rechtzeitig geortet habe, vom Fahrrad gepfiffen werden. Im Führungszeugnis habe ich Bestnoten. In einen Gerichtssaal hat es mich zu zwei Gelegenheiten verschlagen, einmal in der neunten Jahrgangsstufe, als unsere Arbeitsgemeinschaft Rechtskunde zusehen durfte, wie ein Amtsrichter mit Verkehrssündern umspringt. Später im Studium saß ich auf der Zuschauerbank, als ich eine junge Anwältin bei einem ihrer ersten Termine begleitete. Streit um die Miete, langweilig.

Offizielle Kontakte mit dem Grundgesetz in meinem bisherigen Leben: genau null. Nullkommanull. Gestatten, Normalverbraucher. Vor einigen Monaten geriet ich in eine Diskussion mit asiatischen Studenten. Wie, so wollten sie wissen, könnt ihr rechtfertigen, daß euer Staat einem Unternehmen Vorschriften macht, z. B. wie es Mitarbeiter zu behandeln hat, und wieviel Steuern es zahlen muß? Kann nicht jeder Mensch machen, was er will, und wenn er was von anderen will, dann muß er das aushandeln? Hardcore-Liberalismus. Das klingt einfach, und was einfach klingt, hat Überzeugungskraft. Ich war irritiert. Ihre Argumente machten mich einen Augenblick ratlos. Ich schüttelte langsam den Kopf. Mein Gefühl sagte mir, daß das so nicht richtig sein kann, aber mein Gehirn ratterte noch die Synapsen entlang, um die entsprechenden Worte dafür zu finden. Bingo, da war es: »Eigentum verpflichtet.«

Wir unterhielten uns auf englisch, und so sagte ich »property obliges«, fing an, etwas von Art. 14 unserer Verfassung zu erzählen, von sozialen Traditionen, die darin Ausdruck gefunden hätten, und nun blickten meine Gesprächspartner ratlos. Ich bin ziemlich sicher, daß sie nicht verstanden haben, worauf ich hinauswollte. Das Wichtige war: Ich wußte wieder, was Sache war. Das Grundgesetz hatte mir die Sprache wiedergegeben.

Das Grundgesetz ist also eine Argumentationshilfe für Otto Normalverbraucher, sprich: mich. Es taugt vor allem dazu, griffige Formeln zu liefern. »Der Bundeskanzler bestimmt die Richtlinien der Politik und trägt dafür die Verantwortung.« Oder der Klassiker: »Alle Staatsgewalt geht vom Volke aus.« Oder der vielgerühmte Auftakt: »Die Würde des Menschen ist unantastbar.« Schöne Sätze. Mehr nicht? Nein und ja.

Nein, denn es war mehr, ist mehr. Das Grundgesetz ist ein Sicherheitsnetz wie ein Fangnetz der Feuerwehr für Selbstmörder. Die Asiaten, mit denen ich über die Freiheit der Wirtschaft diskutierte, hatten mich und meine Vorstellungswelt zum

Absturz gebracht. Im letzten Moment war da das Grundgesetz, fing auf, rettete. Mein Problem war nur ein akademisches. Bei anderen Menschen kann es ein existentielles sein. Das Grundgesetz fängt diejenigen auf, die im Haus Bundesrepublik die Balance verlieren. Manche lehnen sich zu weit aus dem Fenster. Andere tanzen auf dem Dach. Einige kriegen einen Schubs von hinten. Wer fällt, landet im feingewebten Tuch der Verfassung. Der Pazifist, der auf sein Auto klebte, daß Soldaten Mörder sind. Der Bundespräsident, der ein Gesetz nicht unterzeichnen wollte. Der Patient, der über seinen Körper selbst bestimmen wollte. Nur ganz selten fällt einer durch die Maschen. Z. B. dann, wenn er im Erdgeschoß aus dem Fenster steigt wie einst der Reiter, der von seinem Lieblingswaldweg nicht lassen wollte. Mit meinem Horizont hat das allerdings alles wenig zu tun. Ich klebe nichts auf Autos, ich habe ja noch nicht einmal eins. Bundespräsident bin ich auch nicht, und wenn ich beim Arzt bin, schließe ich beide Augen und hoffe, daß alles gutgeht. Mich gehen Dinge an, die so nicht im Grundgesetz stehen, nicht stehen können. Wenn ich am Ende des 20. Jahrhunderts einen Grundrechtskatalog zu entwerfen hätte, dann würde der sich gegen die wenden, die mich wirklich erschrecken: Unternehmen, Medien, Parteien, Lobbys. Meine persönlichen Daten müßten besser vor denen geschützt sein, die Meinungsvielfalt, die Informationsfreiheit. Die Buchhandlung in meiner Straße dürfte nicht platt gemacht werden, und Feld, Wald und Wiese erst recht nicht. Aber mit global players, mit potenten Interessengruppen kann das papierene Grundgesetz es nicht aufnehmen. Bedrohungen, die nicht zu greifen sind, höhlen aus, was das Bundesverfassungsgericht in 50jähriger Spruchpraxis mühsam etabliert hat. Die 16 Hüter des Grundgesetzes sind zum Zusehen verurteilt.

So bleibt eine Sammlung schöner Sätze mit Fangsicherung für Drahtseiltänzer. Die 146 Artikel des Grundgesetzes haben hohe literarische Qualitäten (nicht alle, bestimmt nicht alle, schon gar nicht die neueren!). Wenn man nicht gerade auf dem Dach tanzen will, dann ist das Grundgesetz vor allem geeignet, einen Hauch von Heiligkeit zu verströmen. Wie so viele Heiligtümer wird es freilich instrumentalisiert. Die Hohepriester von Karlsruhe scheuen sich nicht, »ergebnisorientiert« zu entscheiden. Erstmal gucken, was wir haben wollen, dann finden sich die Grundgesetzartikel dazu schon von selbst. Auch in der politischen Gewalt ist es mit der Heiligkeit ab und zu recht schnell vorbei. Politikerinnen und Politiker brauchen nur genug Weihrauch, um ihre Absicht zu vernebeln, das Grundgesetz zu ändern. Was ich in solchen Fällen mache: Ich lese den Aufschrei im Leitartikel meiner Lieblingszeitung, nicke beifällig. Damit ist die Sache erledigt, abgehakt. Meine Telefongespräche interessieren ohnehin keinen Fahnder. Asylrecht brauche ich nicht. Ob der Bund mein Geld kriegt oder das Land: Die Rechnung bleibt die gleiche.

Wenn die Bundesrepublik Deutschland auf 50 Jahre Grundgesetz zurückblickt, dann wird das für die Familien Normalverbraucher, Müller, Meier so sein: Weihrauchnebel, nicken, abhaken. Die Rechnung bleibt die gleiche.

Mehr ist es also nicht? 50 Jahre hält sich dieses Grundgesetz, unbemerkt vom kleinen Mann? Durchschnittliche Verbrauchsquote nullkommanull? Nein, ganz so sparsam waren wir nicht. Wenn ich keinen direkten Kontakt mit dem Grundgesetz hatte in meiner 22jährigen BRD-Geschichte, so liegt das auch an ebenjenem Grundgesetz. Seine vornehmste Aufgabe ist in Art. 2 formuliert: »Jeder hat das Recht auf freie Entfaltung seiner Persönlichkeit.« Diese Freiheit bietet Schutz vor der Großmacht Staat. Eine Selbstverständlichkeit ist es nämlich nicht, daß nicht zensiert wird, daß jeder glauben darf, was er will, daß mich die Polizei nicht verprügelt, wenn ich mit dem Rad durch die Fußgängerzone fahre. Gleichzeitig steckt in Art. 2 das Recht auf Staat. Auch das ist nicht selbstverständlich: Schulen. Sozialsysteme. Freie Wahlen. So ist das Grundgesetz weit mehr als ein Sicherheitsnetz: Es ist der Grund, der Boden, auf dem sich die Bürger der Bundesrepublik bewegen. Manche gehen, schleichen geradezu, andere turnen und toben. Daß er ziemlich belastbar ist, dieser Boden, das tut gut.

Heinz Neumann

Demokratie in Deutschland

Heinz Neumann, geb. am 23. 08.1953 in Heckershausen, Kreis Kassel. Von 1968 bis 1987 als Elektroinstallateur im Handwerk tätig. Während dieser Zeit zwei nebenberufliche Studien zum staatlich geprüften Techniker in der Energieelektronik und Datenverarbeitung (12 Semester). Ca. 8 Jahre als Technischer Redakteur und 3 Jahre in der Systemtechnik in einem nordhessischen Industriebetrieb tätig. Seit 1992 verheiratet und Vater eines Sohnes. Durch das Vatersein wuchs das Verantwortungsbewußtsein und eine stärkere Ausprägung zum politischen Menschen. Neben der Technik noch künstlerisch und musisch interessiert.

Den heutigen Zustand der Demokratie in Deutschland haben sich die Mütter und Väter des Grundgesetzes im Parlamentarischen Rat sicherlich nicht so vorgestellt, als sie am 8. Mai 1949 das Grundgesetz beschlossen und am 23. Mai 1949 in Bonn verabschiedeten. Die Parlamentarier müßten sich als Hüter der Demokratie verstehen. Sie wurden vom Bürger gewählt und damit beauftragt, den Wähler, das Volk politisch zu vertreten. In der Präambel des Grundgesetzes heißt es: Im Bewußtsein seiner Verantwortung vor Gott und den Menschen ... hat sich das Deutsche Volk kraft seiner verfassunggebenden Gewalt dieses Grundgesetz gegeben. Hier liegt eine klare Aufgabe vor; ein unmißverständlicher Auftrag an die Volksvertreter.

Wer überprüft denn, ob die Volksvertreter ihre Aufgabe in diesem Sinne wahrnehmen? In Zeiten, wo in Deutschland Wahlkampf herrscht, kommen alle Politiker aus der Versenkung in die Öffentlichkeit und versuchen dem Wähler zu vermitteln, warum man eben gerade sie wählen soll. Ansonsten pflegen die meisten von ihnen nicht den Kontakt mit der Bevölkerung, zumindest nicht mit allen sozialen Schichten. Aber genau dies würde eine echte Demokratie ausmachen, denn das Wort Demokratie kommt aus dem Griechischen und heißt Volksherrschaft. Es ist eine Staatsform, in der die Staatsgewalt vom Volk ausgehen soll. Aber die ständige Ignoranz der etablierten Parteien der Sorgen und Ängste von Bürgern gegenüber, ließ aus Frust Abkehr und schließlich Politikerverdrossenheit werden. In weiten Bereichen fühlt sich das Volk eben nicht mehr vom Volksvertreter vertreten. Es entsteht allzu oft der öffentliche Eindruck, daß die regierende Klasse mehr mit sich selbst beschäftigt ist als mit den Problemen vor Ort. Auch die berufliche und soziale Struktur der Volksvertreter in den deutschen Parlamenten zeigt eine Schieflage an. Sie sollten ein Spiegelbild der Bevölkerung darstellen. Vertreten wird die Bevölkerung aber heute zum Großteil lediglich von Juristen und Beamten. Desinteressiert, phlegmatisch oder wahlmüde ist der Bürger aber trotzdem nicht. Nicht umsonst setzen immer mehr Menschen ihren Namen auf Unterschriftenlisten, und es entstehen immer mehr Bürgerbewegungen und kleinere Parteien, bei denen zum Teil sehr viel Engagement zum Vorschein kommt.

Wähler, die nicht auf bestimmte Parteien fixiert sind, sind deshalb politisch viel schwieriger kalkulierbar. Das verleitet so manchen rasch zu dem Schluß, diese Wähler seien durch Stimmungen und Personen leichter beeinflußbar. Man könnte dieses Verhalten aber auch ganz anders interpretieren: sie seien weitaus flexibler und nutzten ihre demokratischen Rechte stärker.

Wenige Tage vor einer politischen Wahl wissen viele Menschen noch nicht, wem sie ihre Stimme geben wollen oder ob sie überhaupt zur Wahl gehen. Auf der einen Seite kann man das verstehen: Warum soll ich wählen gehen? Wen denn? Es gibt doch sowieso keine Gruppierung, die mich vertritt; zumindest nicht in allen meinen politischen Vorstellungen. Also muß ich doch wieder nur das kleinere Übel wählen: So denken viele enttäuschte Menschen. Auf der anderen Seite ist die Wahl das herausragende Ereignis in einer lebendigen Demokratie. Demokratie erfordert eine Identifizierung mit dem Staat und eine aktive Beteiligung am System. Die Beteiligung an demokratischen Wahlen muß daher die Grundpflicht jedes Staatsbürgers sein. Wer wählt, handelt für sein Land, ist bereit mitzuentscheiden, Verantwortung mitzutragen. Verantwortung zu tragen im persönlichen Bereich mit einem schlechten Gewissen, wenn er die Verliererpartei wählte oder wenn er gar nicht zur Wahl ging; mit einem guten Gewissen, wenn er die Gewinnerpartei mit seiner Stimme unterstützte.

»Wer nicht wählt, wendet sich von unserer Demokratie ab, unterstützt Gleichgültigkeit, läßt andere für sich handeln«, sagte die ehemalige Bundestagspräsidentin Rita Süssmuth vor der Bundestagswahl 1998. Genau das trifft den Nagel auf den Kopf. Einen Denkzettel stellen die Nichtwähler den Politikern damit nicht aus. An der Zusammensetzung des entsprechenden Parlamentes ändert sich durch eine Wahlenthaltung nichts. Im Gegenteil: Wer nicht wählt, wählt diejenigen, die er nicht will. Einfluß auf die Politik nimmt nur, wer von seinem Wahlrecht auch Gebrauch macht. Einer alleine kann nicht viel ausrichten. Aber jede einzelne Stimme für Parteien, die sich einsetzen im Sinne der politischen Vorstellungswelt des Wählers, kann etwas bewirken. »Schlechte Kandidaten werden gewählt von guten Bürgern, die nicht zur Wahl gehen«, sagte der dritte US-Präsident Thomas Jefferson einmal. Jede nicht abgegebene Stimme falle zu Ungunsten der Demokratie ins Gewicht.

Es lohnt sich immer, für eine Demokratie einzustehen. Nicht umsonst hat Aristoteles das, was wir heute unter Demokratie verstehen, unter dem Namen »Politie« zu den drei grundlegenden »guten« Staatsformen gerechnet, wohingegen er als »Demokratie« die Entartung der Politie bezeichnete. Hier schließt sich wieder der Kreis. Wahrscheinlich sind wir in der Namensgebung der Demokratie im Sinne von Aristoteles derzeitig angekommen. Neue Ansätze müßten hier erlaubt sein. Es müßte gefragt werden, ob die repräsentative Demokratie heute noch zeitgemäß ist oder ob sie nicht von der plebiszitären Demokratie abgelöst werden sollte. Zumindest in bestimmten

Bereichen wäre dies vorstellbar. Die Wahl des Bundespräsidenten ist hier ein gutes Beispiel. Um die Einflußnahme der Parteien auf die Wahl des Bundespräsidenten in der Bundesversammlung zu verhindern, sollte in Zukunft die Wahl für das höchste Staatsamt in die Hände des Volkes gelegt werden, welches der jeweilige Amtsinhaber repräsentiert und dessen Interessen er schließlich vertritt. Die Unentschlossenheit Konrad Adenauers und die Vorgänge um Steffen Heitmann machen deutlich, daß Parteipolitiker immer wieder versuchen, den Bundespräsidenten und dessen Wahl zu einem Parteipolitikum zu machen. Die seinerzeit durch den Parlamentarischen Rat diskutierten Bedenken über eine Direktwahl des Staatsoberhauptes im Hinblick auf die Weimarer Republik, die im wesentlichen dazu beitrugen, daß die Bevölkerung in Deutschland ihren Präsidenten nicht »direkt« wählen darf, sind längst widerlegt.

Direkte Demokratie bringt neue Ideen, neue Akteure und neue Formen der Auseinandersetzung hervor. Sie bezieht viele Menschen in Sachthemen ein und überwindet das Gleichgewicht organisierter Interessen. Protestler, Wachsame, Witzbolde und von den etablierten Politikern Enttäuschte bedienen sich immer stärker dieses Instruments innerhalb unserer repräsentativen Demokratie. Unzweifelhaft ist, daß die Parteien durch sich selbst geschaffene, immer größere Machtbefugnisse die Bürger von allen wichtigen Entscheidungen ausschließen. Es liegt an den gewählten Politikern, wie damit umgegangen wird. Wer wie auch immer geartetes Bürgerengagement nicht ernst nimmt, einfach darüber hinweggeht, bekommt in jedem Fall als Quittung Politikverdrossenheit zu spüren. Die ständig sinkende Wahlbeteiligung der Bürger bei politischen Wahlen hat dies in den letzten Jahren auf allen Ebenen sehr deutlich gemacht. Bewährt hat sich allerdings die parlamentarische Demokratie.

Die Demokratie als Staatsform kann in Zukunft nur bestehen, wenn sich die Vertreter des Volkes tatsächlich an den Bedürfnissen des Volkes orientieren und bei wichtigen Entscheidungen die Bürger in einem vertretbaren Rahmen mit einbeziehen. Eine an Lobbyismus ausgerichtete Politik, Uneinigkeit der Parteien und ihrer Verantwortlichen in Schicksalsfragen der Nation, Versagen angesichts drängender Reformen und Lösungsunfähigkeit infolge Konzeptmangels müssen der Vergangenheit angehören. So kann die Demokratie eine Stellung in der Rangfolge der Staatsformen einnehmen, wie sie Aristoteles schon einstufte und die ihr auch heute noch gebührt. Angesichts der Globalisierung, der ständig wachsenden Anhäufung von Weltproblemen und der zunehmenden weltweiten Armut wird die Demokratie auf der gesamten Erde an Bedeutung gewinnen.

Sabine Jacobi

Innovationskerne verdorren in unserer Wüste

Sabine Jacobi, geb. am 17.12.1965 in Meckenheim, Jurastudentin. Vor ihrem Studium der Rechtswissenschaften hat sie nach einem »Freiwilligen Sozialen Jahr« eine Ausbildung zur Krankenschwester absolviert und diesen Beruf mehrere Jahre an den Unikliniken in Bonn ausgeübt. Als Jurastudentin ist sie Stipendiatin der Hans-Böckler-Stiftung. Schon parallel zur Ausbildung und Berufstätigkeit war sie gewerkschaftlich und sozialpolitisch – auch als Feministin – engagiert. Ihre Interessenschwerpunkte liegen nun in der Politik – dabei parteilos – und der Schriftstellerei. Sie liest und diskutiert viel und gerne.

Schön ist, daß wir es geschafft haben, einer Generation bisher den Krieg als eigene Erfahrung zu ersparen. Nachdenklich macht, daß lange Zeit Frieden lediglich als Zeit des »Nicht-Kriegs-Zustandes« vermittelt wurde.

Für mich bleibt immer fraglich, was denn eine Demokratie eigentlich ausmacht. Ist es tatsächlich nur keine Diktatur? Oder könnte ein Volk, dessen Ansichten scheinbar nur im Wahlkampf eine Rolle spielen, nicht auch sonst stärker mit einbezogen werden. Tatsächlich gewinnt man leicht den Eindruck, stets wie ein »unartiges und unmündiges Kind« durch eine Paragraphenflut »erzogen« zu werden.

Diese Demokratie stellt das sogenannte »Humankapital« in den Vordergrund ihres wirtschaftlichen Denkens. Gestützt wird dieser Vorgang durch Gutachter, Lobbyisten und – zunehmend – Wirtschaftszusammenschlüsse. Dabei bleiben die Kompetenzen der Menschen, die eigentlich dahinter stehen, völlig ungenutzt.

Vernachlässigt werden Jugendliche und deren Visionen, obwohl in einer Studie erkannt wurde, daß Menschen im Alter von 14 bis 18 Jahren unglaublich erfinderisch sind. Übersehen werden die zuversichtlichen und innovativen Energien, die junge Leute bis zu einem Alter von ca. 30 Jahren in die Politik stecken. Man speist sie zumeist mit ebendiesem Alter ab. Nicht wirklich anerkannt wird die soziale Kompetenz, die Frauen durch ihre Sozialisation oft erwerben mußten. Des weiteren bleibt der Erfahrungsschatz der Pensionäre verborgen, obwohl sie Zeit, Muße, Wissen und auch das Geld haben, sozial unabhängig ihr Lebensthema anderen vermitteln zu können.

Fortsetzen ließe sich diese Aufzählung ins Endlose. Arrogant belächelt werden schlecht gekleidete, sich rhetorisch ungeschickt ausdrückende Männer und Frauen, wenn diese sich über den Arbeitsmarkt, Politik oder kulturell wichtige Themen laut ihre Gedanken machen.

Diese Politik der strengen Innovationshierarchie – d.h. nur wer über Geld verfügt, Macht oder zumindest Einfluß besitzt – wird in nahezu alle Betrieben, in den öffentlichen Dienst sowie in einfache Vereinen hineinkopiert. Schade dabei ist, daß man nicht ernsthaft einen Ideen-Pool einrichtet und, für einen Moment mal die Selbstherrlichkeit vergessend, die Innovationskerne der anderen heraus hört.

Gut, es gibt Veranstaltungen wie »Jugend forscht« oder die »Ableger der Parteien« für Jugendliche. Allerdings fehlt der Ansporn für eine große Gruppe, sich daran zu beteiligen, da sie als Ellenbogen- und Elite-Filter verstanden werden.

Firmen, die diese Kompetenz-Ressource als Chance erkannt haben, können auf stetig wachsende Umsätze blicken.

Fraglich ist daher weiterhin, warum gerade in einer Demokratie nur »nach oben« geschaut werden muß und scheinbar ein Mensch allein, ein führender Politiker, als Impuls- und Innovationsgeber betrachtet wird.

So lehrt das System Tag für Tag, daß die Politik »die da oben machen«. Weiter wird vermittelt, daß »deren« Gesetze, die zunächst schier entmenschlicht werden, unbedingt einzuhalten sind, da sie sonst, auch wenn sie gegen jedes Rechtsempfinden verstoßen, zu einer Anarchie führen könnten. Damit soll an dieser Stelle nicht Werbung für die Anarchie gemacht, sondern vielmehr auf die bestehende »Untertan-Mentalität« der Gesetzesumsetzer sowie Gesetzeskommentatoren hingewiesen werden.

Zu wünschen wäre von der Politik mehr Transparenz, Einbindung und Ernstnehmen der Bevölkerung. Und damit verbunden eine wechselseitig daraus erwachsende Erkenntnis des Volkes, daß es selbst der Staat ist, mit der entsprechend verantwortungsbewußten Konsequenz.

Zudem sollten Begrifflichkeiten vorsichtiger gewählt werden, sodaß bspw. nicht über »Geringqualifizierte« laut nachgedacht und damit eine Bevölkerungsgruppe diskreditiert und zunehmend zu einer entmenschlichten Problem-Sache erklärt wird. Viel sinnvoller, auch wirtschaftspolitisch sinnvoller wäre es, die positiven Eigenschaften zu betonen und von »Menschen mit noch nicht erkannten Begabungen zu sprechen«, die sie sind. Diese Wortwahl der zunehmenden Verdinglichung einer Personengruppe hat schon einmal verhängnisvolle Folgen gehabt.

Unsere Innovationskerne sollten wir nicht weiter in unserer Wüste der Arroganz verdorren lassen. Wir haben es geschafft, die Freiheit zu haben, darüber nachdenken zu können, daß Frieden mehr ist als nur »kein Krieg«. Schön wäre es, wenn es uns gelänge, darüber offen nachdenken zu können, daß Demokratie mehr bietet als nur »keine Diktatur«.

Hilde Obermayer

Lernen, konfliktfähig zu sein

Hilde Obermayer, Pseudonym Hilka Garden, Jg. 1943, in Schlesien geb., im Ruhrgebiet aufgewachsen, lebt jetzt in der Mitte Deutschlands (Bereich Kassel). Als Steuerberaterin war sie viele Jahre selbständig tätig. In dieser Zeit wurde ihr Blick durch viele Gespräche mit Mandanten für die Probleme in Wirtschaft und Politik geschärft. Daneben arbeitet sie heute an einem Roman, der ein schicksalhaftes privates Erleben wiedergibt.

Gibt es in der Bundesrepublik genügend Demokratie, oder kann sie noch verbessert werden?

Die Demokratie lebt von der Willensbildung in der breiten Bevölkerung. Generell wird von einer Politikmüdigkeit der Bewohner unseres Landes gesprochen. Auch nach meiner Beobachtung entspricht dieser Zustand der Realität. Was kann die Ursache sein? Wie kann ihr begegnet werden?

Ich denke, wir müssen die Betrachtung in der kleinsten politischen Zelle der kleinen Stadt oder Gemeinde beginnen.

Wer sich im Gemeindeparlament öffentlich äußert, kann nicht die Meinung eines jeden Bürgers vertreten. Es ist also wahrscheinlich, daß seine Äußerung am Stammtisch zerredet wird, daß hinter seinem Rücken getuschelt wird.

Da aber kaum jemand es leicht hinnimmt, daß über ihn geredet wird, ohne daß er die Möglichkeit hat, falsche Stammtischparolen richtigzustellen, finden sich auch nur wenige Bürger bereit, in der Kommunalpolitik mitzuwirken.

Aus der Zurückhaltung in der Kommunalpolitik folgt dann auch die Abstinenz in allen anderen politischen Bereichen, weil aus einem eigenen Engagement oder auch nur einer klaren Meinungsäußerung persönliche Nachteile befürchtet werden.

Diese Haltung ist nicht demokratisch. Sie paßt nur in einen Obrigkeitsstaat. Erstaunlich ist, daß diese Einstellung nicht nur in der älteren Generation verbreitet ist, sondern schon bei den Schülern. Der Grund für diese Geisteshaltung muß also schon in sehr frühem Alter gelegt und dann später eventuell noch gefestigt werden.

Wer demokratisch denkt, muß konfliktfähig sein. Eine Meinungsverschiedenheit muß nicht unbedingt mit der Faust ausgetragen werden. Der in der mündlichen Diskussion herbeigeführte Kompromiß ist die eigentliche demokratische Leistung. Kinder können diese Fähigkeit nur in wenigen Fällen in der Familie lernen. Deshalb muß die Schule diese Lücke schließen. Es gibt keinen anderen Weg. Das Fach Staatsbürgerkunde muß mit praktischen Übungen ausgefüllt werden. Es gibt im Schulalltag immer wieder Dinge, die von den Schülern entschieden und durchgeführt werden können. Solche Anlässe können diskutiert und dann in schriftlicher Abstimmung entschieden werden. Solche Übungen bereiten auf den Alltag der Demokratie vor und nehmen die Angst vor der öffentlichen Rede. Später kann dann die Mitarbeit in den Ausschüssen der Kommune folgen. Zum leichteren Verständnis der Abläufe sollte den Schülern bereits ein Grundwissen der wirtschaftlichen Zusammenhänge vermittelt werden.

Arbeitnehmer – Arbeitgeber / Lohn – Unternehmergewinn oder -verlust – Konkursrisiko / Steuern als Beitrag aller zur Bewältigung gemeinschaftlicher Aufgaben.

Natürlich stöhnt man jetzt in den Schulen auf. Was sollen sie denn noch alles lehren? Aus meiner Sicht braucht nur das beamtenrechtliche Denken nach hierarchischen Strukturen überwunden und durch ein Denken in der Kategorie Kollegen / Mitarbeiter / Team ersetzt zu werden. Im Augenblick überträgt sich vielleicht ungewollt das hierarchische Denken der Lehrer auf die Schüler. Damit kann demokratisches Denken erst gar nicht entstehen.

Soweit mir bekannt ist, sind etwa zwei Drittel der Mitglieder des Bundestages Beamte oder Beschäftigte des öffentlichen

Dienstes. Weil Beamte grundsätzlich nicht produktiv, sondern verwaltend tätig sind, ist damit die Kenntnis von den wirtschaftlichen Zusammenhängen im Bundestag nur eingeschränkt vorhanden. Die Situation ist in den Parlamenten in den Ländern, Kreisen und in den Kommunen vielleicht nicht so kraß, aber in der Tendenz ähnlich.

Diese Entwicklung kann nicht gut sein, weil sie tatsächlich zu Gewissenskonflikten führt. Das Beamtenrecht muß deshalb an die Bedingungen in der freien Wirtschaft angepaßt werden.

Klaus-Christoph Pfau

50 Jahre Soziale Marktwirtschaft oder Regiert das Geld die Welt?

Klaus-Christoph Pfau, geb. am 05. 03. 1964 in Esslingen am Neckar. Beruf: Gärtner. Nach einigen Semestern Studium der Orientalistik und Geographie in Bamberg arbeitet er seit zwei Jahren wieder als Gärtner in Stuttgart. Interessengebiete: Alternative Heilkunde, Philosophie, Mystik. Lieblingsbücher: ›Deutsche Predigten und Traktate‹ (Meister Eckart) – ›Was ist Eigentum?‹ (Pierre-Joseph Proudhon) – ›Mein Onkel Benjamin‹ (Claude Tillier) – ›Die Brüder Karamasow‹ (Fjodor M. Dostojewski) – ›Demian‹ (Hermann Hesse) – ›Aion‹ (Carl Gustav Jung). Lieblingsweisheit: Der Kampf gegen Gipfel vermag ein Menschenherz auszufüllen. Wir müssen uns Sisyphos als einen glücklichen Menschen vorstellen (Albert Camus).

Mit der Idee einer »Sozialen Marktwirtschaft« bewegen wir uns im Grenzbereich zwischen Politik und Ökonomie. Die Entscheidung der deutschen Nachkriegspolitik für diese Wirtschaftsordnung war nicht zufällig, sondern zwingend. Ob wir jedoch parallel zum 50. Geburtstag des Grundgesetzes auch einen 50. Geburtstag der Sozialen Marktwirtschaft feiern dürfen, ist die Frage dieses Aufsatzes. Zum Machtverhältnis zwischen Politik und Ökonomie hat der damalige Reichstagsabgeordnete und spätere erste deutsche Bundespräsident Theodor Heuss im Jahre 1926 folgende Feststellung getroffen: »Es gibt keinen Ersatz der Politik durch die Wirtschaft, und die politischen Überzeugungen sind nicht die Sklaven, sondern die Herren der Wirtschaft.« Den Mitgliedern des Parlamentarischen Rates zur Ausarbeitung des Grundgesetzes war diese gegenseitige Verknüpfung von politischer Ordnung und Wirtschaftsordnung bewußt. Die Politik gibt mit der Ordnungspolitik den Rahmen vor, in dem sich die Ökonomie frei entfalten kann. Die Idee einer Sozialen Marktwirtschaft wurde erstmals im Jahre 1932 auf einer Tagung des Vereins für Sozialpolitik von Alexander Rüstow formuliert und kurz danach in einem Aufsatz von Walter Eucken vertieft. Alexander Rüstow war als Dozent ein Kollege von Theodor Heuss an der Deutschen Hochschule für Politik in Berlin. Walter Eucken wurde mit seinen Ideen zum Begründer der Freiburger Schule. Die Soziale Marktwirtschaft, ein Terminus von Alfred Müller-Armack, war somit in den Nachkriegsjahren durch eine schon 15jährige Denktradition in den Köpfen einiger Ökonomen und Politiker präsent. Alexander Rüstow vertrat 1951 in seinem Vortrag ›Wirtschaftsordnung und Staatsform‹ die Auffassung, daß zwischen Staatsform und Wirtschaftsform eine zwangsläufige und notwendige Verbindung bestehe. Entscheide man sich also für die Demokratie als Staatsform, dann folge daraus unausweichlich auch eine ganz bestimmte Entscheidung für die Wirtschaftsordnung, nämlich die Einführung der Sozialen Marktwirtschaft, die er scharf von der kapitalistischen Wirtschaftsform unterschied. Das Wort »sozial« sei dabei rot zu unterstreichen und eine genaue Trennung von wirklich durch Arbeit verdientem und unverdientem Einkommen zu machen. Die Gerechtigkeitsforderung der Sozialen Marktwirtschaft laute also nicht »Jedem das Gleiche«, sondern »Jedem das Seine«, auf der Basis der Chancengleichheit.

Diese Startgerechtigkeit der Sozialen Marktwirtschaft solle jedem Menschen die Früchte seiner eigenen Arbeit garantieren. Ernst Heuß von der Universität Nürnberg-Erlangen formulierte dies 1987 folgendermaßen: Die Soziale Marktwirtschaft solle allen Marktteilnehmern einen echten Wettbewerb unter freien Wahlmöglichkeiten eröffnen. Das daraus erzielte Einkommen solle in voller Höhe den durch ihre Arbeit an diesem Erfolg Beteiligten zukommen. Ein funktionierender Wettbewerb sei in Anlehnung an die Machtdefinition Max Webers nur dann gegeben, wenn der eine dem anderen nicht seinen Willen aufzwingen könne, da dieser über Ausweichmöglichkeiten verfüge. Die Ordnungspolitik müsse einen solchen funktionsfähigen Wettbewerb ohne Machtausübung und Monopole garantieren.

Alexander Rüstow war Experte auf diesem Gebiet. Als Referent für Kartellfragen im Reichswirtschaftsministerium von 1919 bis 1924 arbeitete er an der »Verordnung gegen den Mißbrauch wirtschaftlicher Machtstellung« mit. Er war außerdem Mitglied der Aktionsgemeinschaft Soziale Marktwirtschaft, ebenso wie Ludwig Erhard, Otto Lautenbach und Wilhelm Röpke. Zusammenfassend können wir die Forderungen der Sozialen Marktwirtschaft folgendermaßen beschreiben: Erstens Startgerechtigkeit bzw. Chancengleichheit aller Bürger; zweitens Verbot von Machtausübung und Monopolen; drittens Einkommen soll durch eigene Arbeit verdient sein. Diese Kriterien für eine Soziale Marktwirtschaft wurden zwar eingefordert, aber nicht durchgehalten. Dies haben Ludwig Erhard, Alexander Rüstow und Wilhelm Röpke übereinstimmend beklagt. In einem Aufsatz von 1961 schrieb Rüstow: »Dieses Programm der Sozialen Marktwirtschaft ist nun von Anfang an nur auf einen Teil der Wirtschaft unserer Bundesrepublik angewandt worden. Leider werden jedoch – von Ludwig Erhard nur widerwillig geduldet – aus reinem politischen Utilitarismus, reiner Wahlarithmetik immer wieder Inkonsequenzen begangen.«

Wie steht es also wirklich mit der Sozialen Marktwirtschaft? Daß sie nicht durchgehalten wurde, haben ihre Vordenker mit kritischem Blick feststellen müssen. Um die oben genannten drei Punkte durchführen zu können, müßte die Politik im Rahmen ihrer ordnungspolitischen Aufgaben eine Reform der Geld- und Bodenordnung vornehmen. Unsere Geldordnung mit ihrem Zinssystem und dem Liquiditätsvorteil des Geldes vor allen anderen Wirtschaftsgütern wirkt wie ein Monopol. Wer Geld übrig hat, kann es als Machtmittel gegen seinen Wirtschaftspartner einsetzen und einen Mehrwert in Form des Zinses erzwingen, ohne eine Gegenleistung dafür zu erbringen. Er erhält somit ein leistungsloses Einkommen. Diese »Selbstvermehrung« des Geldes durch Zins und Zinseszins ist im übrigen eine entscheidende Ursache unserer ökologischen Krise, da sie ein ständiges Wirtschaftswachstum verlangt. Diese derzeitige Geldordnung verstößt zudem gegen das Grundgesetz, da sie den gegenseitigen wirtschaftlichen Verkehr der Bürger nicht auf chancengleiche Weise vermittelt, sondern ungleiche Wirkungen hervorruft. In der Summierung der Effekte entstehen soziale und ökonomische Störungen, die die Demokratie in ihrer Existenz gefährden. Ebenso handelt es sich bei unserer Bodenordnung um ein Monopol, da der Boden nicht beliebig vermehrbar ist und als Spekulationsobjekt mißbraucht wird, obwohl er allen Erdenbürgern zu gleichberechtigter Nutzung offenstehen müßte. Wer ist denn von seinem Schöpfer schon bei der Geburt mit einer bevorzugten Nutzungsberechtigung ausgestattet worden? Seit Abschaffung des Gottesgnadentums sollte ein solcher Anspruch eigentlich ohne Legitimation sein. Boden müßte konsequenterweise in Gemeinschaftseigentum übergehen, mit individueller Nutzungsvergabe auf Pacht oder Erbpacht, oder die Bodenrente müßte über eine entsprechende Besteuerung abgeschöpft werden. Ökonomische Privilegien und Monopole sind unvereinbar mit Marktwirtschaft und Demokratie. Kapitalrente (Zins) und Bodenrente sind mit der Idee der »Sozialen Marktwirtschaft« unvereinbar. Eine Soziale Marktwirtschaft ist also auch heute noch nicht existent, muß aber für eine funktionierende Demokratie, wie sie von unserem Grundgesetz konzipiert wurde, eingeführt werden. Sonst droht dieser demokratischen Ordnung eine soziale, ökonomische und ökologische Katastrophe. Ich plädiere deshalb für eine Geldreform, wie sie u. a. durch den Juristen und ehemaligen bayrischen Verfassungsrichter Dieter Suhr vorgeschlagen wurde. Er nannte sein Konzept eines neutralen Geldes »Oeconomia Augustana«. Das Bodenrecht ist ebenfalls reformbedürftig, so wie es u. a. von Fritz Andres vom »Seminar für freiheitliche Ordnung« e.V. in Bad Boll erarbeitet wurde. Nur durch solche Reformen kann eine freiheitliche Demokratie mit der ihr entsprechenden Wirtschaftsform der Sozialen Marktwirtschaft im freien Spiel der Kräfte entstehen und gedeihen.

Christian Hofert

Die Handelnden des demokratischen Staates auf Abwegen

Christian Hofert, geb. 1944 in Bad Warmbrunn/ Riesengebirge (Schlesien), aufgewachsen in Berlin, Dortmund und dem Großraum Frankfurt/Main. Studium der Elektrotechnik in Aachen und Berlin (TU). Das gesamte Berufsleben verbrachte er in zwei pharmazeutischen Firmen. Interessen reichen von Naturwissenschaft/Wirtschaft/Geschichte/Politik/Jura bis zur Kunst (ostasiatische Malerei und Graphik), von Briefmarken bis zum Fußball (Vereinsnadelsammlung).

Die Rolle des Staates ist seit Jahrhunderten die gleiche: Seit Aristoteles die Herstellung von Gerechtigkeit in der Gesellschaft, seit Thomas Hobbes' Gesellschaftsvertrag die Gewährleistung der Sicherheit der Bürger, die ihm dafür das Gewaltmonopol übertragen, und seit der Französischen Revolution ist der demokratische Staat aufgefordert, die in dialektischem Zusammenhang stehende Trias Freiheit, Gleichheit und Brüderlichkeit für seine Bürger zu optimieren.

Wenn nicht alles täuscht, werden wir gerade Zeuge der Zerstörung dieses anzustrebenden »Sozialen Rechtsstaates« durch seine Sachwalter mittels Verwendung einer Wirtschafts»ideologie«. Deren Inhalt ist der Irrglaube einer Politikermehrheit, einen Staat wie eine Firma führen zu können und daß Länder auf Märkten untereinander konkurrieren. Das tun real jedoch nur Unternehmungen. Die Folge ist, daß diese Politiker die Wirtschaft nicht mehr als Mittel zur Optimierung des Wohlergehens ihrer Staatsbürger begreifen, sondern diese Bürger zum Mittel der Renditemaximierung privater Unternehmungen machen, was sich in der Gesetzgebung niederschlägt. Die Ironie dabei ist, daß diese »angebotsorientierte« Wirtschaftsideologie derzeit rund um den Globus ihre Grenzen nachweist, wobei besonders pikant ist, daß zwei Tage vor der Bundestagswahl in New York ein sog. »Hedge-Fonds« mit fast vier Milliarden DM gerettet werden muß, um einen Börsencrash zu vermeiden, dessen Inhaber u.a. die Nobelpreisträger Robert Merton und Symon Scholes sind, die für die Finanztheorien auf diesem Gebiet Wesentlichstes beigetragen haben. Diese Herren haben in experimento soeben ihre Theorie in die Luft gejagt! Dazu fällt einem nur ein Spruch von Paul Samuelson zu seinem Nobelpreisträgerkollegen Milton Friedman, einem der Väter des »Neoliberalismus«, ein: »In deiner Theorie fehlt das schöne Wort vielleicht.« Auch bei diesen Koryphäen lief die reale Welt auf einmal völlig anders ab als im mathematischen Modell. Money makes the world go round ... nur schmiert sie dabei manchmal ab – und die Zeche zahlt wohl wer?

Da das oben bezeichnete Mißverständnis der Politiker hinter ihrem Gefasel von »Wirtschaftsstandort« steht, es sich jedoch real um den kaum auswechselbaren »Lebensstandort« ihrer Bürger handelt, vernachlässigen sie sträflich die oben genannten fünf Gründe ihrer eigentlichen Existenz, wenn sie sich zu Sachwaltern von »reinen Wirtschaftsinteressen« machen. Zu Ende gedacht, sollte man morgen eigentlich eher auf der Volkswahl der Wirtschaftsführer bestehen, als noch zu Parlamentswahlen gehen ... Deshalb nun eine Preisfrage für alle Politiker und solche, die es werden wollen. Von wem stammt das Zitat:

»Das Interesse der Kaufleute aller Zweige weicht in mancherlei Hinsicht stets vom öffentlichen Interesse ab, gelegentlich steht es ihm entgegen. Sie sind eine Gruppe von Menschen, die in der Regel vielmehr daran interessiert sind, die Allgemeinheit zu täuschen oder gar zu mißbrauchen«?

Stammt es von Karl Marx oder Gregor Gysi? Gratuliere, es stammt aus ›Der Wohlstand der Nationen. Eine Untersuchung seiner Natur und Ursachen‹ von Adam Smith. Er dürfte neben Karl Marx und der Bibel wohl der meistzitierte Autor dieses Jahrhunderts gewesen sein, nur gelesen hat ihn anscheinend kaum einer. Da er ein großer Wissenschaftler war, hat er sein Marktmodell auch zu Ende gedacht und stieß so auf große ethische und wirtschaftliche Schattenseiten. Sein Schluß war alles andere als optimistisch; er forderte den starken Staat, nicht etwa den schwachen, und dachte nicht im Traum daran, den Marktteilnehmern neben der Freiheit der Allokation knapper Güter auch noch die Freiheit der letztendlichen Verteilung des dort erwirtschafteten Gewinns zu überlassen. Er hatte mit den Vätern der Sozialen Marktwirtschaft das Wissen gemein, daß wirtschaftliche Macht niemals politische Macht werden darf! Er ist wirklich keiner, auf den sich die heute maßgeblichen Politiker berufen dürften!

Wir reden so viel von der Wissensgesellschaft; eigentlich wäre schon heute von allen Handelnden zwingend das Wissen zu fordern, welche Theorien warum bereits Schiffbruch erlitten. Dazu gehört die seit Jahrzehnten widerlegte Theorie, daß ein Staat wie eine Firma geführt werden könne. Beide haben nämlich völlig verschiedene Aufgaben im Ganzen: Der Staat hat einen Gemeinwohlauftrag, die Unternehmungen und der einzelne im Markt nicht! Alle grundlegenden Werke der Marktwirtschaft (Smith, Ricardo) handeln von der optimalen Allokation knapper Güter zur Erhöhung des Wohlstands von Ländern; der Staat hat die Aufgabe der Optimierung des Wohlergehens jedes Staatsbürgers. Im Grunde wird man bei der Betrachtung heutiger Politik an die Worte des alten Schwedenkanzlers Axel Graf Oxenstierna an seinen Sohn erinnert: »Mein Sohn, wenn du wüßtest, von wieviel Dummheit die Welt regiert wird!« Man könnte hinzufügen: und von wieviel als Erfolg getarnter (Geld-)Gier.

Die Staatsziele des demokratischen Staates werden also auch im nächsten Jahrtausend die eingangs genannten bleiben müssen, wenn er sich nicht selbst die Legitimation entziehen will. Dazu wird er als Garant der Werte, die der Markt aus sich heraus nicht entwickeln kann, auch gegen die Wirtschaftssubjekte agieren müssen. Denn wenn »Wirtschaft« und »Geld« zum Maßstab aller Dinge werden, also sich das Mittel zum

Handlungszweck ergehen konnte, stoßen wir auf politisch höchst zweifelhafte Phänomene ethischer Natur,
• daß durch Pensionen (Abgeordnete, Beamte, Professoren) und Verträge (Manager) für ihre Zukunft und das Alter bestens abgesicherte Personenkreise die Frechheit besitzen, den Zwangsversicherten ihren Lebensstandard schmälern zu wollen bzw. den unsichersten Teilen eines Volkes weitere Unsicherheiten zuzumuten, die sie bei sich selbst überhaupt nicht gewillt sind, auf sich zu nehmen. Da gibt es soziohygienisch nur eine einzige akzeptable Lösung: alle rein in die Staatsversicherung (vom Kanzler über den Manager bis zur Putzfrau) – dann reden alle über dasselbe;
• daß politisch Handelnde, denen keine Reglementierung zur Sicherheit vom Straßenverkehr bis zum Elektrogerät zu viel ist, die Chuzpe besitzen, laufend existentielle Großversuche mit ihren Bevölkerungen zu veranstalten, ohne daß diese auch nur gefragt werden, ob sie Risiken auf sich nehmen wollen wie

a) die Verwendung einer gemeingefährlichen Energieerzeugung (Kernenergie) mit unabsehbarer Gefährdung ganzer Landstriche;

b) das nur zögernde Unterbinden der Verfütterung von Tierkadavern an Tiere (meist Pflanzenfresser) trotz bereits übersprungener Artenbarierren von Viren (BSE: Lamm/Rind, Creutzfeld-Jakob: Rind/Mensch). Bei Rindern verbot man es, bei Schweinen geht's weiter: Schlachtreife ein halbes Jahr, Inkubationszeit Jahre;

c) die Hinnahme von Antibiotika und Anabolika im Futter des normalen Zuchtbetriebes – wobei allein schon die Wasserretention im Gewebe als wertlose Gewichtszunahme vom Kunden bezahlt wird. Klassischer Betrug!

Schlimmer noch kommt es bei der Zulassung gentechnisch veränderter Pflanzen wie Mais, die Antibiotikagene gegen Schädlinge tragen. Denn kommt es im ersten Fall zu Antibiotikaresistenzen von Krankheitserregern, ist der zweite Fall die klassische Zwangsmedikation gesunder Bürger mit Antibiotika. Man muß glauben, daß die politische Klasse bereits in ihrer Mehrzahl von BSE befallen sein muß – oder hat Oxenstierna doch recht? Die Lösung wäre auch hier marktgerecht und simpel: Wie bei jedem Kfz-Halter werden Hersteller bzw. Betreiber aufgefordert, einen Versicherungsnachweis in Höhe des vollen zu erwartenden Schadens vor Betriebsgenehmigung vorzuweisen. Es wäre das sofortige Aus der Kerntechnik und praktisch der meisten kommerziellen – nichtmedizinischen – Anwendungen der Gentechnik. Das Risiko beider »Techniken« würde nämlich in der Schadensformel (Schadenshöhe mal Eintrittswahrscheinlichkeit) links ein »open end« zeigen, da im Falle der Kernkraft garantiert, im Falle der Genmanipulation, wie »Gentechnik« eigentlich heißen müßte, mit hinreichend hoher Wahrscheinlichkeit kommende Generationen betroffen sind. Ein solcher Schaden ist nicht versicherungsfähig, da unkalkulierbar. Der Fall wäre ganz marktgerecht erledigt. So sähe z. B. die Wahrnehmung der Gewährleistung von Sicherheit und körperlicher Unversehrtheit durch Staatshandelnde aus; zumal es logisch nicht zu verstehen ist, wie jemand zwar gegen die Anwendung der Kernenergie, aber für die kommerzielle Verwendung von Genmanipulation sein kann; bei einem Eingriff in lebende Substanz, bei der generell nur der erste Schritt einigermaßen kalkulierbar ist – es gab schon Tote durch ein gentechnisch hergestelltes Pharmakon (aus Japan) –, der Rest ist »open end«.

Dann bräuchte man auch weniger über den Verfall der Werte zu diskutieren. Die schlichte Haltung, daß ich Zumutungen, die ich für notwendig erachte, zuerst an mir vollziehe, würde glaubwürdige Beispiele für Wertbindung setzen – von der Residenzpflicht von Vorständen und leitenden Ingenieuren an Standorten von ihnen geforderter Techniken (KKW, Atomendlager, Müllverbrennungsanlage, Einflugschneisen) bis zur alten Ethik, daß Forscher ihre Theorien an sich erproben wie Robert Koch oder vor sechs Jahren der Australier, der nachwies, daß Magengeschwüre durch Bakterien verursacht sind, indem er Helicobacter pylori aß; ganz zu schweigen davon, daß diejenigen, die zukünftigen Rentnern Opfer abverlangen wollen, zuallererst einmal massiv ihre eigenen Pensionsansprüche herabsetzen. Diese Beispiele wären wertsetzend, im Gegensatz zu der Realität von heute, in der die Hierarchen Werte predigen oder beschwören – vorzugsweise bei den anderen, nur nicht bei sich.

Die Demokratie bedarf des angstfreien Citoyen, dessen Bedingungen Friedrich Naumann so beschrieb: Er muß wissen, wo er morgen schläft (Recht auf Wohnung), wie er morgen seine Familie ernährt (Recht auf Arbeit bzw. angemessenes Einkommen) und daß seine Kinder etwas werden können (Recht auf Bildung). Recht, wohlgemerkt! Staatshandelnde, die bei der Herstellung dieser Bedingungen versagen, untergraben die Demokratie, denn der Staat ist keine Firma; was für Betriebswirte problemlos durchführbar ist, nämlich die Externalisierung der Kosten durch Entlassungen, führt zur Frage: Wohin entläßt der Staat seine Bürger? In die Armut?

Man sollte wirklich Adam Smith lesen, er war ein vorzüglicher Menschenbeobachter, im Gegensatz zu den modernen Modellschmieden der Ökonomie am Computer. Er wußte noch: Staat und Wirtschaft handeln vom wirklichen Menschen – also leben die »klassischen« Staatsaufgaben!

Volker Freystedt

Was würden Sie ändern, wenn Sie Politiker wären?

Volker Freystedt, Jg. 1950, verh., zwei Kinder, Dipl. Soz. päd. (FH), lange Jahre als Freiberufler auch im Ausland tätig (Layouter, Werbetexter, Surflehrer, Aufnahmeleiter), derzeit Angestellter im Sozialreferat München. Interessen: Familie, Surfen, Reisen, Bücher. Während allgemein von der »Neuen Armut« gesprochen wird, die »bekämpft« werden soll, sieht er ihre Ursachen in alt(bekannt)en Systemfehlern, die erst veränderbar sind, wenn die Ignoranz bekämpft ist.

Es ist nicht leicht, eine Frage mit solch stark hypothetischem Charakter zu beantworten; hypothetisch deshalb, wie die Erfahrung zeigt, weil Politiker v. a. ängstlich bemüht sind, nichts zu tun, was irgendeiner Wählergruppe weh tun könnte. Ich unterstelle deshalb einfach, daß sich die politische Kultur verändert hat. Bevor ich etwas ändere, muß ich ein Ziel definieren, das es zu erreichen gilt: Ich möchte in erster Linie, daß es allen gutgeht. Dazu gehört – als Basis – erst einmal materieller Wohlstand. Dabei darf es ruhig einigen bessergehen als den anderen – nur nicht auf Kosten der anderen. Wer mehr leistet (quantitativ oder qualitativ), soll auch mehr verdienen. Nur sollte niemand durch Erpressung und Glücksspiel reich werden. Ich meine nicht das Spiel in der Spielbank oder mit dem Lottoschein. Die schlimmsten Zocker sitzen in den Großbanken und verwetten riesige Kapitalsummen (fremden Geldes) auf Derivate, Risikofonds und Devisenentwicklungen. Wenn dann der Einsatz floppt, reichen die krisenhaften Auswirkungen bis weit in die Realwirtschaft hinein und bedrohen damit die gesamte Weltwirtschaft, also auch den sog. »kleinen Mann«, den Steuerzahler. Er, der am Gewinn der Spekulanten nur insoweit beteiligt ist, als die Gewinne letztendlich von ihm erarbeitet werden, wird durch das Eingreifen von Weltbank und Internationalem Währungsfond mit Steuermitteln auch an auftretenden Verlusten beteiligt.

Die Banken sollten sich besinnen – oder notfalls durch entsprechende Gesetze zur Besinnung gebracht werden –, das zu tun, was ihr eigentlicher Auftrag ist: die einer Volkswirtschaft zur Verfügung stehende Geldmenge, die das Sozialprodukt widerspiegelt, in Umlauf zu halten. In diesem Zusammenhang ist es interessant, daß der Nobelpreisträger für Wirtschaftswissenschaften 1998, Amartya Sen, nachgewiesen hat, daß Hungersnöte meist nicht durch Mangel an Nahrung, sondern durch Mangel an Kaufkraft verursacht sind. Es müßte also verhindert werden, daß der Geldumlauf ins Stocken gerät.

Man kann das an einem »Inselmodell« veranschaulichen: wenn zehn Menschen zusammen sind und nur einer hat einen 10-DM-Schein in der Tasche, so kann er sich von seinem Nachbarn dafür die Haare schneiden, dieser sich wiederum von einem anderen in der Gruppe massieren lassen; der nächste erteilt einen rechtlichen Ratschlag, ein weiterer kann bei einem Autoproblem helfen, jemand anderes backt einen Kuchen usw. Das alles wird durch den Umlauf eines einzigen Scheines möglich, der dem, der ihn erhält, die Erbringung einer Leistung bestätigt und gleichzeitig den Anspruch auf eine Gegenleistung seiner Wahl im gleichen Wert von einem beliebigen Anbieter zu einem späteren Zeitpunkt sichert. Hält aber jemand, der gerade kein Bedürfnis hat, das er mit diesem Geld befriedigen möchte, den Schein fest, bricht diese Miniatur-Wirtschaft zusammen. Nun ist es durchaus legitim und auch vernünftig, nicht alles erworbene Geld vollständig und sofort zu konsumieren, sondern z.B. für einen Urlaub, eine größere Anschaffung, die Altersvorsorge zu sparen. Das Zurückhalten des Geldes darf nur nicht in der Form erfolgen, es wegzusperren und damit dem Kreislauf zu entziehen. In unserem Modell müßte also, wenn jemand, der den 10-DM-Schein erhalten hat, gerade nichts damit anzufangen weiß, einer aus der Gruppe die Rolle der Bank übernehmen; er bekäme dann den Geldschein, würde dem Überbringer eine Quittung ausstellen, und jemand anderes, der gerne eine Leistung einkaufen möchte, könnte die Banknote gegen eine Schuldverschreibung übernehmen und somit wieder in Umlauf bringen. Wer jetzt sagt, daß dieser Vorgang doch bereits im großen Stil praktiziert wird, muß die Geschichte erst noch zu Ende hören. Wenn jetzt der Inhaber der Quittung auf die Idee kommt, seinen Geldschein wieder bei der Bank abzuholen, wird diese beim Unterzeichner der Schuldverschreibung das verliehene Geld zurückfordern. Dieser Schuldner, der für die Weitergabe des Scheines eine Leistung erhalten hat, muß nun eine Gegenleistung erbringen, um in den Besitz von Geld zu gelangen, das so über die Bank zum ehemaligen Inhaber zurückkehrt.

Was aber, wenn der Besitzer der Banknote diese nicht herausgeben will? Dann müßte er, weil er Gemeinschaftsgut blockiert, das für den Waren- und Leistungstausch wichtig ist, unter Druck gesetzt werden. Dazu müßte das Geld durch künstlichen Schwund anderen Tauschmitteln gleichgestellt werden. Im Schnitt beträgt der Verlust aller Waren und Dienstleistungen ca. fünf Prozent im Jahr; um diesen Satz müßte auch das Geld an Wert verlieren, d. h. alle zwei Monate ca. ein Prozent (wofür heute, da es weit mehr Giralgeld als Bargeld gibt, die Computer zuständig wären). Niemand würde dann auf seinem Kapital sitzenbleiben, genausowenig wie auf einem Sack Äpfel.

Wird aber, wie heute üblich, statt mit »Strafe« mit »Belohnung« der Geldumlauf gesichert, läuft die Sache so: Vom Schuldner wird nicht nur der ausgeliehene Betrag, sondern zusätzlich noch eine (berechtigte) Verwaltungsgebühr, ein (ebenfalls berechtigter) Inflationsausgleich und ein (unberechtigter) Zinsaufschlag zurückgefordert; deshalb muß der Schuldner eine Mehrleistung in dieser zusätzlichen Höhe erbringen. Der Kapitalbesitzer erhält dementsprechend mehr Geld zurück, als er verliehen hat (bei einem Zinssatz von sechs Prozent z. B. verdoppelt sich das Kapital durch Zinseszinsen nach zwölf Jahren). Den wachsenden Vermögen stehen ebenso wachsende Schuldenberge gegenüber. Wenn aber für einen zunehmenden Kapitalbedarf eine stetig zunehmende Arbeitsleistung (Produktivität) erbracht werden muß, dann bekommen wir auf unserer seit Jahrmillionen »stagnierenden« Erde ein Problem: Ohne ein stetiges Wirtschaftswachstum bricht unser Finanzsystem zusammen und mit Wachstum unser Ökosystem, ohne das wir als Spezies nicht überlebensfähig sind. Ich müßte also, wenn ich als Politiker etwas Entscheidendes verändern möchte, das Finanz- und Wirtschaftsministerium übernehmen und ein neues Geldsystem sowie eine neue Weltwirtschaftsordnung in die Wege leiten, deren Hauptziel die Rückführung der allgemein benötigten Ressourcen Geld und Boden in gesellschaftliches Eigentum ist, an dem Private nur Nutzungsrechte erwerben können. Wasser und Luft müßten davor bewahrt werden, ein ähnliches Schicksal wie der Boden zu erleiden, insofern als wenige Besitzer daraus eine Ware machen und durch Verknappung die Preise in die Höhe treiben.

Das klingt zwar sehr nach monokausalem Ansatz, doch die Auswirkungen wären so vielfältig wie wenn man einen Fisch, der an Land gespült wurde, in das Wasser zurückwirft: ein kleiner Eingriff – aber doch von alles entscheidender Bedeutung. Leistung würde sich für den einzelnen wieder lohnen, weil nicht mehr ein gutes Drittel des Nettoverdienstes an die in den Konsumentenpreisen versteckten Kapitalzinsforderungen gingen, mit denen leistungslose Einkommen ermöglicht werden; Unternehmen würden weniger häufig in Konkurs getrieben; der Staat könnte seine Quote zurückführen, weil weniger Menschen von finanziellen Transfers abhängig wären; unsere Umwelt würde durch Wegfall des Wachstumszwanges geschont und stünde noch weiteren Generationen zur Verfügung.

Auch die Wertediskussion könnte unter neuen Gesichtspunkten aufgenommen werden, ja, sie stünde gleichsam vor einem Vakuum, wenn plötzlich nicht mehr das GELD den höchsten Stellenwert hätte, sondern nur noch ein Mittel zu wichtigeren Zwecken wäre.

Andreas Belwe

Wider die Spaltung von innerer und äußerer Demokratie

Dr. Andreas Belwe war nach dem Studium von Philosophie, Psychologie und Kommunikationswissenschaft als Doktorand an der privaten Universität Witten/Herdecke (NRW) insbesondere mit der praxisbezogenen Auswertung wissenschaftlicher Arbeits- und Forschungsergebnisse der Philosophie befaßt. In München lebt er als Publizist und Schriftsteller. Seit 1998 betreibt er dort eine Philosophische Praxis.

Zu den Eigenschaften der Menschen gehört die Widersprüchlichkeit des einzelnen und die Verschiedenheit der vielen. Eigenschaften, die sich im Fühlen, Denken und Handeln aller niederschlagen. Geprägt davon ist das Zusammenleben der unverallgemeinerbaren Menschen. Deshalb ist es die Aufgabe der demokratischen Gesellschaft, per Gesetz sowie im konkreten Handeln die Verschiedenheit ihrer Mitglieder zu respektieren und auch zu schützen, damit sie als Gleiche, d. h. Gleichberechtigte, miteinander leben können, so das Selbstverständnis der Demokratie, so ihr Anspruch.

Faktizität der Spaltung

Besonders in den letzten zehn Jahren aber läuft die demokratische Gesellschaft Gefahr, diesem Anspruch immer weniger gerecht zu werden, d. h., der Demokratie droht, so meine These, eine wachsende Spaltung in eine äußere und innere Demokratie. Eine Spaltung, die über den zwangsläufig demokratiebedingten Widerspruch von Verfassungsanspruch und Verfassungswirklichkeit hinausgeht und die zu überbrücken die demokratische Gesellschaft versagt hat, indem sie de jure zwar in einer Demokratie lebt, aber demokratische Grundsätze de facto zu wenig achtet und folglich auch nicht danach zu handeln imstande ist.

Die äußere Demokratisierung diente zunächst der Stabilisierung der Regierung und der Wirtschaft. Dabei wurde die innere Demokratisierung, also die Aneignung der von den einzelnen Menschen zu praktizierenden Demokratie innerhalb kleiner Gemeinschaften des persönlichen Umfeldes vernachlässigt, woraufhin sie aber langfristig mit den Folgen in Form von wiederum die äußere Demokratisierung zersetzenden Kräften konfrontiert wird (Verlust sozialer Kohäsion, »Politikverdrossenheit«, Rechtsradikalismus). So entsteht sozialer Druck nicht von unten, er wird von oben geschürt: Expansiver und exzessiver Kapitalismus und die damit verbundenen Erzwingungsstrategien, immer mehr Profit erwirtschaften zu wollen, bereiteten den Boden für Konkurrenz und Egoismus sowie für die daraus resultierende Vereinzelung der Menschen sowie die Marginalisierung derer, die bei diesen Kämpfen nicht mithalten können oder wollen.

Ursachen

Eine der Hauptursachen für die asynchrone Entwicklung von äußerer und innerer Demokratisierung liegt in der verweigerten wie verwehrten gegenseitigen Anerkennung der Mitglieder unserer nur äußeren Demokratie. Denn: Konstituiert sich eine Gesellschaft aus Individuen und deren »Kommunikationen« (Luhmann), so kommt Demokratie nicht nur durch eine – im besten Falle – gegenseitige Duldung der Individuen zustande, sondern auch sowohl durch Anerkennungsverhältnisse als auch durch Anerkennungshandlungen. Fehlende Anerkennung Wertschätzung, Respekt) gibt dem Menschen das Gefühl der Nicht-Existenz, der Überflüssigkeit. Im extremen Fall holt er sich Anerkennung – sprichwörtlich – mit aller Gewalt. Diese trifft, wie auch der Zustand der deutschen inneren Demokratie zeigt, die Verschiedenen, deren Verschiedenheit erst durch Verachtung, also auch wiederum durch fehlende Anerkennung, zum Stigma wird. Und Verachtung ermöglicht Gewalt gegen die Verschiedenen, die sich unterscheiden wegen ihres Geschlechts, ihres Alters und Aussehens, ihrer Gebrechen und Neigungen, ihrer Herkunft, ihres Bildungsstandes, ihrer politischen und religiösen Überzeugungen, ihrer Lebensweise – kurzum alle, die man potentiell an den Rand oder sogar in die Rolle der Unterlegenen drängen kann.

Was kann man ändern?

Demokratie manifestiert sich auch in der Wechselwirkung zwischen der Gesellschaft und den von ihr gewählten Volksvertretern sowie den staatlichen Institutionen oder Verbänden, also in der Demokratisierung von unten und von oben. – Was heißt das? Da die Menschen nicht von Natur aus Demokraten sind, ergibt sich das Paradox, daß der Staat seine Bürger »zur Mündigkeit erziehen« (Adorno) und sie zur Volksherrschaft zu befähigen habe – ein Paradox, das aus dem u. a. von Kant thematisierten Dilemma erwächst, daß die Menschen sich eine Regierung und Gesetze geben müssen, um gegenseitige Freiheit – als eine der Säulen der Demokratie – gewährleisten zu können. Da aber der Staat von oben Demokratie nicht verordnen kann und soll, so muß er sie von unten ermöglichen. D. h., der demokratische Staat fungiert nicht als Herrscher über die Demokratie und definiert nicht, was Demokratie sei, er fungiert als Vermittler von Demokratie. Somit darf er sich nicht darauf beschränken, durch seine Institutionen das Demokratiebewußtsein (und die damit verbundenen Tugenden der Toleranz, der Solidarität und der Gerechtigkeit) wecken zu wollen, sondern er muß auch Einrichtungen sich selbst organisierender und verwaltender Bürger(gruppen) unterstützen, um hier dem

Menschen die Chance zu bieten, sich in Demokratie zu versuchen. Denn nur so kann erreicht werden, daß Demokratie auch Anwendung finden wird, z. B. in der Familie, aber auch in der Nachbarschaft, in Ausbildungsstätten, die auf das Zusammenleben und -arbeiten mit Menschen vorbereiten sollen.

Zu denken ist hierbei z. B. an Projekte der Mitgestaltung von Wohnvierteln, wodurch die tatsächlichen Bedürfnisse der dort lebenden Menschen berücksichtigt werden und nicht allein den anonym-abstrakten Kriterien städtebaulicher »Zweckmäßigkeit« gefolgt wird. Eine andere Möglichkeit der Anerkennung innerhalb eines Betriebes könnte darin bestehen, die Eigenverantwortlichkeit und Anerkennung zu fördern, indem Arbeitsabläufe so gestaltet werden, daß nicht Konkurrenz und Ersetzbarkeit dominieren, sondern die Angewiesenheit der Mitarbeiter aufeinander. – Denn nicht nur die Einsicht in, sondern auch das Erleben von Angewiesenheit aufeinander dämpft Konkurrenz- und Machtkämpfe, es fördert die Kooperationsbereitschaft und trägt schließlich dazu bei, die Kluft zwischen innerer und äußerer Demokratie langsam zu schließen und somit auch die zwischen oben und unten, da die oberen Schichten viel eher den Luxus des Geltenlassens und Anerkanntwerdens genießen, während es in den unteren Schichten für die Benachteiligten und Unterprivilegierten deutlich schwerer ist, sich in Demokratie zu üben, da sie als die »weniger Gleichen« und »weniger Anerkannten« den Gleichheitsgrundsatz unter härteren Bedingungen verwirklichen müssen bzw. für sie auch weniger Aussicht besteht, den »Oberen« gleich zu werden.

Mark Harthun

Willkür im Rechtsstaat:
Wenn Staatsgewalt nur noch peinlich ist ...

Mark Harthun, geb. 1969, studierte an der Philipps-Universität Marburg Biologie und Geographie und arbeitet als freier Fachpublizist. Seit 1997 ist er als Referent eines Naturschutzverbandes angestellt. Arbeitsschwerpunkte sind die Ausweisung von Großschutzgebieten und die Flußauen-Renaturierung. Für den Ausstieg aus der Atomwirtschaft als Grundvoraussetzung für eine sichere Zukunft engagiert er sich seit 15 Jahren.

Die »Innere Sicherheit« wird zunehmend als Wahlkampfthema genutzt. Angst vor scheinbarer Kriminalität wird geschürt, um einschneidende Änderungen unseres Rechtsstaates für die »Staats-Sicherheit« durchzusetzen. Die Folgen haben aber nicht nur die vielzitierten Gangster zu tragen, sondern auch Normalbürger, die mit demokratischen Mitteln gegen Mißstände demonstrieren. Doch die staatliche Gewalt erlebt nur, wer an die Grenzen seiner gesetzlichen Bürgerrechte geht, so z. B. beim dritten Transport von hochradioaktivem Atommüll nach Gorleben im März 1997. Für die Anti-Atombewegung stellte dieses Ereignis einen neuen Höhepunkt dar. In einer bisher einzigartigen Form wurde im Rahmen der Aktion »X-tausendmal quer« ziviler Ungehorsam als Widerstandsform angewandt und der staatlichen Gewalt mit professioneller Gewaltlosigkeit begegnet. In schriftlichen Erklärungen hatten Tausende von Menschen ihren gewaltfreien Widerstand erklärt. Wie in den letzten Jahren setzte die Polizei aber auf Abschreckung, obwohl in den vergangenen Jahren die Eskalationsstrategie der Polizei bisher nur dazu geführt hat, daß sich die Zahl der Demonstranten von Jahr zu Jahr verdoppelte. Es zeigte sich, daß staatliche Gewalt gegen passiven Widerstand bei Demonstranten nicht zu Resignation führt, sondern zu Empörung, zur Festigung des eigenen moralischen Rechtsempfindens und zur Stärkung der Widerstandsbewegung. Dazu führen Begebenheiten wie die nachfolgend beschriebenen (Auszüge meines Tagebuchs).

»Zwei Sitzblockaden von je 150 Leuten werden von der Polizei sofort auf das Härteste bekämpft: Sie gehen mit Pferden auf uns los, reiten einfach langsam in die Menge und bedrängen uns. So etwas habe ich bisher bei noch keiner Demonstration erlebt. Die Pferde sind noch weniger berechenbar als Hunde, die manchmal gegen mich eingesetzt wurden, und ein Huftritt gegen den Kopf kann zu schlimmsten Verletzungen führen. Seit heute nacht ist das Demonstrieren auf der Straße offiziell illegal. Die Sinnhaftigkeit ist nicht nachvollziehbar, denn der CASTOR-Transport kommt erst in zwei Tagen. Die Polizisten treiben uns menschenverachtend vor sich her, ins Unterholz des Waldes. Längst sind wir außerhalb der verbotenen 50m-Zone, aber sie hetzen uns immer weiter. Per Megaphon fordern wir den Einsatzleiter auf, mit der Schikane aufzuhören, aber dieser lebt sein Machtmonopol schamlos aus. Da schon am Morgen einige Leute aus unserem Camp verhaftet wurden, gilt der Grundsatz: Niemals vereinzeln lassen, immer geschlossener Rückzug in Menschenketten – nur ist schnelles Vorankommen im Unterholz so kaum möglich. Als wir am Deich ankommen, beendet die Polizei endlich ihre Verfolgung.

Innerlich koche ich vor Wut über diese unrechtmäßige, menschenverachtende Behandlung, und so werden bei vielen Demonstranten die Polizisten innerhalb von wenigen Stunden durch ihr liebenswertes Verhalten zu ›Bullen‹.

Im Schutz einer ZDF-Kamera können wir dann doch ein Gespräch mit dem Einsatzleiter erzwingen. Er läßt sich auf unsere Forderung des Ausmessens der 50m-Verbotszone ein. Als die 50m-Grenze ausgemessen und mit dem Schild ›Demokratiefreie Zone‹ gekennzeichnet ist, befinden sich der Wasserwerfer und etwa 30 Polizisten völlig verloren 100 m außerhalb der verbotenen Zone. Die polizeistaatliche Willkür ist allzu offensichtlich, und so stammelte der Einsatzleiter nach fast zweiminütiger Sprachlosigkeit in die auf ihn gerichtete Kamera, daß wir zwar keinen Demonstrationsverbots-Bruch begehen, daß aber unter uns Vermummte seien ... Das ist nun nicht schwierig, denn wer bei minus 2 Grad Celsius fünf Tage im Zelt leben muß, kommt sehr schnell auf die Idee, sich Mütze und Schal anzuziehen.

In Laase hält uns später eine Polizeikontrolle an und verweigert uns die Durchfahrt zum Camp. Auch zu Fuß dürfen wir nicht durch. Eine merkwürdige Logik. Scheinbar ist es der Polizei lieber, wir streifen nachts ohne Unterkunft durch die Wälder, als daß wir friedlich im Zelt schlafen. Während unsere Personalien aufgenommen werden, diskutiere ich mit der sympathischen jungen Polizistin. Mir tut sie leid. Ich habe den Eindruck, daß sie weiß, daß die Befehle, die sie ausführen muß, bürgerverachtend sind. So können wir also nicht aufrecht und offen wie normale Bürger (und prima kontrollierbar für die Polizei) entlang der Straße zum Camp gehen, sondern müssen wie Verbrecher durch das Unterholz schleichen. Die Indianer-Romantik hält sich in Grenzen.

Am nächsten Tag wollen wir nach einem Besuch der Blockade am Verladekran zu Fuß die Nordroute über Quickborn zurück zum Camp gehen. Auf dem Fahrradweg neben der verbotenen Straße dürfen wir nicht laufen. Wieder zwingt uns die Polizei, wie Kriminelle durchs Unterholz zu kriechen. Auf der anderen Seite der Straße ist offenes Feld, deshalb bitte ich einen Beamten, die Straße überqueren zu können. Aber er verweigert mir dies. Ich mache ihn darauf aufmerksam, daß es hier lediglich ein Verbot öffentlicher Versammlungen gibt, aber kein Betretungsverbot. Als Einzelperson stelle ich aber keine Demonstration dar. Auch würde ich mich gerne von drei Beamten 'rüberbegleiten lassen. Keine Chance. Nach Aussage des Beamten stelle ich eine Gefahr dar – welche, kann er mir auch nicht erklären.

Wo Polizisten herrschen, herrscht oft Willkür. Das Recht bleibt auf der Strecke. Nach dem Namen des Beamten frage ich schon gar nicht mehr, denn den verweigert er mir ohnehin. So laufe ich kilometerweit durch das dichte Unterholz und später, als ich Nachrichten höre, wird mir auch klar, welchen Sinn diese Polizeistrategie hat. Da ist nämlich von über 1000 Kriminellen die Rede, die durch die Wälder schleichen. Und ich bin mir sicher: Sie haben mich mitgezählt. Einige Kilometer weiter fährt mich ein Beamter grob an, was ich denn auf dieser Straßenseite zu suchen hätte. Ich sage ihm ruhig, daß ich mich außerhalb der verbotenen 50m-Zone bewege und daß dies mein gutes Recht sei. Er fährt mich wiederum an, ich müsse sofort auf die andere Straßenseite gehen, und ich zucke die Schultern, bedanke mich und sage ihm, daß seine Kollegen mir dies auf den letzten Kilometern bei Gewaltandrohung verboten hätten. Etwas unkoordiniert, denke ich mir, und schlendere langsam durch die ›Demokratiefreie Zone‹ auf die andere Straßenseite.

Das Trampen zurück ist wieder kein Problem, erst in Laase geraten wir wieder in eine Polizeisperre. Die Durchfahrt wird dem einheimischen Fahrer untersagt, der erst sehr gelassen ist und dann doch empört aus der Haut fährt: Er sei hier zu Hause und lasse sich seine Wege nicht verbieten. Nur zu gut kann ich jetzt all die Plakate gegen die Staatsmacht in den Fenstern der Menschen hier verstehen, mit der Aufschrift ›Wir wollen keine Besatzer!‹ Keine Chance, der Mann muß umdrehen, und wir steigen aus. Doch der Polizist verweigert auch uns als Fußgänger die Überquerung der Straße. Ich biete ihm an, mich auf Waffen zu untersuchen, und betone, nicht an die verbotene Straße zu wollen, sondern auf die andere Seite zur Elbe, aber er schaltet auf stur. Ich frage ruhig und bestimmt nach der Sinnhaftigkeit des Verbots, aber er will sie mir nicht erklären. Immer wieder sagt er mir: Hier kommen Sie nicht durch. Wir sehen uns lange an. Er ist wohl Mitte 20, jünger als ich, und die Tränen stehen ihm in den Augen. Ich bekomme Mitleid mit ihm. Ich fühle, daß er weiß, daß die Atomkraftgegner moralisch im Recht sind. So lasse ich ihn stehen, zumal ich weiß, daß es uns ein Leichtes ist, die Polizeisperre auf Schleichwegen zu umgehen. Später erfahre ich, daß Freunde von mir an der gleichen Sperre zehn Minuten später durchkamen. Willkür? Oder dazugelernt?

Wer im Zusammenhang mit den Castor-Transporten von Bürgerkrieg spricht, hat die Bedeutung des Wortes nicht verstanden: Beim Bürgerkrieg kämpfen bewaffnete Bürger gegen ihren Staat. Hier kämpft ein bewaffneter Staat gegen seine Bürger – im Namen der Rechtsstaatlichkeit.«

Ralf Hansen

Sind Bürgerrechte »out«?

Ralf Hansen, geb. am 15.11.1962 in Düsseldorf. 1983 Abitur am Lessing Gymnasium in Düsseldorf. Studium der Philosophie, Geschichte und Soziologie an der Universität zu Köln. Ebendort Studium der Rechtswissenschaft. Gegenwärtig Kandidat für die Erste Juristische Staatsprüfung. Interessen: Rechtspolitik, Innere Sicherheit, Europa, Völker- und internationales Recht, Rechtsvergleichung und Wirtschaftsrecht sowie Politik, Geschichte, Soziologie, Musik und Kunst.

Die politischen Auseinandersetzungen um die Einführung des »großen Lauschangriffs« in Art. 13 GG n. F. (jetzt vornehmer »akustische Wohnraumüberwachung« tituliert) im Rahmen der Verabschiedung des Gesetzes zur Bekämpfung der organisierten Kriminalität, haben eine Tendenz offenbart, in deren Vollzug Bürgerrechte durch Maßnahmen des einfachen und des Verfassungsgesetzgebers in Umsetzung autoritärer gewordener, staatspolitischer Konzeptionen zunehmend zurückgedrängt werden. Der Ausübung von Bürgerrechten als Individualrechten wird im verstärkten Maße ein kollektives »Grundrecht auf Sicherheit« beschränkend entgegengestellt, dessen Situierung in der Verfassung selbst problematisch ist. Dieses »Supergrundrecht« verengt angesichts der erhöhten Schutzbedürfnisse der Gesellschaft durch den »innen« stehenden Feind »organisierte Kriminalität« (OK) in einer »globalisierten« und »grenzdurchlässigen« Welt bereits den Schutzbereich der Freiheitsgrundrechte. Der individuelle Grundrechtsschutz wird durch kollektive Sicherheitserfordernisse entsubjektiviert. Das liberale okzidentale Verfassungsprojekt – dem der ursprüngliche Verfassungstext des GG verpflichtet war – wird damit letztlich sukzessive verlassen. Bereits die Berufung auf Individualrechtsschutz erscheint unter der Perspektive einer Zuschreibung ausufernder und »unangemessener Individualität« als Verstoß gegen die erwünschte neue, kollektive »Wertordnung« weitgehend unscharfen kommunitaristischen Zuschnitts und damit als moralisch im Ergebnis wenigstens zweifelhaft. Auf die Individualisierungsschübe der radikalisierten Moderne wird mit Entindividualisierungstendenzen im Bereich normativer Steuerung durch Rechtsnormen reagiert. Im Zentrum politischer Steuerung steht – spätestens nach dem äußerst umstrittenen sechsten Strafrechtsreformgesetz von 1988 – wieder das Strafrecht. Es ist einem Funktionswandel bis zu einer präventiven Funktion hin ausgesetzt, dessen härter gewordene Strafen jene Erwartungen nicht erfüllen werden können, die mit ihm intendiert sind. Das Strafrecht wird zu einem probaten Mittel symbolischer Politik, das zur Lösung sozialer Probleme eingesetzt werden soll, wenn eine anderweitige Regulation nicht opportun oder nicht möglich erscheint. Die Wirkung läßt nach, sobald die Beruhigung aufhört. Entscheidend ist heute die politische Einschätzung eines von potentiellen Normadressaten ausgehenden »Risikos«, nicht deren Rechtsposition in einem liberal strukturierten, sozialen und demokratischen Rechtsstaat. Die »Risikogesellschaft« zieht ihre Fäden längst bis in die innersten Angelegenheiten der Republik.

Bereits die Einführung des neuen Asylrechts in Art. 16 a GG stellt eine verfassungsrechtliche Vorstufe zu dieser zunehmenden Verobjektivierung und gleichzeitigen Entsubjektivierung dar. Sie sicherte damit eine schleichend rigider werdende Verwaltungspraxis, die sich einer humanitären Asylhandlung – etwa im Heidelberger Fall »Neshe« – auf der Basis der moralischen Grundlagen der »Genfer Konvention« entgegenstellt. Auch »Härtefälle« werden nun »hart« reguliert. Weitere Entprivatisierungen, etwa durch einen »großen Videoangriff« und im Bereich der Telekommunikation, sind bereits konzipiert und harren der Realisierung, ohne einen entsprechenden Gegenpol durch eine umfassende demokratische Kontrolle in Form von umfassenden Sicherheitsberichten mit entsprechender öffentlicher Transparenz und unabhängige Überwachungsbeauftragte analog zu den Datenschutzbeauftragten zu finden.

Dieser Entwicklung entspricht auf einfach-rechtlicher Ebene die Erhöhung der Eingriffsintensität bei strafprozessualen Zwangsmaßnahmen und im Bereich der präventiven Risikovorsorge des Sicherheitsrechtes, ohne daß noch unbedingt in jedem Fall eine zwingende Anknüpfung an einen dringenden Tatverdacht oder eine dringende Gefahr, wie etwa in der »Schleiernetzkonzeption«, erfolgt. Dieser Entwicklung korrespondiert auf der Rechtsschutzseite vor den zuständigen Gerichten gegenüber staatlichen Maßnahmen eine gleichzeitige Rücknahme der Kontrolldichte bei erhöhten formellen Anforderungen (etwa im Rahmen der 6. VwGO – Änderungsnovelle). Ohne das Regulativ einer konkreten Gefahrenlage bzw. eines dringenden Tatverdachts beschränkt sich ein immer erst nachträglich möglicher Rechtsschutz nur noch auf eine allgemeine Willkürkontrolle, wenn überhaupt. Angesichts des Begründungsdrucks durch kollektive Sicherheitserfordernisse wird – außer von Bürgerrechtsorganisationen und engagierten Bürgerrechtlern in den demokratischen Parteien – kaum noch gewagt, sich diesen Entwicklungen unter Begründung auf individuellen Bürgerrechtsschutz entgegenzustellen. Bürgerrechte sind in Deutschland zunehmend »out«. Doch was kommt nach den Bürgerrechten? Ein System, das dem »Leviathan« von Thomas Hobbes zu sehr ähnelt, um noch als liberales Verfassungsprojekt in der Tradition des Lockeschen Liberalismus bezeichnet zu werden?

Vollständige »Innere Sicherheit« verlangt als Versprechen an die Bevölkerung eine nahezu lückenlos operierende Sicherheitsvorsorgeorganisation und wird zum Äquivalent der »äußeren Sicherheit« als dem Schutz der politisch-physischen Integrität der Republik. Sie setzt eine permanente Bedrohung voraus und reduziert das »Politische« auf die Definition des »Feindes«, der jetzt »innen« steht. Entsprechend wird die Bedrohung der Gesellschaft insbesondere durch die angestiegene, begrifflich schwer fixierbare »organisierte Kriminalität« der früheren Bedrohung durch den »Warschauer Pakt« funktional gleichgestellt. Nach dieser Logik führt ein Festhalten an liberalen Grundrechten letztlich den »Ausnahmezustand« herbei und stellt die »Souveränitätsfrage«, weil der materielle bürgerliche Rechtsstaat im »Zeitalter der Globalisierung« seine eigenen Ressourcen aufzehrt. Der Rest des bürgerlichen Nationalstaates wird zur Bastion gegen die organisierte Kriminalität, der allerdings nur noch supranational begegnet werden kann. Doch die Ansätze für einen europäischen sozialen Rechtsstaat unter äquivalenter demokratischer Kontrolle sind – wie die Entwicklung von Europol zeigt – spärlich genug und bisher in ersten Ansätzen steckengeblieben.

Es zeigt sich deutlich, daß Deutschland am Rande einer veränderten Verfassungskonzeption durch Änderung des Verfassungsverständnisses bei gleichzeitigen Funktionsverlusten der Bürgerrechte steht. Der Abschied vom liberalen Rechtsstaat ist eingeläutet, ohne daß sicher ist, wohin die Reise geht. Diese Entwicklung wirft die Frage auf, welchen Stellenwert individuelle Bürgerrechte in Zukunft noch genießen werden. Es ist allerdings zu erwarten, daß der Regierungswechsel vom 27.09.1998 hier eine mehr oder minder deutliche Perspektivenverschiebung bewirken wird, die den sozialen Bürgerrechten vielleicht wieder mehr Priorität einräumt. Wachsamkeit ist indessen weiterhin geboten. Erst eine aus der Zivilgesellschaft herrührende und über vernetzte Öffentlichkeiten herzustellende »Subpolitik« wäre in der Lage, hier ein Korrektiv herzustellen, indem auf Verbände, Behörden und Parteien durch Bürgerproteste und Inanspruchnahme von Bürgerrechten eingewirkt wird. Eine derartige Entwicklung erfordert eine noch nicht existierende Bürgerrechtsbewegung, deren Magna Charta die Europäische Menschenrechtscharta in einem europäischer werdenden Rechtsraum sein könnte.

Ohnehin wird die Differenz zwischen Repression und Prävention i. S. e. weitgefaßten »Gefahrenabwehr« als einer umfassenden »Risikovorsorge« zunehmend eingeebnet, indem die

Repression als besondere Ausprägung der präventiven »Sicherheitsvorsorge« in einem »Risikominimierungsmodell« erscheint. Damit erleben die bürgerlichen Freiheitsrechte als Abwehrrechte allerdings eine kaum mehr geahnte Renaissance. In dem Augenblick, in dem Individualgrundrechte zurückgedrängt werden, kommt es um so mehr darauf an, sich auf sie zu berufen, sie in ihrem Kern zu erhalten. Das Verhältnis der Funktionen von Grundrechten und einfachen Gesetzen scheint sich in der Tendenz umzukehren, so daß die (gleichen) Freiheitsgrundrechte nur mehr nach Maßgabe jener einfachen Gesetze auszulegen sind. Die aus Grundrechten abgeleiteten objektiven Schutzpflichten mit Bürgerrechten als Individualrechten dürfen nicht lediglich einseitig zugunsten eines Rechtsgutes erfolgen. In dem Augenblick, in dem eine eindeutige Durchsetzung einer kollektivbezogenen Schutzgutobjektivierung sich durchsetzt, kommt es nicht mehr darauf an, welche Rechte einem einzelnen noch potentiell zustehen, sondern wer die Rechtsmacht hat, Entscheidungen verbindlich zu machen.

Das rechtliche Korsett der alteuropäischen bürgerlichen Freiheit wird zunehmend enger. Demgegenüber ist eine Steigerung der öffentlichen Sicherheit durch die betreffenden Maßnahmen kaum auszumachen. Unausgesprochen ist damit intendiert, daß jenseits der Errichtung von Strukturen eines »starken Staates« der »Naturzustand« angesichts zu erwartender sozialer Auseinandersetzungen im Vollzug der »Globalisierung« wartet. Unter diesen Bedingungen kommt es entscheidend darauf an, jene vielbeschworene »Globalisierung« politisch angemessen undsozialverträglich zu gestalten. Es wird oft suggeriert, daß nur die Alternative zwischen der Zurücknahme gleicher Freiheitsrechte und rechtsstaatlicher Kontrolle alteuropäischen Herkommens und der Errichtung eines eher autoritären Steuerungsmodells existiert, in dem individuelle Bürgerrechte um des Ganzen willen zurückzustehen haben. Damit wird aber letztlich vom Ansatz her das »Ganze« des liberalen und sozialen Verfassungsstaates preisgegeben.

Es ist die ureigenste Funktion des Rechts der Neuzeit überhaupt, »Frieden« permanent herzustellen. Eine demokratische und rechtsstaatliche Verfassung, die nicht auf die Herstellung einer »Friedensordnung« zielt, hat unter den Bedingungen der Modernen ihr Ziel verfehlt. An der Herstellung inneren Friedens bemißt sich letztlich der Status der Legitimität des modernen politischen Systems, dessen kommunikative Voraussetzung die Koordinierung gleicher Freiheiten im politischen und privaten Raum ist. Die Devise des liberalen Verfassungsprojektes ist die Herstellung von Sicherheit in gleicher Freiheit unter Wahrung angemessener Rechtsschutzstandards. Sie sollte es bleiben. Letztlich beabsichtigt eine derartige Transformation des Grundrechtssystems die Herstellung einer anderen Verfassung auf dem Wege des Verfassungwandels und bedroht die Struktur der Grundrechte als subjektiver Individualrechte zugunsten einer Rückführung der Grundrechte auf rein objektivrechtliche Institutsgarantien, die, als »kollektive Schutzgrundrechte« gleichsam »verflüssigt«, politisch verfügbar werden. Bürgerrechte sind dann absolut »out« und individuell funktionslos.

Elke Plöger

Kritik an der Bürgergesellschaft

Elke Plöger, 54 Jahre, DDR-sozialisiert, Laborantin, Dipl.-Mathematikerin, Fachmathematikerin für Epidemiologie, bis 1989 EDV-Spezialistin, dann Versicherungsfachfrau, von 1994 bis 1998 Staatssekretärin für Frauenpolitik in Sachsen-Anhalt, jetzt freie Autorin und Beraterin, interessiert sich insbesondere für den Anteil, den Frauen leisten (können), um den Rest der Vielfalt unseres Planeten zu erhalten.

Ich bin kein Demokrat, auch kein Politiker und die »Bürger«gesellschaft scheint mir höchst fragwürdig. Ich habe es satt, mich um Worte zu streiten, und dennoch: Die Bürgergesellschaft ist, was die Bezeichnung verrät. Sie ist eine Männergesellschaft, die sich vor allem und grundsätzlich der Bedürfnisdeckung von Männern widmet und sich dazu auch der wenigen Frauen bedient, die sie in gestaltende Positionen geraten läßt. Diese Bürgergesellschaft verleugnet, minimalisiert, ignoriert und marginalisiert die Bedürfnisse von Frauen und Kindern, sofern sie nicht unmittelbar auch Männern dienen. Die Bürgergesellschaft ignoriert die existentielle gesellschaftliche Notwendigkeit der Arbeit von Frauen. Sie nennt diese Arbeit unbezahlbar und bezahlt sie auch meist nicht oder nur marginal oder mindestens meist schlechter als die von Männern. Die Bürgergesellschaft ist demokratisch, und sie schließt mit ihren auf die Möglichkeiten, Arbeitsweisen und Bedürfnisse von Männern zugeschnittenen Strukturen die Mehrheit der Bevölkerung von der aktiven Teilhabe und Gestaltung des öffentlichen Lebens aus. Das beginnt mit der Sprache (ja, natürlich! s. o.), geht über stupide Rollenzuweisung, Ämterpatronage (kommt von »Pater« und meint: ein guter Mann für einen guten Job!) und Verteilung von vielerlei Arten Macht (der »Spitzen«politiker, -manager, -mann), wie Definitionsmacht über Bildung und Medien, politische Macht über Mandate, Posten und Pöstchen, finanzielle Macht über Einkommen, militärische Macht und vor allem Gewalt.

Das zeigt sich prägnant und unübersehbar in der konsequenten Nichtumsetzung von Art. 3 (2) GG. Auch die Erweiterung dieses Artikels 1994 durch die Verpflichtung zu konkreten Maßnahmen hat wenig daran geändert. Zwar sind dank Quoten in den meisten Parteien nun mehr Frauen im Deutschen Bundestag, bis zur Besetzung mindestens der Hälfte der Mandate durch Frauen wird aber noch oft gewählt werden müssen. Noch immer wird beharrlich das Märchen gepflegt, daß gute Frauen sich durch die Quote diskriminiert fühlen (sollten), obwohl die Mehrheit längst begriffen hat, daß die Krücke Quote als Gegengewicht zur stillen Männerförderung notwendig ist. Daß sie notwendig ist, solange Frauen generell mit dem gesellschaftlichen Handicap, das ihnen ungeachtet aller Qualifikation die Qualität abspricht, ins Rennen gehen. Und kaum kommt die Partei, die als erste auf die Quote gegen strukturelle Diskriminierung setzte, in Regierungsverantwortung, ist die Quote trotz kompetentester Frauen vergessen. Und natürlich pfeift auch Herr Schröder auf Parteitagsbeschlüsse, nach denen 40 Prozent aller Ämter an Frauen zu vergeben sind. Wo sind die Frauen, die sich für die Durchsetzung solcher Beschlüsse einsetzen, wenn es schon die Männer so gern lassen? Für Politikerinnen ist es höchst karriereschädigend, als polarisierend zu gelten. Folglich tun gerade Politikerinnen gut daran, solches geflissentlich zu vermeiden, indem sie die reale Polarisierung der Gesellschaft bestenfalls behutsam verschleiert als anonymes gesellschaftliches Problem beklagen. Indem sie nicht Ursachen und Wirkungen offenlegen und im Ernstfall die Einhaltung von Beschlüssen konsensfähig eben nicht fordern. Die bequeme Angst vor der Polarisierung führt zur Duldung der zahlreichen grotesken alltäglichen Verschleierungen, die oft genug Täter zu Opfern umdefinieren und Schuldzuweisungen an die Machtlosen verteilen. Indem man Frauen in Kleinfamilien mit steuerbegünstigten Ernährern isoliert und ihnen die alleinige Verantwortung zuweist – schließlich erziehen sie die Söhne –, ist der Anteil väterlicher Vorbilder und gesellschaftlicher Rollen- und Gewaltenzuweisung aus der Diskussion. In Behörden bestellt man Frauenbeauftragte, die sich isoliert, marginalisiert, ohne ideelle, personelle und materielle Unterstützung gegen die still lächelnde Arroganz von genervten Behördenleitungen zugunsten weiblicher Personen, die meist auch nicht polarisieren mögen, einzusetzen haben. Unter diesem akkuraten Mäntelchen kann man ungeniert weiterhin »nach Eignung, Leistung und Befähigung« den guten Mann in den nächsten guten Job hieven. Die Verantwortung dafür wird zweckdienlich auch hier der Frau zugewiesen.

Wer kennt nicht all die vielen alltäglichen Familientragödien, bei denen Männer nach dem Mord an ihrer Frau (und ihren Kindern) sich selbst töten. Wo Enkelsöhne Großmütter erschlagen, weil die ihnen freiwillig nicht genug Geld geben. Wo Väter Töchter mißbrauchen, weil sie ihren Trieb nicht beherrschen können. Die »innere Sicherheit«, um derentwillen großer Lauschangriff und Polizeigewalt verstärkt werden müssen, betrifft natürlich ein anderes Innen. Da ist dann eben auch die Bürgergesellschaft genau wieder das richtige Mäntelchen, weil sich darin alle, Männer und Frauen, im schlichten Konsens und den gewohnten Rollen wiederfinden können.

»Im alten Griechenland standen an erster Stelle die Männer, danach kamen die Hunde, die Sklaven und dann die Frauen«, bedeutete mir 1995 feinsinnig lächelnd bei seinem Amtsantritt im Vieraugengespräch der Wirtschaftsminister Sachsen-Anhalts. Demokratie wurde im alten Griechenland erfunden. »Mancipio« bezeichnete das Eigentum des Herrn, des freien Bürgers der Polis. »Mancipio« waren neben der toten Habe die Sklaven, die Kinder, die Frauen. Emanzipiert wurde der Sklave, wenn er freigelassen wurde. Bekanntlich huldigten die alten Griechen der Knabenliebe. Mädchen durften schon ab dem zweiten Lebensjahr verehelicht werden, damit waren sie für erwachsene Männer sexuell verfügbar. Angesichts der aktuellen Wahrheiten über Kinderpornographie und Sextourismus, die als Milliardengeschäft gewiß nicht den Bedarf einiger weniger pervertierter kranker Männer decken, wird die tradierte Normalität offenbar.

Wer oder welche von einer Reform der Demokratie spricht, ohne die jahrtausendalte Tradition und Wirkungsweise dieser Demokratie zu benennen und ernsthaft in Frage zu stellen, befestigt sie stets aufs Neue. Es ist folgerichtig, daß in fast allen Medien über das Ende der Demokratie lamentiert wird, wenn ein demokratisch gewählter Präsident seines Amtes enthoben werden könnte, weil offenbar gemacht wurde, daß er in seinem Amt ganz selbstverständlich und traditionsgemäß seinen politischen Verstand auf die Größe einer Eichel reduzierte. Obwohl auch in diesem Falle Frauen sich dazu mißbrauchen ließen, den Machtspielen von Männern zu dienen, wird tatsächlich Demokratie entlarvt. Es bleibt mit Spannung zu erwarten, ob die wahrhaften Demokraten sich durchsetzen werden, die – ebenfalls traditionsgemäß – das Recht einfordern, daß Macht öffentlich und Sexualität privat sind und damit wieder die Verfügbarkeit der Machtlosen für die Machthabenden neu befestigt wird.

Solche Demokratie ist weder bewahrenswert noch reformfähig. Sie muß ersetzt werden durch eine Gesellschaftsform, in der alle ihre Mitglieder, Frauen, Kinder und Männer, aber auch die Ressourcen unserer Erde respektvoll benannt werden, in der ihnen allen ausdrücklich unmittelbar und mittelbar gleichermaßen Beteiligungsrechte und Möglichkeiten zur aktiven Gestaltung, Partizipation und vorsorgenden Rücksichtnahme eingeräumt werden. Die ihnen allen gleichermaßen auch die Pflicht und Verantwortung überträgt, diese Rechte aller Mitglieder aktiv zu respektieren und zu integrieren. In der Gewalt als Machtinstrument öffentlich stigmatisiert und geahndet wird. Das hat weder Bürgergesellschaft noch Demokratie jemals geleistet. Selbstbestimmt, eigenmächtig und eigenverantwortlich für sich selbst und für das Leben auf unserem Planeten zu handeln als Frau, Mann und Kind – das ist die Voraussetzung für unser Überleben.

Nein, ich bin kein Politiker, ich bin Politikerin und will den Schritt weiter gehen. Ich schrecke nicht davor zurück, den gesellschaftlichen Dissens zu benennen. Den Dissens, der darin besteht, daß auch die beste Verfassung und die besten Gesetze fragwürdig bleiben, solange allenthalben die Rechte von mehr als der Hälfte der Bevölkerung immer wieder zur Disposition stehen und die Definitionsmacht exklusiv der anderen Hälfte zugestanden wird.

Gerold Caesperlein

Ausländer/innen zu Inländer/innen machen

Gerold Caesperlein, geb. 1967, lebt und arbeitet seit 10 Jahren in Dortmund – nach der Schulzeit in Mainz und München. Er hat Raumplanung studiert und hat danach seine beruflichen Schwerpunkte im Bereich der Stadtentwässerung und Umweltplanung gesetzt. Mit gleichgesinnten Planer/innen versucht er zudem einen stetigen Austausch zur Frage von »Stadtplanung und Zuwanderung« zu pflegen. Motivation hierfür ist u.a. der enge Kontakt zu Zuwander/innen in der Nachbarschaft sowie ein Forschungsprojekt. Weitere private Interessen gelten der Literatur, der Geschichte des Ruhrgebietes, dem HipHop sowie dem Radsport.

Hunderttausende, ja Millionen ausländischer Mitbürger reisen, die Hand fest an der Fernbedienung, zu fernen Ministerpräsidenten, Kabinettstischen, Parlamenten. Sie fahren täglich. Und das Jahre, Jahrzehnte hindurch. Sie kennen den Bürgermeister von Caracas, den Kanalbau in Kairo, Parlamentsdebatten in Ankara und das Neueste aus Sarajewo, den Stadtrat um die Ecke kennen sie nicht. Und während sonst jede Reisewelle über Stauprognosen ihre Schatten vorauswirft, reisen diese Millionen heimlich und unbemerkt. Sie hinterlassen keinerlei Spuren.

Keinerlei Spuren? Ist es wirklich ohne Konsequenzen, wenn ein stetig wachsender Teil der Bevölkerung in politischer Emigration lebt, seine Antennen auf Ereignisse ausrichtet, die lediglich sentimental an »die Heimat« erinnern und eine Teilhabe suggerieren, die tatsächlich an anderer Stelle stattfinden müßte? Wie wird die Tatsache legitimiert, daß eine neue Straße allen Anwohnenden die Nachtruhe raubt, der Schichtarbeiter oder Doktorand aus Iran oder Ghana nichts dagegen tun kann, während seine Nachbarn ihre immer wieder begehrten Wählerstimmen erheben können, um sich Gehör und Mitsprache zu verschaffen? Ist es tatsächlich ohne Wirkung, Lehrer/innen der Lächerlichkeit preiszugeben, weil sie über allgemeine und gleiche Wahlen in Klassen referieren, in denen 80 Prozent die tägliche Ablehnung und Machtlosigkeit am eigenen Leib spüren – über abgelehnte Bewerbungen, über fehlendes »Vitamin B« für die Lehrstelle, über herablassende Behandlung in Geschäften und extra genaue Kontrolle in der U-Bahn? Wie vermessen ist eigentlich eine Gesellschaft geworden, die eine rasche und vollkommene Anpassung von zugewanderten Menschen fordert, diese aber ständig vor den Kopf stößt, indem sie ihnen demonstriert, daß sie nicht für voll genommen werden, was auch immer sie tun mögen? Was heißt das denn in letzter Konsequenz? Sollen Millionen von Menschen fürs Arbeiten gut genug sein, aber politisch auf das Homeland ihrer eigenen vier Wände verwiesen werden? Oder sollen gar die 20er Jahre wiederholt werden, in denen die europäischen Staaten sich gegenseitig mit der Ausweisung ganzer Bevölkerungsteile drohten und die berüchtigten Abschiebeketten erfunden wurden, die heute von so vielen Innenpolitikern wieder geschmiedet werden?

Wird es damit tatsächlich am Ende des 20. Jahrhunderts als angemessen erachtet, die Teilhabe an der deutschen Demokratie weiter per Erbfolge zu regeln – als wäre der Absolutismus noch nicht überwunden? Ist etwa noch immer die antike Demokratie das Ideal, wo allein einige Männer debattierten, während Frauen und Heloten ohne Stimme schufteten, um ihnen damit das Debattieren erst zu ermöglichen? So viele Fragen, nur eine Antwort: Die vielen längst zu Inländer/innen gewordenen »Ausländer« müssen eine Stimme bekommen, müssen das Land auch politisch mitgestalten dürfen, das ihre Biographien bereits nachhaltig geprägt hat. Daß es gegen diese Mitsprache Vorbehalte bis hin zu Haßausbrüchen gibt, ist kein Argument dagegen, sondern eines dafür: Denn wie kann den Feinden der Demokratie mehr Mitsprache gestattet werden, z. B. über die Weiterentwicklung der Demokratie zu bestimmen?

Elisabeth Mach-Hour

Meine Grundrechte, ihre Grundrechte – wo ist da der Unterschied?

Elisabeth Mach-Hour, 52 Jahre alt, geschieden, ein Sohn, Rechtsanwältin, war langjährige Vorsitzende der iaf e.V. (Verband binationaler Familien und Partnerschaften). Sie hat in München ehrenamtlich eine Ehe- und Familienberatungsstelle für binationale Familien und Partnerschaften aufgebaut.

Ein Rückblick auf 30 Jahre ohne Gleichberechtigung und Familienschutz

Mit den Grundrechten ist es wie mit der Gesundheit: man spürt sie nur, wenn man sie nicht mehr hat. Wie konnte das einer jungen Frau aus gutem Haus passieren, mit Abitur an einer rheinischen Klosterschule und erstem juristischem Staatsexamen?

1969: Im Elternhaus hatte sie gelernt, daß man sich alles verdienen muß. Aber auch, daß man mehr Glück gehabt hatte als andere. Daß man denen helfen sollte, die es schlechter getroffen hatten, verlangte auch die Religion. An der Universität lernte sie, daß niemand wegen seines Geschlechtes, wegen seiner Sprache oder Herkunft benachteiligt werden dürfe und daß Ehe und Familie unter dem besonderen Schutze der staatlichen Ordnung stünden.

Da lernte sie einen jungen Mann aus einem arabischen Land kennen, verliebte sich, heiratete, bekam ein Kind und hörte zum ersten Mal, daß es ein Ausländergesetz gibt. Als sie mit ihrem Ehemann zur Behörde ging, um seine Aufenthaltserlaubnis zu verlängern, sagte ihr der Beamte: »Wenn Sie dann Ihr zweites Staatsexamen haben, müssen Sie mit Ihrem Mann in seine Heimat ziehen.« Das konnte doch nicht wahr sein! Sie war doch Deutsche. Wegen der Heirat mit einem Ausländer sollte sie ausgewiesen werden? Was galt jetzt ihr Grundrecht auf Familienleben? Als sie dem Beamten etwas über ihr Recht auf freie Entfaltung der Persönlichkeit vortrug, zuckte der nur mit den Achseln.

Sie befaßte sich mit ihrer rechtlichen Lage und stellte fest: Das Ausländerrecht bestimmte ihr Familienleben. Auf ihre Ehe fand das Heimatrecht ihres islamischen Mannes Anwendung. Er war das Oberhaupt der Familie. Das war noch nicht alles: Sie hatte einen Ausländer geboren. Was war mit ihrem Grundrecht auf Gleichberechtigung?

So ging es damals vielen Frauen. Als 1972 bei Nacht und Nebel arabische Ehemänner und Väter von der Polizei abgeholt und in ihr Heimatland ausgeflogen wurden, weil sie pauschal verdächtigt wurden, an einem Terrorakt mitgewirkt zu haben, war die Zeit reif. Die Frauen trafen sich, organisierten sich und meldeten sich zu Wort. Die Selbsthilfegruppe entwickelte sich in 25 Jahren zu einer staatlich geförderten Familienberatungsorganisation für deutsch-ausländische Familien.

Die politisch engagierten Gründerinnen wurden gesuchte Beraterinnen. Der Staat nahm das ehrenamtliche Engagement gerne in Anspruch. Die Frauen, darunter unsere einst ahnungslose Juristin, eigneten sich an, was gebraucht wurde: Familien- und Ausländerrecht, Beratungstechniken und interkulturelle Kommunikation (bevor das Wort überhaupt erfunden wurde). Immer wieder kam Neues dazu. Von Anfang an galt für sie das Prinzip: Nicht nur an Einzelfällen laborieren, sondern die Ursachen bekämpfen. Nicht nur Vorteile für das eigene Klientel einfordern. Frauen und Ausländer haben sehr ähnliche Probleme. Es geht um unsere aller Grund- und Menschenrechte, und die sind unteilbar.

Die 70er Jahre waren eine gute Zeit: 1973 befand das Bundesverwaltungsgericht die Folgepflicht der Frau als nicht mehr zeitgemäß. 1975 wurde die Reform des Staatsangehörigkeitsrechts aus der Schublade geholt, wo sie lange geruht hatte, weil niemand nach ihr gefragt hatte; die ausländischen Kinder deutscher Mütter konnten nun Deutsche und Doppelstaater werden.

1986 wurde die Reform des internationalen Familienrechts vollendet und damit ein Stück mehr Gleichberechtigung: in binationalen Ehen kam es nicht mehr auf die Staatsangehörigkeit des Ehemannes an, sondern auf den gemeinsamen Aufenthalt. Lebte eine deutsch-ausländische Familie in Deutschland, galt von nun an deutsches Familienrecht. Das war der letzte wichtige Erfolg der Lobbyarbeit. Im Ausländerrecht war es schon lange immer schlechter geworden. Familien wurden getrennt, Kinder mußten ohne ihre Eltern aufwachsen, Gewalt innerhalb der Ehe wurde durch das Gesetz erleichtert und gebilligt. Die Regierenden hörten nicht mehr auf die Praktikerinnen, die ihnen grausame Fallschilderungen aus der Beratungsarbeit vortrugen und daraus Vorschläge zur Verbesserung der Menschenrechtslage ableiteten. Das Unrecht wurde nicht nur an ausländischen Familien verübt. Es waren und sind immer noch auch Frauen und Kinder in deutsch-ausländischen Familien betroffen. Die Frauen in den Parteien verstanden das Anliegen, die Männer an der Macht blieben ungerührt.

In den 90er Jahren wurde es immer schlimmer. Je mehr Ausländer sich in Deutschland niederließen, desto weniger Rechte wurden ihnen zugestanden. Daß sie auch Familien gründeten, mit denen sie in Deutschland zusammenleben wollten, wurde nicht akzeptiert. Dabei machte man einen großen Unterschied, je nachdem ob die Migranten aus einem Land der europäischen Union kamen oder aus einem sogenannten Drittland. Die einen genossen Freizügigkeit, sie konnten leben und arbeiten, wo und wie sie wollten. Die anderen wurden durch das Ausländergesetz bis in ihre intimste Privatsphäre reglementiert.

Das gilt auch heute noch: Ob man heiratet, wo man heiratet, ob man seine Kinder selber erziehen, ob die Großmutter ihre Enkel besuchen darf – das entscheidet die Ausländerbehörde, wenn man das Pech, hat aus einem Drittstaat zu kommen oder als Deutsche einen Partner aus so einem Land heiraten zu wollen. Wie war das mit der Gleichheit vor dem Gesetz? Europa war und ist nur für Insider, wer den Stamm verläßt, wird ausgegrenzt, es sei denn, der ausländische Partner ist prominent oder reich. Nach der Wiedervereinigung verbreiteten Politiker über die Medien Mißtrauen, Neid und Fremdenhaß. Unsicherheit, fehlende politische Bildung und das Gefühl, zu kurz gekommen zu sein, führten zu Mord und Brandstiftung gegen Menschen, die fremd aussahen. Eine Lichterkette hielt dagegen, aber die Wirkung verblaßte schnell.

Unsere mittlerweile recht erfahrene Juristin konnte sich wie viele andere nicht damit abfinden: Das Grundgesetz garantiert den Schutz von Ehe und Familie für Deutsche und Ausländer in gleicher Weise. Doch wenn man sich darauf berief, hieß es: Wenn die ihr Familienleben ungestört leben wollen, müssen sie in ihre Heimat gehen. Das zeigte ihr wieder einmal, daß Juristen alles begründen können, wenn sie nur das gewünschte Ergebnis fest im Auge behalten.

Grundrechtsschutz der Gerichte sah so aus, daß man die Hilfesuchenden zwang, mit oder ohne ihre Familie auszureisen. Das konnten die Väter der Verfassung nicht gemeint haben, als sie nach den Erfahrungen des Dritten Reiches einen sozialen Rechtsstaat schaffen wollten, in dem nicht mehr Blut- und Boden-Denken und nationaler Egoismus regieren sollten. Hatten nicht die Verbrechen im Namen des Staates begonnen, als man anfing, zwischen deutsch und nicht deutsch, zwischen blond und dunkelhaarig zu unterscheiden? Schon sprach wieder einer öffentlich von einer »durchrassten« Gesellschaft. Patriotismus und der Wert der Nation als Gemeinschaft, Heimat und Vaterland konnte ein anderer bayerischer Politiker in einem Satz unterbringen und im nächsten Absatz das christliche Menschenbild beschwören.

Wie war denn dieses Christentum zu verstehen, das die regierenden Parteien im Namen und ständig im Munde führten? Galt jetzt: Liebe nur die Deutschen, helfe nur den Europäern und laß die anderen verhungern?

Diese Fragen müssen und dürfen 50 Jahre nach der Schaffung des Grundgesetzes jetzt andere beantworten, die Mehrheit der mündigen Bürger wählte den Wechsel. Die neue Regierung muß den Mut haben, dauerhaft ansässige Ausländer zu gleichberechtigten Staatsbürgern zu machen. Nur dadurch wird die bisherige Ausgrenzung beseitigt, nur so werden die Grundrechte für alle gültig sein. Erst dann wird Integration möglich. Die Fehler der Vergangenheit, in der Migranten als Manövriermasse zum Nutzen der Wirtschaft behandelt wurden und durch die nicht wenige in die Illegalität getrieben wurden, müssen durch Amnestie und Gewährung von Grund- und Menschenrechten wiedergutgemacht werden. Viel Schaden ist durch Gesetze und ihre Auslegung in Familien, besonders an Kindern, angerichtet worden, der nicht mehr zu heilen ist.

Unsere nun nicht mehr ganz so junge Frau ist so alt wie das Grundgesetz. Die Zeit hat ihr die Hoffnung, daß Gleichberechtigung möglich und nötig ist, nicht genommen. Sie glaubt immer noch, daß Gerechtigkeit machbar ist und nicht abhängig von der wirtschaftlichen Lage. Jetzt hofft sie, daß die Neuen zuhören, Anteil nehmen und ändern, was in ihrer Macht steht.

Benjamin Ortmeyer

Offener Brief an den Ministerpräsidenten Eichel

Benjamin Ortmeyer, geb. 1952 in Kiel, ist Lehrer in Frankfurt a. M. mit den Fächern Mathematik, Sozialkunde und Musik. 1994 gab er das Buch ›Berichte gegen Vergessen und Verdrängen von 100 überlebenden jüdischen Schülerinnen und Schülern über die NS-Zeit in Frankfurt a. M. – Der Weg zur Schule war eine tägliche Qual‹ heraus. 1996 erschien das Taschenbuch ›Schulzeit unterm Hitlerbild‹. In diesem Jahr erhielt er den Heinz-Galinski-Preis. Ebenfalls 1996 erschien das kommentierte Liederbuch ›Jiddische Lieder gegen die Nazis‹. 1998 promovierte er in Heidelberg zum Thema: ›Jüdische Schülerinnen und Schüler – Leerstellen deutscher Erziehungswissenschaft?‹

Zur Abschiebung hessischer Schülerinnen und Schüler, hier Yasemen Özdemir, Frankfurt, 13. Oktober 1997

Sehr geehrter Herr Ministerpräsident Eichel,
in Hessen ist eine nicht kleine Zahl von Schülerinnen und Schülern hessischer Schulen von der Abschiebung bedroht. Ich wende mich in diesem Zusammenhang ganz konkret und auch öffentlich an Sie, weil ich es nicht schweigend hinnehmen will, daß eine Schülerin der Willemerschule in Frankfurt a. M., Yasemen Özdemir, Klasse 2c, mit ihrer Familie abgeschoben werden soll.

In vielen Erklärungen haben Sie sich an die Öffentlichkeit und auch an die Eltern und Lehrerschaft der Schulen in Hessen gewandt und betont, wie wichtig es ist, aus den Verbrechen des Nazi-Regimes Lehren zu ziehen. Sie haben in Ihren Reden zum 9. November in der Synagoge in Frankfurt a. M. geschildert, wie die Ausgrenzung, Diskriminierung und Vertreibung der jüdischen Bevölkerung Schritt für Schritt forciert wurde und daß die Mehrheit des deutschen Volkes, statt rechtzeitig Widerstand zu leisten, zugeschaut hat.

Viele Lehrerinnen und Lehrer in Hessen bemühen sich heute, die NS-Zeit mit ihren Schülerinnen und Schülern zu besprechen. Die Berichte der überlebenden jüdischen Emigranten über die erste Phase der Ausgrenzung und Diskriminierung nach 1933, etwa die Vertreibung von den Schulen, waren und sind ein wichtiger Beitrag, um deutlich zu machen, wie Inhumanität sich entwickelt. Die grundsätzliche, gewissermaßen »überzeitliche« Forderung nach humaner Orientierung ist es, die zu aktuellen Bezügen bei der Behandlung der NS-Zeit in den Schulen führt – und nicht die Gleichsetzung der BRD mit dem NS-Staat.

Die Anschläge der heutigen Nazis auf Häuser, in denen Menschen aus der Türkei leben, ausländerfeindliche Sprüche im Alltag, aber auch behördliche Diskriminierung können nicht ausgeklammert werden, wenn heute glaubhaft in den Schulen über die NS-Zeit unterrichtet werden soll.

Die Glaubwürdigkeit der Lehrerinnen und Lehrer steht auf dem Spiel, wenn die allgemeine Haltung zur Humanität und Solidarität nicht auch den Alltag der Schule heute bestimmt. Und das ist genau der Grund, warum ich mich an Sie wende und eindringlich an Sie appelliere, deutlich und öffentlich gegen die Abschiebung von hessischen Schülerinnen und Schülern Stellung zu nehmen.

Es geht nicht an, daß Schülerinnen und Schüler hessischer Schulen mitten aus ihrer Schullaufbahn, aus ihrer Ausbildung gerissen werden, weil sie mit ihren Familien abgeschoben werden sollen. Keine noch so ausgeklügelte juristische Begründung kann überdecken, daß hier ein schweres Unrecht auf Kosten der Kinder geschieht.

In der Kinderrechtskonvention der Vereinten Nationen, der die BRD am 05. 04. 1992 beigetreten ist, heißt es u. a.: »Treffen Gerichte, soziale Schutzeinrichtungen oder Verwaltungen Kinder betreffende Beschlüsse, hat hierbei stets das Interesse der Kinder im Vordergrund zu stehen.« Es ist eine Frage zur humanistischen pädagogischen Orientierung und zur sozialen Solidarität, daß die Mitschülerinnen und Mitschüler nicht zulassen, daß ihre Freundinnen, ihre Freunde abgeschoben werden.

Sehr geehrter Herr Ministerpräsident, ich wende mich, wie eingangs gesagt, in diesem Zusammenhang an Sie, weil eine kurdische Schülerin der Willemerschule in Frankfurt a. M., Yasemen Özdemir, Klasse 2 c, mit ihren Eltern, deren Asylantrag abgelehnt wurde, in die Türkei abgeschoben werden soll. Aus der beigelegten Petition an den Hessischen Landtag von Detlef Lüderwaldt können Sie nähere Informationen über diesen konkreten Fall, der ja nur Glied in einer langen Kette ist, entnehmen.

Ich appelliere nochmals an Sie: Lassen Sie nicht zu, daß in Hessen Schülerinnen und Schüler abgeschoben werden. Seien Sie gewiß, daß überall dort, wo Appelle nicht nutzen, Schülerinnen und Schüler, die Lehrerschaft und die Eltern, die sich humaner Orientierung verpflichtet fühlen, phantasievolle und öffentlichkeitswirksame Formen der Solidarität mit den von der Abschiebung bedrohten Schülerinnen und Schülern finden werden.

Hans Klumbies

Die Bürgergesellschaft lebt!

Magister Hans Klumbies, geb. am 08.08.1957 in Simbach/Inn. Nach dem Abitur trat er im Rahmen des Zivildienstes eine Stelle im Altenpflegeheim Christanger in Pfarrkirchen an. Anschließend folgte das Studium der Politikwissenschaft, der Soziologie und der Psychologie in Hannover, München und Passau. Seit diesem Jahr arbeitet er als freier Journalist bei der Passauer Neuen Presse. Sehr wichtig ist ihm die Literatur, daneben geht er gerne in Kunstausstellungen, um sich über die neuesten Kunstströmungen auf dem Laufenden zu halten.

Bürger der Bundesrepublik Deutschland, habt endlich den Mut, stolz auf Eure Verfassung und Eure parlamentarische Demokratie zu sein! Das Grundgesetz ist in den 50 Jahren seines Bestehens zu einem leuchtenden Vorbild für viele Länder in der ganzen Welt geworden.

Immer wieder wird behauptet, daß die Demokratie eine schwierige, komplizierte Staatsform sei. Möglicherweise stimmt diese These auch, aber keine andere Staatsform garantiert die Verwirklichung des größtmöglichen Maßes an gleicher Freiheit, die aktive Mitbestimmung der Bürger an öffentlichen Angelegenheiten und weitgehende soziale Gerechtigkeit.

Über allem aber steht unverrückbar die Würde des einzelnen Menschen und seine Freiheit! Die Menschen sollen frei sein, sich nach ihrem eigensten Willen zu einer Persönlichkeit zu entwickeln und für sich einen Sinn im Leben zu finden. Dahinter steht die Auffassung, daß jeder Mensch eine Würde habe, die mit der Fähigkeit gekoppelt ist, kraft seines Intellekts sich seiner selbst bewußt zu sein. Nur der Mensch hat die Möglichkeit, sich selbst und seine soziale Umwelt frei und verantwortlich zu gestalten. Wenn ein politisches System wie die Bundesrepublik Deutschland die Würde des Menschen an die erste Stelle im Grundgesetz gesetzt hat, dann bedeutet das, jedem Staatsbürger ein Mindestmaß menschenwürdigen Lebens positiv zu garantieren. Wieweit diese Forderung in der politischen Realität verwirklicht ist oder wieweit sie sich verwirklichen läßt, darüber kann man sicherlich geteilter Meinung sein. Trotzdem ist die Demokratie diejenige Staatsform, die am ehesten dazu in der Lage ist, allen Bürgern in gleicher Weise die Freiheit zur Entfaltung ihrer Persönlichkeit zu garantieren und dafür auch die sozialen Voraussetzungen zu schaffen. Das Grundgesetz der Bundesrepublik Deutschland dient u. a. dazu, das größtmögliche Maß an Freiheit, Eigenverantwortung und sozialer Gerechtigkeit zu verwirklichen.

Ich gebe es zu, die moderne Demokratie verlangt viel von ihren Bürgern, vor allem ein hohes Maß an Anpassung, zugleich aber eröffnet sie ihnen viele neue Möglichkeiten. Aber diese neuen Chancen lassen sich nur nutzen, wenn der einzelne bereit ist, ständig sein Wissen zu erweitern. Denn ständiger Wandel und hochgradige Komplexität sind die Kennzeichen einer modernen Gesellschaft. Trotz aller Freiheitsgarantien und verbesserten Bildungsmöglichkeiten erscheint das politische System für die Bürger immer weniger transparent. Um dennoch am politischen Prozeß partizipieren zu können, schließen sich einzelne Gesellschaftsmitglieder zu Gruppen zusammen, um gemeinsam ihre Interessen zu verfolgen. Und nur solange das demokratische System das Entstehen und das freie Spiel solcher pluralistischen Gruppierungen ermöglicht, trägt es seinen Namen mit Recht. Denn nur über den Zusammenschluß mit anderen Gleichgesinnten gewinnt der Bürger die Chance, sich aus der Anonymität zu befreien und seine Interessen und Wünsche wirksam in den Willens- und Gesetzbildungsprozeß einzubringen.

Auch wenn die Interessenverbände oft gescholten werden, so sind und bleiben sie die Instrumente, mittels derer das Individuum seine politische Ohnmacht überwinden und seine politischen Ziele verfolgen kann. In einer pluralistischen Gesellschaft wie der Bundesrepublik Deutschland, die sich zur Würde des Menschen und seiner Freiheit bekennt, ist auf keinen Fall der bequeme Bürger gefragt. Was unser politisches System braucht, ist der unbequeme Bürger, der den Konflikten nicht aus dem Weg geht, eigene Entscheidungen trifft und sich der Konkurrenz der anderen Gruppen stellt. In einem pluralistischen System ringen nun einmal die verschiedensten Wirtschaftsinteressen, Werteüberzeugungen und politischen Ordnungsvorstellungen in einem Dauerkonflikt um die besten Lösungen für den gesellschaftlichen Wandel. Demokratie ist also nicht nur eine komplexe, schwer zu durchschauende Staatsform, sie unterliegt gleichzeitig einem ständigen Wandel. Hier ist jeder einzelne Bürger angesprochen, diese Änderungen mitzugestalten. Denn ein demokratisches System ist immer nur so stark, inwieweit die einzelnen bereit sind, ihr Schicksal und die eigenen Interessen in die eigenen Hände zu nehmen und sich nicht von oben alles diktieren zu lassen. Die politischen Institutionen stellen Chancen und Angebote dar, die von den Bürgern wahrgenommen werden müssen. Dieses geforderte politische Engagement setzt Selbständigkeit und Verständnis des politischen Systems voraus. Hier ist die politische Bildung gefordert, die ihre Rolle des Eckenstehers aufgeben muß. Politische Bildung gehört in die erste Reihe, denn durch politische Aufklärung gelangt man zu einer vollentwickelten, demokratischen, politischen Kultur, was im Idealfall zu einer Bügergesellschaft führen könnte.

Demokratie kann also nur funktionieren und leben, wenn sie eine tiefverwurzelte Basis in der Bevölkerung hat. Dies setzt voraus, daß man den Bürgern die Möglichkeit bietet, sich in den verschiedensten gesellschaftlichen Bereichen zu engagieren und Verantwortung zu übernehmen und demokratische Umgangsformen einzuüben und zu praktizieren. Der demokratische Staat ist untrennbar mit einer demokratischen Gesellschaft verbunden, er kann nur überleben, wenn die Mehrheit der Bevölkerung von demokratischer Gesinnung ist. Vor allem gilt dies, wenn die Grenzen Privat und Öffentlichkeit immer mehr verschwimmen. Allerdings ist es nicht möglich, die demokratischen Verfahrensweisen auf alle gesellschaftlichen Bereiche auszudehnen, aber eine demokratische Gesellschaft hat sich immer als offene Gesellschaft zu begreifen, im Sinne der Realisierung echter Chancengleichheit. Damit steht auch fest, daß nur die Leistung in einer modernen, pluralistischen Gesellschaft über den sozialen Aufstieg entscheiden darf.

Bestimmte Werthaltungen und Verhaltensweisen seiner Bürger prägen das Zusammenleben in einer Demokratie. Gefordert sind hier Toleranz und Fair play in der Auseinandersetzung mit anderen Meinungen, anderen Interessen und anderen Lebensformen. Demokratie bedeutet aber auf keinen Fall »Friede, Freude, Eierkuchen«. Demokratie als Lebensform beinhaltet immer den offenen Konflikt, denn im Fundament der Demokratie sollte die Streitkultur fest verankert sein. Liebe Mitbürger, auch wenn der Weg zu einer Bürgergesellschaft noch weit ist, besteht kein Anlaß, sie nicht weiter mit vollem Einsatz anzustreben; Resignation oder die viel beschworene Politikverdrossenheit sind völlig fehl am Platz. Ich weiß, daß es ein oft mühsamer und zeitraubender Weg ist, den Streit der verschiedenen Meinungen und Interessen auszuhalten und trotzdem einen Kompromiß zu finden. Und doch ist es gerade in unserer komplizierten Welt die einzige angemessene Form des politischen Handelns. Nur so kann die Gesellschaft zu einer echten demokratischen politischen Kultur gelangen. Daß wir hier noch viele Defizite aufzuarbeiten haben, sieht man nicht zuletzt an der typischen deutschen Neigung, den politischen Gegner auszugrenzen oder zu verteufeln, als ob er außerhalb der Verfassungsgrenzen stünde. Auch wenn der Weg zur Bürgergesellschaft steinig ist, er wird jedoch beschreitbar sein, wenn sich die Gesellschaft den demokratischen Spielregeln verpflichtet sieht. Nur so kann die Demokratie ihren Aufgaben gerecht werden, wenn sie soziale Gerechtigkeit und Freiheit als ihre primären, durch nichts zu ersetzenden Ziele anerkennt und verteidigt. Die Erfahrungen der Geschichte lehren, daß nur eine wehrhafte Demokratie, wie sie in unserem Grundgesetz verankert ist, diese Forderung erfüllen kann. Es liegt an jedem einzelnen Bürger, inwieweit er diese Chance und dieses Angebot nutzt, die ihm von der modernen pluralistischen demokratischen Gesellschaftsstruktur vorgegeben werden.

Wehrhaft kann aber eine Demokratie nur dann sein, wenn jeder Bürger über seine Grundrechte und Grundpflichten Bescheid weiß. Jeder, der für die Demokratie eintritt, sollte wissen, daß es sich lohnt, die demokratische Verfassung zu verteidigen und mit allen Mitteln gegen jene vorzugehen, die eine andere Gesellschaftsform einführen wollen. Ich weiß, daß dazu viel Mut und Ausdauer nötig ist, aber ich weiß auch, daß sich dieser Einsatz lohnt.

Werner Schmiedecke

Aktives Wahlrecht für Kinder

Werner Schmiedecke, geb. 1941 in Berlin als drittes von vier Kindern, Mutter Lehrerin/Hausfrau, Vater Kaufmann, ab 1941 Soldat. Familie 1943 evakuiert, 1945 Flucht vor der Ostfront. Kindheit und Jugend in Rechenbach/Vogtland (ehemals DDR). 1959 Abitur, bis 1965 Physikstudium in Dresden. Bis 1990 in der Mikroelektronik tätig, danach im Umweltschutz im öffentlichen Dienst. Seit 1987 in der Umweltschutzbewegung, teils »unter kirchlichem Dach« (DDR-Zeit). Nach der Wende auch in der ÖTV und der KAB (Katholische Arbeitnehmerbewegung) engagiert.

In Deutschland gibt es ein Überalterungsproblem: Der Anteil älterer Bürger steigt – und steigt noch weiter, während der Anteil der Kinder fällt. Zunehmend mehr junge Erwachsene ziehen es vor, als Singles zu leben und kinderlos zu bleiben. Damit ersparen sie sich nicht nur beträchtliche Mühen, sondern auch erhebliche finanzielle Aufwendungen. Zugleich erwerben sie – im Vergleich zu Kindererziehenden – höhere Rentenansprüche, weil sie in der Regel keine Unterbrechung der Erwerbstätigkeit und keinen Karriereknick erleiden. Je nach Ansatz zur Höhe der Unterhaltsaufwendungen für die Kinder, der direkten wie indirekten Verdienstausfälle sowie der im anderen Fall möglichen Einsparungen und deren vermögensbildender Anlage wird die finanzielle Einbuße von kindererziehenden Eltern bis zum Erreichen ihres Rentenalters auf eine halbe bis eine Million DM je Kind beziffert.

Ein weiterer wichtiger Aspekt ist: Da die Kinder von heute in den kommenden Jahrzehnten nicht nur die Renten für ihre eigenen Eltern, sondern auch für diejenigen erarbeiten, die gewollt oder ungewollt kinderlos geblieben sind, verschlechtern sinkende Kinderzahlen für alle die Rentensituation. Deshalb erscheint die Bekämpfung der Ursachen für sinkende Kinderzahlen dringend geboten. Die finanzielle Benachteiligung von Eltern ist dabei mit Sicherheit zwar nicht der alleinige Grund für die Abnahme der Kinderzahlen, aber doch eine sehr wichtige Mitursache – sie sollte deshalb möglichst schnell beendet werden.

Auf diese Notwendigkeit ist in den letzten Jahren bereits mehrfach hingewiesen worden, insofern ist noch nichts Neues gesagt. Es lohnt sich aber nachzufragen und nachzudenken, warum die erforderlichen Gesetzesänderungen (Renten-, Steuer- und Kindergeldrecht) bisher nicht erfolgt sind. Eine Partei, die entsprechende Forderungen konsequent in ihr Programm aufnähme, könnte zwar sowohl mit größerer Gerechtigkeit als auch mit Vorteilen für die Gesamtgesellschaft argumentieren, müßte aber zugleich erklären, woher sie das dafür erforderliche Geld nimmt. Spätestens hier wird jedem klar: Kinderlose müßten dann höhere Kosten tragen.

Genau dies ist aber der springende Punkt dafür, daß Wahlprogramme die Besserstellung von Eltern – wenn überhaupt – nur sehr zurückhaltend fordern. Denn eine radikale Wende hätte bei heutiger Zusammensetzung der Wahlbevölkerung nur geringe Chancen auf ein Mehrheitsvotum. Die Ursache. Nach den statistischen Daten (Quelle Deutschlandfunk, 22.09.98, in der Sendung »Hintergrund Politik«) machen Personen, die keine Kinder haben oder keine Kinder mehr erziehen, rund zwei Drittel der Wahlbevölkerung aus. Deren voraussehbare Schlechterstellung läßt das Abstimmungsergebnis unschwer voraussagen.

Ziemlich genau umgekehrt wie bei der Wahlbevölkerung sind die Anteile in der Wohnbevölkerung (das ist die Realbevölkerung); diese besteht zu zwei Drittel aus Personen in Haushalten mit unterhaltsberechtigten Kindern und anderen Personen, die entsprechende Unterhaltsverpflichtungen haben. Nach Verdauung dieser Zahlenrelationen – zwei Drittel sind aktuell massiv benachteiligt, aber das restliche Drittel kann die Änderung blockieren – bleibt als Schlußfolgerung nur: Die Wahlberechtigung, d. h., das aktive Wahlrecht muß verändert werden. Also Wahlrecht für Kinder? Bis hin zu Säuglingen? Ja! Der Protest dagegen ist voraussehbar, deshalb auch gleich ein praktikabler Umsetzungsvorschlag:

Das Wahlrecht der Kinder wird bis zu deren regulärer Wahlmündigkeit von den Eltern wahrgenommen, da Kinder erst allmählich die Einsicht für weiterreichende Entscheidungen erlangen. Aus Gleichberechtigungsgründen sollten dabei Mutter und Vater für jedes Kind je eine Stimme haben und Alleinerziehende zwei Stimmen je Kind. Und damit Erwachsene und Kinder im Wahlrecht gleichgestellt sind, müssen schließlich Erwachsene auch selbst zwei Stimmen bekommen (d. h. zwei Erst- und zwei Zweitstimmen bei Bundestagswahlen).

Wollte man das Verfahren mit zwei Stimmen vermeiden, müßten Mutter und Vater für jedes Kind eine halbe Stimme bekommen – dies wäre sehr unpraktisch. Oder nur ein Elternteil könnte für das Kind stimmen. Deshalb lieber das Verfahren mit zwei Stimmen.

Soweit der Vorschlag in der Rohfassung. Natürlich stellt sich die Frage nach der Verfassungsmäßigkeit. Befragen wir dazu das Grundgesetz (Hervorhebungen vom Verfasser).

Art. 3 Abs. 1 sagt: »*Alle* Menschen sind vor dem Gesetz gleich.«

Art. 33 Abs. 1 ergänzt dazu: »*Jeder* Deutsche hat in jedem Lande die gleichen staatsbürgerlichen Rechte und Pflichten.«

Und Art. 38 Abs. 1 sagt von den Abgeordneten des Deutschen Bundestages: »Sie sind die Vertreter das *ganzen* Volkes ...«

Einzig Art. 38 Abs. 2 schränkt die sonstige Gleichheit mit Bezug auf das Lebensalter ein: »Wahlberechtigt ist, wer das achtzehnte Lebensjahr vollendet hat ...«

Das bedeutet: Ohne Grundgesetzänderung geht es nicht. Suchen wir also gute Gründe für eine solch gewichtige Änderung.

Das erste Argument könnte das Grundgesetz selbst liefern: In drei Sätzen meint es bei wichtigen Rechten stets das ganze Volk, alle Deutschen. Insofern ist es nicht bis ins Letzte schlüssig, bei einem wichtigen Recht die Kinder und Jugendlichen auszuschließen.

Das zweite Argument könnte auf die – im Grundgesetz nicht ausgeführten – Ausschlußgründe für unter 18jährige Bezug nehmen: Man kann den unter 18jährigen – mindestens teilweise – mangelnde Einsicht bescheinigen. Aber ist dies bei Menschen im höheren Lebensalter, wo manche Defizite gar nicht so selten auftreten, etwa ein Grund zum Entzug des aktiven Wahlrechts? Und wäre nicht bei stellvertretender Wahrnehmung des Wahlrechts durch die Eltern (noch) mangelnde Einsicht völlig bedeutungslos? Allein aus wahl-praktischen, aber nicht aus prinzipiellen Gründen wäre denkbar, das stellvertretende Wahlrecht erst bei Menschen beginnen zu lassen, die spätestens (z.B.) drei Monate vor dem Wahltag geboren sind.

Drittens sollten wir fragen, ob nicht nur nichts gegen, sondern sogar sehr viel für ein wie oben beschriebenes Wahlrecht für Kinder spricht: Wahlen sind stets Entscheidungen für die Zukunft. Bei Zukunftsentscheidungen sollten aber auf gar keinen Fall diejenigen ohne Stimmrecht bleiben, die nach menschlichem Ermessen noch die längste Lebenszeit vor sich haben – und das sind nun mal die Kinder, sie haben die Konsequenzen am längsten zu tragen.

Viertens: Warum nun nicht Stellvertretung für die Kinder durch die gesamte (aktuelle) Wahlbevölkerung (das ist ja die De-facto-Situation), sondern explizit durch die Eltern? Hier ist schlicht und einfach auf die Betroffenheitsnähe hinzuweisen: Denn es ist wohl unbestritten, daß das Wohl und Wehe der eigenen Kinder mehr umtreibt als das Schicksal »der Kinder überhaupt«.

Abschließend sei noch einmal an die gesellschaftsrelevante Problematik des Kindermangels erinnert. Hier haben wir tatsächlich eine bedrohliche Entwicklung vor uns, die Handeln erfordert – zwar nicht zwingend das hier vorgeschlagene, aber dieses ist mindestens eine Handlungslinie.

Trotz aller Gründe, die für ein Kinderwahlrecht sprechen, ist der Vorschlag wahrscheinlich zu neu, um sofort Gehör zu finden. Der Nachdenk- oder besser Vordenkprozeß sollte aber nicht zu lange dauern: Jetzt haben die Kinderhaushalte noch eine deutliche Mehrheit in der Gesamtbevölkerung, der Vorschlag hat so noch eine Chance. Wenn aber die eingangs genannte bedenkliche Entwicklung fortschreitet, könnte sich das in absehbarer Zeit ändern. Dann wäre es für eine Gesetzesänderung zu spät – und vielleicht (in anderer Weise) auch für unsere Gesellschaft.

Helga Burkart

Ungehalten und reformfreudig

Helga Burkart, geb. am 22. 04. 1940 in Breslau, hat nach Abschluß der Mittelschule den Beruf der Möbeltischlerin erlernt und später Holztechnik studiert. Ihre Hauptinteressen gelten heute dem Umweltschutz und der sozialen Gerechtigkeit.

Ich bin ungehalten. Ich bin sehr ungehalten, weil bisher diese meine Rede ungehalten blieb. Doch nun freue ich mich sehr, daß es Frau Hildegard Hamm-Brücher wagt, diese Rede zu veröffentlichen.

Es geht mir um das Glück unserer Kinder, denn Kinder sind unsere Zukunft. Wir Erwachsenen können von Kindern sehr viel lernen. Und es macht mich wütend und traurig zugleich, wenn ich in der Zeitschrift ›Publik-Forum‹ lese, daß es in unserem reichen Deutschland eine große Anzahl von Kindern gibt, die auf der Straße leben.

Ich wurde vor 59 Jahren in eine Welt hineingeboren, die damals ziemlich chaotisch war. Der größenwahnsinnige Hitler wollte die ganze Welt erobern. Dafür versprach er allen alles. Meinem damals 17jährigen Bruder Ortwin wurde versprochen, daß er und seine Schulkameraden das Abitur in der Tasche haben würden, wenn Deutschland den Krieg gewinnen würde. Mein Bruder starb wahrscheinlich gleich bei seinem ersten Fronteinsatz. Das war im März 1945.

Am 22. 01. 1945 hatte meine Mutter mit uns drei Mädchen (fünf, zehn und 15 Jahre alt) unser Haus in Breslau mit allem, was darinnen stand, verlassen. »In drei Wochen seid ihr alle wieder da«, hatte der Ortsgruppenführer gesagt, der meiner Mutter den Befehl gab, sich in zwei Tagen mit so viel Gepäck, wie wir tragen konnten, auf dem Bahnhof einzufinden. Wenn es nicht so bitter kalt gewesen wäre, hätte dies meine erste schöne Reise werden können. Nachdem wir zwei Tage im Freien auf den Zug gewartet hatten, wurden wir schließlich am Abend des zweiten Tages in Richtung Westen bis Görlitz gefahren.

Dort wohnten wir vorübergehend bei Verwandten. Schließlich gelangten wir auf Umwegen im April 1945 bis nach Thüringen auf das Schloß Altenstein. Ohne die Liebe und Fürsorge meiner Mutter und ihre aufmunternden Worte hätte ich diese Wochen und Monate sicher nicht überlebt. Dabei wurde ihr das Leben durchaus nicht leichtgemacht. Im Dezember 1946 erfuhr sie, daß mein Vater Anfang Mai 1945 diesem Krieg zum Opfer gefallen war. Nun hatte sie nur noch uns Kinder und ihren Optimismus. Mit ihrem Monatslohn von 200,- Mark hat sie es irgendwie fertiggebracht, die Familie zu ernähren.

Natürlich wurde bei uns alles durch vier geteilt. Als ich einmal auf einem Kinderfest eine Brezel geschenkt bekam, habe ich die nicht etwa gleich aufgegessen, sondern mit nach Hause gebracht, um sie mit meiner Mutter und meinen Schwestern zu teilen.

Ein Gedanke wäre mir aber nie in den Sinn gekommen: »Mich will sowieso keiner.« Aber so lautet die Überschrift des Artikels in der Zeitschrift ›Publik-Forum‹ Nr. 17/98! »In Deutschland wird die Zahl der Kinder, deren Lebensmittelpunkt die Straße ist, auf 40 000 geschätzt.« »Die jüngsten sind kaum zehn Jahre alt, die älteren zwischen 14 und 18.« »Kälte, Lieblosigkeit, das Gefühl, lästig, überflüssig zu sein, treibt die Kinder aus dem Haus.« »Die Kinder schämen sich für ihre Eltern, die arm und oft arbeitslos sind, die Eltern schämen sich, weil sie ihren Kindern keine Wünsche erfüllen können.« »Das Schlimmste, was im Leben eines Menschen passieren kann, ist, daß man ihm, kaum daß er geboren wurde – sagt: Du wirst nicht gebraucht.« (Alle Zitate aus o. g. Artikel.)

Einen weiteren Fall von Diskriminierung von Kindern habe ich gerade in der ›Sächsischen Zeitung‹ (26./27.9.) gelesen. Die Bundesstiftung »Mutter und Kind – Schutz des ungeborenen Lebens« stellt seit 1997 ca. 10 000 Müttern in Sachsen, die als sozial schwach gelten, eine einmalige Unterstützung zur Verfügung. Bei der Bewertung der sozialen Notlage galt bisher das ungeborene Kind schon als Person, was ja nicht mehr als recht und billig ist. Aber scheinbar hat sich der Herr Sozialminister etwas verkalkuliert. Deshalb verfügte er kraft seines Amtes, daß bei der Ermittlung der Bedürftigkeit das ungeborene Kind noch nicht zur Familiengröße dazugerechnet werden darf. Dabei ist diese einmalige Hilfe sowieso bloß ein Tropfen auf den heißen Stein, denn früher oder später finden sich diese Mütter alle wieder auf dem Sozialamt ein.

Als zukunftsorientierte, optimistische Frau habe ich mit Blick auf das dritte Jahrtausend folgende Erwartungen:

Kindererziehung wird endlich als vollwertiger Beruf anerkannt und bezahlt. Jede Mutter hat das Recht auf 4000 DM Erziehungsgeld pro Monat, wenn die Familie keine größeren Einkünfte hat. Jeder Mensch hat das Recht auf bezahlte Arbeit. Die wöchentliche Arbeitszeit beträgt 30 Stunden. Der monatliche Mindestlohn wird auf 4000 DM festgelegt. Wer keine bezahlte Arbeit bekommen kann, hat ein Recht auf eine monatliche Grundsicherung von 3000 DM. Wer mehr als 60 000 DM pro Jahr als Einkünfte verbuchen kann, zahlt zehn Prozent Steuern an das Finanzamt.

Nach 30 Arbeitsjahren hat jeder Mensch Anspruch auf eine monatliche Mindestrente von 2000 DM. Die Arbeitsjahre werden in einem persönlichen Arbeits- und Sozialversicherungsbuch festgehalten.

Die beste Vorsorge vor Kriminalität ist eine glückliche Kindheit und die Gewährung der Menschenrechte. Dazu gehört auch, daß politisch verfolgte Menschen, deren Leib und Leben bedroht ist, in Deutschland Asyl erhalten.

Zur Erhaltung unserer natürlichen Umwelt ist der Ausstieg aus der Atomenergie unbedingt erforderlich. Als Alternative wird vor allem die Nutzung der Sonnenenergie finanziell gefördert.

Die Waffenproduktion wird eingestellt. Die Bundeswehr schrittweise abgebaut.

Der private Autoverkehr wird verlangsamt und eingeschränkt. Auf Autobahnen wird maximal 100 km/h und in Ortschaften maximal 30 km/h zugelassen. Der öffentliche Personennahverkehr wird das Leben in den großen Städten bestimmen.

Dann kommen immer mehr Menschen und vor allem Kinder zu der Erkenntnis:

Freunde, das Leben ist lebenswert!

Björn Milbradt

Das ist nicht meine Bürgergesellschaft

Björn Milbradt, 19 Jahre alter Zivildienstleistender, Abijahrgang 1998. Er mag die Natur und Tiere, Stille und Einsamkeit, er interessiert sich für Politik und gesellschaftliche Probleme, Umweltschutz. Nach dem Zivildienst wird er Agrarwirtschaft studieren und seine Kenntnisse danach in den Dienst der Entwicklungshilfe oder des ökologischen Landbaus stellen.

Ich bin jetzt 19 Jahre alt und meine Welt stirbt. Ihr Bürger habt das getan, habt die Regenwälder verbrannt für Euren Sonntagsbraten, Ihr habt die Entwicklungsländer geschaffen für Euren Rohstoffhunger, Ihr habt meinen Lebensraum zerstört mit Euren Straßen und Autobahnen, habt die Abschreibungsmöglichkeiten erfunden und den Kegelclub, die Asylgesetzgebung und den Stammtisch.

Ihr zerstört die Kinder mit Privatfernsehen, Videospielen, gebt ihnen weder Hoffnung noch Ideale. Und Eure Bürgergesellschaft frißt mit Ausbildungsberufen und wohlstandsfixierter Lebensplanung meine Generation.

Ihr redet von Basisdemokratie, von Bürgergeldern und -gesellschaften, von Volksbefragungen und Drei-Schichten-Modellen. Ihr gabt uns das Grundgesetz und die Demokratische Grundordnung, aber das ist inzwischen Alltag, ist verinnerlicht und das, worauf wir selbstverständlich aufbauen.

Bürgergesellschaft?

Mein Bürger ist der nette Mann vom Bioladen, der die Welt ein bißchen freundlicher macht, das Mädchen, das nicht auf mein Äußeres Wert legt, mit dem ich mich unterhalten kann, aber nicht über Eure Bürgerwelt. Mein Bürger ist der Mensch mit der zerschlissenen Kleidung und dem langen Bart, der im

Wohnwagen lebt und sich Eurem Bürgerwahnsinn nicht angeschlossen hat.

Ihr würdet das nicht verstehen.

Ich bin kein Bürger.

Ich will helfen und freundlich sein, ich will die Schäden reparieren, die Ihr angerichtet habt. Ich will leben, will durch Eure Bürgerstraßen ziehen und die Wolken am Himmel sehen und die Sterne, will den Regen im Gesicht spüren, ich will verliebt sein und Kerzen anzünden, träumen und enttäuscht werden, will lachen und auskosten, will denken, reden, resignieren, weinen und dann sterben.

Und Ihr?

Martin Sehmisch

Mehr Aufbruchstimmung!

Martin Sehmisch studiert seit Oktober 1998 Sozialwesen an der Universität Gesamthochschule Kassel. Er ist 20 Jahre alt (geb. 18.07.1978). Sein Interesse gilt vor allem der Politik und der Science-Fiction-Serie ›Star Trek‹. Er hört gerne Musik und liest seltener, als ihm lieb ist. Er ist Mitglied der Deutschen Friedensgesellschaft – Vereinigte KriegsdienstgegnerInnen (DFG-VK) und beteiligt sich regelmäßig an Briefaktionen von amnesty international (ai). Bis Februar 1998 war er dreieinhalb Jahre sehr aktives Mitglied der SPD, seitdem parteilos. Er bezeichnet sich selbst als demokratischen Sozialisten und wendet sich als solcher gegen jede Form von Faschismus und Stalinismus.

Als ich nach der friedlichen Revolution in der DDR mit meinen Eltern und meinen beiden Schwestern die damals gerade geöffnete Grenze übertrat, fiel mir vor allem eines auf: An (fast) allen Ecken und Enden der Städte und sogar Dörfer warben Bürgerinitiativen und neue Parteien mittels oftmals minimal großer öffentlicher Anschläge für ihre Ideen und Wünsche. Es war ein bißchen chaotisch, klar.

Aber das fand ich gut. Ich hatte das Gefühl, daß die Zukunft die Leute interessierte, daß sie mitgestalten wollten. Da kann ein bißchen Chaos doch nicht schaden – dachte ich.

Heute ist es in Ost und West gleich: Ein Infostand muß angemeldet, gar Gebühren bezahlt werden. Plakate oder Flugblätter dürfen nicht einfach geklebt werden, dafür bedarf es einer Genehmigung oder Mietfläche.

Das Parteiengefüge ist festgefahren. Wer was bewegen will, hat es außerhalb der etablierten und finanzkräftigen Polit-Firmen nicht leicht.

Das finde ich schade. Ich wünsche mir eine gehörige Portion von diesem lebhaften, konstruktiven Chaos zurück, den der Aufbruch der Ostdeutschen in die Freiheit uns viel zu kurz bescherte.

Es wird viel von der neuen Berliner Republik gesprochen. Wie wäre es denn mit einer Republik, derer sich die Menschen wieder intensiver annehmen?

Eine bunte BürgerInnenrepublik Deutschland, ohne Ausgrenzungen und mit viel Phantasie – dafür lohnt es sich, sich einzusetzen.

Erich Strohschein

Danksagung

Erich Strohschein, am 02.01.1931 in Essen geb., Mit 14 Jahren (1945) zum Bergbau. Über den zweiten Bildungsweg Bergbauingenieur (per Gesetz Dipl. Ing.). Insgesamt 42 Berufsjahre, verh., Vater zweier Töchter. Seit zehn Jahren Rentner. Interessen: reisen, lesen, lesen, lesen und schreiben.

Zufriedenheit soll ja nach vielfacher Auffassung der jüngeren Menschen dieser Republik eine Alterserscheinung sein. Ich blicke nicht im Zorn zurück, sondern neige – sicherlich auch dank eines guten Gedächtnisses – sehr dazu, Kindheit und Jugend mit der Gegenwart zu vergleichen. 14 war ich, als ich auf die Trümmer des Staates blicken mußte, den man mir als Führerstaat eingepaukt hatte. Über den Überlebenden und unserer Generation schwebte der Morgenthau-Plan, und die Demontage der deutschen – am Krieg nicht ganz unschuldigen – Industrie hatte begonnen.

Vater, den die gewissenlose braune Diktatur als 45jährigen, in den letzten Kriegstagen für den »Endsieg« noch zum Soldaten gemacht und an der Ostfront eingesetzt hatte, meldete sich aus russischer Kriegsgefangenschaft. Mutters Hauptsorge galt der Nahrungsbeschaffung für den dreiköpfigen Familienrest, denn sie, ich und meine zwölfjährige Schwester wollten weiterleben.

Ich sehe mich immer noch in irgendeiner Menschenschlange stehen, in der ich von Schwester oder Mutter abgelöst wurde. Immer ging es um Brot oder Kartoffeln und nie war es zum Sattessen. Kohlen wurden gebraucht und wir lebten im Ruhrpott. Bergleute bekamen auf den Zechen zwei Butterbrote und eine warme Mahlzeit.

Mutter sah mich als ihren einzigen Aktivposten und brachte mich zur Zeche. Die Umstände der Zeit zwangen mich in einen Beruf, den ich nie wollte. Daran muß ich denken, wenn ich von der Perspektivlosigkeit der heutigen Jugend höre. Welche hatten wir denn? Meine größte Sorge, daß meine physische Kraft für die Arbeit unter Tage nicht ausreichen könnte, stellte sich Gott sei Dank als übertrieben heraus.

Neben meinem Beruf lernte ich Demokratie. Am 1. Mai demonstrierten wir gegen die Industriedemontage der Sieger. Der Kauenwärter (männliche Putzfrau des Umkleide- und Duschraums) der Jugendkau warb für die neugegründete Gewerkschaft: »Es gilt den Monopolkapitalismus zu verhindern. Alle Räder stehen still, wenn dein starker Arm es will!« Ich ließ mich überzeugen. Ein Betriebsrat mußte gewählt werden für eine einjährige Legislaturperiode. Der überwiegende Teil der gewählten Arbeitnehmervertreter gehörte der KPD, der SPD sowie einer neuen Partei an, die sich CDU nannte.

Zeitungen erschienen nicht regelmäßig, waren abhängig von Papierzuteilungen, die in Händen der alliierten Militärregierung lag. ›Freiheit‹ hieß das Blatt, für das sich Mutter ahnungslos hatte anwerben lassen. Herausgeber war die KPD. Die Währungsreform veränderte zunächst noch gar nichts, denn das bißchen Geld reichte gerade für die Lebensmittelversorgung zwischen den Lohntagen. Aus der ›Freiheit‹ erfuhr ich, daß ein Kölner »Separatist« namens Adenauer, der schon in den 20ern versucht haben soll, die linke Rheinseite an die Franzosen zu verscheuern, sich zum Vorsitzenden der neuen Partei, dieser CDU, hatte wählen lassen, obwohl ein englischer Besatzungskommandeur diesen Mann als Oberbürgermeister wegen Unfähigkeit abgesetzt hatte.

Bei den ersten Bundestagswahlen war ich 18, aber nicht wahlberechtigt. Kein Wunder, daß dieser Adenauer auf einmal Bundeskanzler war. Mein Traum war, mich einmal an einer Fleischwurst satt essen zu können; ich hatte keinen Hunger, aber auch keine Wahl dessen, was ich essen wollte. Die Freßwelle stand uns noch bevor. In den Schaufenstern tauchten

Motorräder auf – und ich sparte jeden Groschen, ging nicht mehr ins Kino – was mir besonders schwerfiel, lief neben der Straßenbahn her und verzichtete auf die sonntags üblich gewordenen Tanzvergnügen. Die Führerscheinprüfung legte ich beim TÜV ab, die Kenntnisse hatte ich mir autodidaktisch erworben, denn Fahrschulen waren auch noch rar. Banken, die einem Bergmann einen Kredit zur Verfügung stellten, gab es noch nicht, aber Händler, die verkaufen wollten und den Kaufbetrag vorschossen. Auf Kucki kaufen, nannten wir das. Mit 19 kam für mich der Himmel auf die Erde. Der Händler, den ich immer wieder aufgesucht hatte, glaubte an meine Seriosität und räumte mir den Ratenkredit ein. Nun fuhr ich, beneidet von meinen Kumpels, mit der blitzblanken Maschine und ungeheurem Stolz zur Zeche, auf der es noch keinen Parkplatz gab. Obwohl die Abtragungssumme kaum einen finanziellen Spielraum für große Fahrten zuließ, bekam ich ein gesteigertes Freiheitsgefühl.

Die Demontagen wurden eingestellt, die zerbombten Fabriken wieder aufgebaut, immer mehr Trümmer verschwanden aus den Städten, und die Amerikaner stellten dem Land, das inzwischen geteilt war, großzügige Kredite zur Verfügung. Allmählich begriff ich, daß sie uns von einem Terror-Regime befreit hatten und bekam auch ein Gefühl der Dankbarkeit, die dem Kanzler Adenauer zugute kam, denn ich trug mit meiner Stimme bei der nächsten Bundestagswahl zu der absoluten Mehrheit seiner Partei bei.

Die Gewerkschaftsjugend ermöglichte mir die Teilnahme an einem internationalen Jugendtreffen auf Korsika – eine Traumreise. Während der Nazizeit war es kaum einem Deutschen möglich, die Grenze zu überschreiten, ohne Waffe in der Hand, das war mir sehr bewußt. Und daß die jungen Deutschen wieder Waffen tragen sollten, brachte mich wieder in Opposition zur Regierung. Als »weißer Jahrgang« brauchte ich den Wehrdienst nicht zu verweigern – auch als Bergmann war ich von der neuen Bundeswehr, die unsere Gegendemonstration nicht verhindert hatte, befreit.

»Alle sollen besser leben!« Diesen Slogan des Wirtschaftswunderministers Ludwig Ehrhard fand die Gewerkschaft nicht in Ordnung, denn für das bessere Leben der arbeitenden Massen war allein sie zuständig – lehrte sie mich. Adenauer und sein Verteidigungsminister bekamen Schwierigkeiten mit der Pressefreiheit, verstießen gegen Verfassungsgrundsätze und hatten auf einmal das lesende Volk gegen sich, was dem Verteidigungsminister seinen Job kostete.

Zaghaft begann die Autowelle. Kleinwagen hießen die Dinger, die sich die Autoindustrie einfallen ließ. Wir, meine damalige Freundin und heutige Frau und ich, schafften uns einen an, der als »Leukoplastbomber« in die bundesrepublikanische Geschichte einging. Gegen damalige Moral verstoßend fuhren wir unverheiratet in den ersten gemeinsamen Urlaub an den oberbayerischen Tegernsee. Dort verwirklichte ich meinen langjährigen Traum und überfraß mich an einer Fleischwurst.

Wir heirateten und bekamen eine Zechenwohnung, deren Einrichtung uns auf eine Urlaubsreise verzichten ließ. Mit der Geburt unserer ersten Tochter wurden wir Campingfreunde und zelteten im südlichen Europa. Den Lloyd löste ein Ford m12 ab, und daß die Gewerkschaft die Fünftagewoche durchsetzen konnte, war für mich eines der größten Errungenschaften.

Die stürmische Aufwärtsentwicklung, die sich auch in der sozialliberalen Koalitionsregierung fortsetzte, und die sich anbahnende zunehmende Arbeitslosigkeit sah ich mit Sorge, zumal die Ansprüche der Nachwachsenden ständig stiegen. Ich war davon überzeugt, daß es irgendwann kulminieren müsse, aber auch davon, daß es keine unlösbaren Probleme gibt.

42 Jahre war ich Bergmann. Die sich weiterentwickelnde Technik hatte Urlaubsreisen möglich gemacht, die mir einen persönlichen Einblick in die Geographie, Klimaverhältnisse und Sozialstrukturen in vielen Teilen der Welt verschafften. Auch das trug zu meiner Erkenntnis bei, daß es zu der gewachsenen Demokratie keine Alternative gibt. Und es liegt in der Natur der Sache, daß jede Opposition die Gegenwart des Lan-

des grau in grau darstellen muß. Allerdings den gegenwärtigen Arbeitgeberslogan für Arbeitnehmer, der, auf den Punkt gebracht, nicht mehr als »Scheißt auf Geld, Hauptsache Arbeit« bedeutet, halte ich auch nicht gerade für eine Innovation.

Hitler, so las ich in seinen Tischgesprächen, soll auf die Frage, wie man seinen Krieg bezahlen würde, geantwortet haben: »Wenn wir ihn gewinnen, unsere Gegner, und wenn wir ihn verlieren, wird das deutsche Volk ohnehin untergehen.« Sein Krieg ging verloren, das deutsche Volk ist nicht untergegangen, und bezahlt wurde er auch. Wo sind die unlösbaren Probleme?

Ute Heymann gen. Hagedorn

Demokratie – ein anderes Wort für Bevormundung?

Ute Heymann gen. Hagedorn, geb. am 10. Februar 1965 am Niederrhein; abgesehen von einem sechsmonatigen Aufenthalt in Wien hat sie immer hier gelebt. Sie arbeitet z. Z. als Sekretärin. Ihre Leidenschaft sind abenteuerliche Reisen, die sie u.a. in die USA einschließlich Alaska, nach Mexiko, Namibia und Israel führten. Seit zwei Jahren schreibt sie Kurzgeschichten und kleinere Gedichte; das entsprechende Handwerkszeug lernt sie derzeit in einem Fernstudium für angehende Autoren.

1965 in der Bundesrepublik Deutschland geboren, wuchs ich in einem demokratischen Land auf. D. h., ich durfte nicht nur eine eigene Meinung haben, es war auch immer selbstverständlich, sie laut zu vertreten. »Eine Demokratie ist das Zusammenleben von Menschen, in der die Meinung jedes einzelnen von Bedeutung ist und die Mehrheit entscheidet.« So hat man es mir erklärt. Als Kind schon spürte ich, daß diese Freiheit der Gedanken etwas Besonderes ist, und ich war stets stolz darauf, zu diesem Volk und diesem Land zu gehören.

Ich liebe mein Land nach wie vor, doch inzwischen sind mir Zweifel gekommen, ob unsere Staatsform tatsächlich nur demokratisch ist. Alle vier Jahre wählen wir unsere Vertreter, diejenigen, die für uns sprechen und die Art unseres Zusammenlebens nach der Meinung der Mehrheit regeln. Nach Meinung der Mehrheit?

Welche Mehrheit wird denn befragt? Ein Land zu regieren ist eine sehr verantwortungsvolle Aufgabe, wobei nicht in jedem Punkt auf die Meinung aller Rücksicht genommen werden kann. Schnelle Entschlüsse und Flexibilität sind ebenso notwendig wie Einfühlsamkeit und Diplomatie gegenüber anderen Staaten. Auch wären viele Menschen bald müde, müßten sie jede Woche ein Wahllokal aufsuchen.

Doch bei wichtigen Entscheidungen, wie z. B. der Rechtschreibreform, der Aufgabe unserer Währung für eine neue, der Ausländerpolitik sowie dem Beitritt in ein übergeordnetes Staatenbündnis, sollten alle Beteiligten, somit alle diesem Staat angehörenden und von unserer Regierung vertretenen Bürgerinnen und Bürger, angehört werden. Unser Volk besteht auch aus intelligenten Menschen. Aus Menschen, die, nachdem sie das notwendige Hintergrundwissen erlangt haben, in der Lage wären, sich eine Meinung zu bilden und diese gerne vertreten würden.

Es macht mir angst, daß fremde Kulturen in meiner Heimat einen immer größeren Platz einnehmen und das Ausleben meiner eigenen Kultur im Laufe der Zeit einschränken. Es beunruhigt mich, daß immer mehr MitbürgerInnen meine Sprache nicht verstehen. Aber ich darf über diese Ängste nicht laut reden, sonst hält man mich für einen Nazi, für jemanden, der Menschen anderer Kulturkreise nicht akzeptiert.

Ich glaube, Demokratie heißt, daß ich laut sagen darf, was ich denke.

Laut Tagespresse (›Neue Rhein-Zeitung‹, 01.08.1998) hat eine Forsa-Umfrage ergeben, daß 70,4 Prozent der Deutschen gegen die Einführung einer neuen Rechtschreibregelung waren. Es sind mündige Menschen, die Gründe für ihre ablehnende Meinung hatten. Es wurde über ihre Köpfe hinweg entschieden, die Rechtschreibung unserer Muttersprache zu ändern.

Ich glaube, Demokratie heißt, daß die Mehrheit entscheidet.

Ich wünsche mir mehr Rücksichtnahme auf die einzelnen Meinungen. Ich wünsche mir, daß das Volk, welches von unseren Politikern vertreten wird, ernster genommen und öfter danach gefragt wird, wie es sein Zusammenleben geregelt wissen möchte. Obwohl ich selbst bei jeder Wahl im Wahllokal sitzen und somit »meinen Sonntag opfern« muß, wünsche ich mir von Zeit zu Zeit – vielleicht jedes Halbjahr? – Volksbefragungen.

Sicher bin ich nicht die einzige, die sich bereit erklären würde, jedes Jahr zusätzlich einen Sonntag im Wahllokal zu verbringen, bis spät abends Stimmzettel auszuwerten und die Verantwortung für eine freie, geheime und gerechte Wahl zu übernehmen, wenn dadurch die Meinung eines jeden von uns zum Tragen käme. Bestimmt wären viele von uns eher bereit, Kompromisse hinzunehmen, wenn sie zuvor in der Lage gewesen wären, zu diesem Kompromiß beizutragen. Aber vielleicht wurde mir der Begriff »Demokratie« falsch erklärt.

Ingemarie Hennig

Reform contra Sprachgewissen

Ingemarie Hennig wurde in einer hessischen Kleinstadt geboren, ist 57 Jahre alt und nach 30 Unterrichtsjahren in einem Gymnasium pensioniert, schreibt viel, liest viel, redet viel und hört gern (zu), regt sich auf (und auch wieder ab) in den verschiedensten Bereichen, interessiert sich für Menschen und Menschen(s)-kinder, ist (kinderlos) verheiratet und meint: »Wer über gewisse Dinge den Verstand nicht verliert, hat keinen zu verlieren.«

Damit nur von vornherein keine Mißverständnisse aufkommen: Es geht mir hier nicht in erster Linie um die Verteidigung einer gewiß in manchen Details überholten und veralteten Rechtschreibung und um die Rettung des Althergebrachten. Auch schreie ich nicht waidwund auf, wenn künftig irgendwer »Platitüde« mit zwei t schreibt oder die »Kuh« ohne h, oder war es das Gnu oder was auch immer; vielleicht gar die »Ruh«. Und wenn jemand seinen Alten in Zahlung gibt beim Kauf eines neuen Kühlschranks – bitte schön, soll hingehen, wenn man den Alten dort akzeptiert, wo Kühlschränke zu kaufen sind. Und auch um das Eszet und das getrennte s-t tut es mir nicht weh, zumal ich eh weiter schreiben werde wie bisher, ebenso wie die, die ich zu meinen (meist eher gebildeten) Freunden zähle. Nein, das ist alles nicht so wichtig.

Wichtig hingegen scheint es mir, auf die offensichtlich autoritäre und gänzlich undemokratische Art hinzuweisen, in der die reformierte Rechtschreibung per Erlaß durchgesetzt wird. Jeder kleine Duodezfürst vergangen geglaubter Jahrhunderte könnte neidisch werden, wenn er anschaute, was sich die vereinigten Kultusminister der Bundesländer da gegenüber ihren Mitbürgern herausnehmen, wie sie arrogant lächelnd sogar über klare Ergebnisse nicht nur von unverbindlichen Umfragen, sondern auch von Volksentscheiden hinwegschreiten, wie sie die Schulbuchverlage zu Millioneninvestitionen überredet haben, die, machte man sie jetzt etwa rückgängig, zumindest bei den kleineren unter ihnen den Ruin herbeiführen würden.

Nun könnte man argumentieren, daß es Kindern, die noch gar keine Schreibung gelernt haben, nicht schaden werde, wenn man ihnen die reformierte beibrächte, daß die Unterschiede so riesig nun auch nicht seien und das Ganze überhaupt nur unwesentlich, wie ja auch das Bundesverfassungsgericht in seinem unerforschlichen Ratschluß kundgetan hat. Dieses Gericht hat gesagt, jeder könne weiterhin so schreiben wie bisher – jeder Erwachsene, versteht sich. Hat man aber jemals darüber nachgedacht, daß die Reform auch Erwachsene trifft?

Diese Erwachsenen – die Lehrer – sind seit alters bekannt als die Prügelknaben und – o political correctness – Prügelmädels der Nation. Sie haben zu Beginn ihrer Laufbahn Diensteide abgelegt, in denen sie u. a. versprochen haben, ihre Pflichten gewissenhaft und unparteiisch zu erfüllen. Was ist nun mit deren Sprachgewissen? Sie werden, selbst wenn sie von der Notwendigkeit und der Qualität der Reform nicht überzeugt sind, also jetzt gezwungen, die ihnen Anbefohlenen Unsinn zu lehren. Wenn man darüber hinaus bedenkt, daß eine große Zahl der lebenden Schriftsteller verfügt haben, ihre Werke auf keinen Fall nach den neuen Regeln der Rechtschreibung zu drucken, statten die Lehrer dann nicht die Kinder mit untauglichen Mitteln zur Lektüre dieser Schriftsteller aus? Ist das die beeidete Pflichterfüllung? Mithin zwingt man sie per Erlaß des Kultusministeriums zum Eidesbruch. Das ist hart, zumal die meisten nur einmal in ihrem Leben geschworen haben – nämlich den Diensteid.

Was passiert wohl einem Deutschlehrer, der sich weigert, das zu unterrichten, was ihm unsinnig erscheint? Er wird Abmahnungen bekommen, Einträge in die Personalakte, Rügen, Versetzungen zu anderen Schulen, eben jede Menge Unannehmlichkeiten. Ein Sozialkundelehrer, der die politische Meinung seines gerade amtierenden Dienstherrn nicht öffentlich teilt, wird da wesentlich toleranter behandelt, weil wir ja bekanntlich in einer Demokratie leben. Selbst Erdkundelehrer, die Klassen verkünden, die Erde sei eine Scheibe, keine Kugel, behandelt man mit Nachsicht.

Dieses ist ein Vorgang, der vom demokratischen Prinzip abweicht und daher deutlich beim Namen genannt werden muß. Beamte sind offenbar im Verständnis der Ministerialbürokratie Eigentum ihres jeweiligen Bundeslandes und daher selbstverständlich nur als Instrumente zu behandeln, nicht als Menschen mit Gewissen, Meinungsfreiheit und Grundrechten.

Thomas Breuer

Die Formel-1-Gesellschaft

Dr. Thomas Breuer, geb. 1960 in Solingen, verh., ein Kind. Promotion zum Dr. phil. mit einer Arbeit über das Verhältnis Kirche und Nationalsozialismus (›Verordneter Wandel?‹ Mainz 1992). Dozent für kath. Theologie/Religionspädagogik an der PH Ludwigsburg – Interessen (politisch): Menschen- und Bürgerrechte, Bildungspolitik; (kirchlich) Intensivierung der Ökumene; (privat) britische Filme, irische Musik, maurische Architektur, spanischer Wein, ›Frankfurter Rundschau‹, SC Freiburg.

Wir leben in einer Hochgeschwindigkeitsgesellschaft. Trotzdem kommen wir nicht so recht voran. Das ist kein Wunder. Denn unser Modell ist die Formel 1. Die fährt bekanntlich im Kreis. Schnell. Sehr schnell sogar. Der Formel-1-Pilot gibt Gas. Egal was hinten raus kommt, er will vorne sein. Natürlich, bremsen muß er manchmal auch, ausbremsen genauer gesagt. Man ist schließlich nicht alleine unterwegs. Lästig ist der Boxen-Stopp. Eine Unterbrechung, bei der wichtige Zeit verlorengehen kann. Auftanken so schnell wie möglich, lautet deshalb die Devise. Und dann mit neuem Sprit den Motor wieder aufheulen lassen. Klar, daß bei einem solchen Rennen manche auf der Strecke bleiben. Sie werden rasch zur Seite geschafft. Wer am Ende die Reifen vorne hat, darf aufs Treppchen und bekommt eine Flasche Schampus. Nicht zum Genießen, sondern zum Verspritzen. Geht auch schneller.

Herbst 1998. Die Union hat die Wahlen verloren. Die SPD war von der Pole Position gestartet. Nicht zum ersten Mal, doch gereicht hatte es bislang nie. Am Ende waren die Schwarzpfeile immer vorne gewesen. Doch diesmal mußte die Weltklasse für Deutschland diese Erfahrung machen, daß auch ihr Motor ins

Stottern geraten kann. Da gilt es schnell zu handeln. Der zweite Mann wird die neue Nummer 1, ein paar frische Mechaniker rücken an die Stelle der alten, eine nächste Teamsitzung wird vorgezogen und los geht's. Bloß nicht den Anschluß verpassen! Im Windschatten auf die nächste Chance lauern. Insgeheim hofft man auf einen Getriebeschaden bei der Konkurrenz.

Dann will man zur Stelle sein. Ein längerer Boxen-Stopp, eine Debatte über Ziel und Inhalte, eine neue Kursbestimmung gar können da nur schaden. Derweil ziehen die Sozis ihre Runden. Bei ihnen dreht sich alles um die neue Mitte. Die Roten wollen nicht anders fahren als die Schwarzen, nur besser. Keine Experimente also. Der Kurs ist bekannt, Innehalten zwecklos. Sollte der grüne Sozius ausbrechen wollen, werde man ihn gegen die Wand fahren lassen. Dann wird er schon wieder wissen, wo's langgeht. Dabei beteuert dieser doch immer wieder, daß er es jetzt schon wisse.

Die Angst vor dem Boxen-Stopp geht um, nicht nur bei alter und neuer Koalition. Schon bei den Kleinsten gilt es, den Anschluß nicht zu verpassen. Kaum ein Dreikäsehoch, der nicht bereits seinen ganzen Fuhrpark sein eigen nennt. Und der muß beständig aufgerüstet werden. Vier Jahre alt und noch kein Fahrrad? Ein Modernisierungsverlierer im Kindergartenalter. Vorbildlich hingegen jeder Fünfjährige, der kürzlich in Heilbronn mit motorgetriebenem Rad altmodische Fußgänger vom Bordstein trieb.

Klar, daß auch die Ausbildungszeiten verkürzt werden müssen. In Baden-Württemberg favorisiert Ministerin Schavan ein Expreß-Abitur nach zwölf Jahren. Anschließend im Studium soll's ebenfalls schneller gehen als bisher. Wahrscheinlich, damit man noch vor der Frührente mit der Umschulung fertig ist.

Als Sand im Getriebe unserer Hochgeschwindigkeitsgesellschaft wird zunehmend der jüdisch-christliche Wochenrhythmus empfunden. Der Sonntag ist der längste regelmäßige Boxen-Stopp, den wir uns noch gönnen. Zu lang für manche. Der Mensch lebt zwar nicht vom Brötchen allein, sondern auch von der Wurst, mit der man es belegt, doch wenigstens das Gebäck ist jetzt sonntags zu erstehen. Bald schon dürfte es mehr sein. An verkaufsoffenen Sonntagen gibt es regelmäßig einen Run auf die sonst fast menschenleeren Innenstädte. Der Hamster muß eben auch sonntags am Rad drehen.

Was unsere Formel-1-Gesellschaft dringend braucht, ist eine Entdeckung der Langsamkeit, ist eine Kultur der Unterbrechung und des Sabbats. Das ist kein Aufruf zu Askese und Puritanismus. Langsamkeit bedeutet auch Intensität. Der Verzicht auf den Boliden, der immer schneller im Kreis fährt, ist kein Verlust an Lebensqualität. Im Gegenteil! Der einzelne, die Gesellschaft, die Politik, sie alle können nur gewinnen. Wie wäre es, wenn die Politik tatsächlich den Rundkurs verlassen und einen neuen Weg beschreiten würde? Wenn die neue Regierung es wagen würde, erste Schritte auf dem Weg zu einer nachhaltigen Entwicklung zu gehen? Wenn die Wähler und die Medien ihr auch die Zeit ließen, diesen Weg auszuprobieren?

Und was wäre, wenn wir Arbeitstiere und Konsumhamster den Sinn für Muße wieder entdeckten? Zugegeben: das sind nur nichtsnutzige naive Gedankenwanderungen. Aber heute ist Sabbat, und da ist das Leben manchmal wie ein Traum.

Martin Siemer

Kadavergehorsam?

Martin Siemer, geb. 05.08.1963 in Düsseldorf. Interesse für seine Freunde, den Menschen an sich, Humor, Lust an der Erkenntnis, Wortwitz, »Küchenpsychologie«, Literatur, Musik, Frauen, Frankreich, Geschichte, Mode, Kochen, in Kneipen ein lockeres Bierchen trinken. Mechanikerlehre, verschiedene Arbeitgeber und Weiterbildungen. Heutiger Beruf Angestellter, Verkauf von Druckluftkompressoranlagen.

Beim Lesen des Satzes »Was würden Sie ändern, wenn Sie Politiker wären?« fühlte ich mich in die Aufsatzstunde des Deutschunterrichtes meiner Schulzeit zurückversetzt; ähnelt die Fragestellung doch dem beliebten Thema: »Was willst du später einmal werden?«

Es eröffnet meinen Träumen jeden Platz, den Sie brauchen, und ich falle sehr schnell meiner deutschen Romantiksehnsucht zum Opfer, die Utopia zu bauen beginnt; doch sind wir weder in Utopia noch im Deutschunterricht. Wir suchen weder den Platz der blauen Blume in unseren Träumen, noch werden wir für unsere Ausführung benotet. Im Gegenteil, es geht um etwas sehr Greifbares und Lebensnotwendiges: unsere Demokratie!

Grundsätzlich verhält es sich mit der Demokratie wie mit einer guten Idee: ein Prozent ist Inspiration, der Rest Transpiration. Wenn wir selbst nicht daran arbeiten, verkümmert unsere Idee – unsere Demokratie. Der in sich steckengebliebenen Demokratie mangelt es nicht an Anhängern, es mangelt ihr an Zivilcourage; dem Mut, seine Meinung – auch und gerade in persönlich unangenehmen Situationen – begründet darzulegen und Widerspruch aus Überzeugung einzubringen. Sei dies nun im Arbeits- oder im privaten Bereich.

Da – und hier beißt die Maus nach wie vor keinen Faden ab – im Volke sehr wohl nachgelebt wird, was von den Volksvertretern vorgelebt wird, ist hier einer der ersten Ansatzpunkte, der durch Verweigerung des Fraktionszwanges (sprich auf Berufung der Gewissensfreiheit) in die Tat umgesetzt werden kann.

Es stellt der Demokratie im übrigen ein schlechtes Zeugnis aus, wenn die Parteibeschlüsse immer einstimmig getroffen werden (Wo ist der Widerspruch / die Gewissensfreiheit?). Im administrativen Bereich des Bundestags bedarf es einiger kleiner Korrekturen, um der Demokratie mehr Glaubwürdigkeit im Bürgertum und mehr Flexibilität in sich zu geben.

Es beginnt bei einer Reduzierung der Gesamtmandate auf 480 (denn zu viele Köche verderben den Brei), geht weiter – zur Vermeidung einer Erbmonarchie – über eine Laufzeitbegrenzung der Amtsperioden des Bundeskanzlers und seiner Minister auf acht Jahre und des Alters. Mit 68 Jahren sollte jedes MdB in den (Un-) Ruhestand treten.

Ferner ist eine Reduzierung jeglicher Nebentätigkeiten auf eine ehrenamtliche Tätigkeit erforderlich. Im Gegenzug werden die Bezüge angemessen angehoben. Jede weitere Steigerung des Gehalts sollte sich an die Tarifabschlüsse im öffentlichen Bereich anlehnen.

Der Bundespräsident (Höchstalter 76 Jahre) sollte von den jeweiligen Parteien vorgeschlagen werden, da die Parteien besser darüber entscheiden können, welche Person dazu geeignet ist, das Land würdevoll und angemessen zu vertreten.

Die Wahl selbst sollte jedoch den Bürgern überlassen werden, denn es ist meines Erachtens nach wichtig, daß die Bürger nicht nur zur Kommunal-, Landtags-, Europa- und Bundestagswahl gehen. Es sollte dem Bürger überlassen bleiben, von welcher Person er sich und sein Land repräsentieren lassen will.

Für die Einhaltung des wichtigen Paragraphen der Präambel, des Paragraphen eins, ist ein unabhängiges Gremium zuständig. Dieser Ausschuß setzt sich aus parteiunabhängigen Personen zusammen, deren Aufgabe die Veröffentlichung von persönlichen Beleidigungen in den Reden des Bundestages und der jeweiligen Landtage ist. Als Medium müßten die öffentlich-rechtlichen Anstalten die Bilder der Personen und die Vergehen zur Hauptsendezeit senden. Mit Plakaten an markanten Stellen in den einzelnen Dörfern und Städten kann dem noch mehr Ausdruck gegeben werden.

Bei Erreichen einer gewissen Anzahl von Verstößen wird die Person im Wahlkreis zur Disposition gestellt bzw. sie muß sich der Verantwortung und den Wählern in einer öffentlichen Runde stellen.

Es wäre auch hilfreich, wenn die Abgeordneten alle Briefe, die an sie geschrieben werden, beantworten müßten.

Ein weiterer Vorschlag ist, daß Eingaben an den Petitionsausschuß ebenfalls in den Medien veröffentlicht werden. Damit wird dem einzelnen die Chance gegeben nachzulesen, welche Bitten und Beschwerden es gibt. Der Leser ist in der Lage zu entscheiden, ob diese oder jene Eingabe auch sein Interessengebiet betrifft und ob er sich engagieren möchte, wodurch sich eine Interessengemeinschaft bilden kann.

Bei Diskussionen ist mir sehr häufig aufgefallen, daß der Aufbau des politischen Systems der Bundesrepublik und seine Funktion bei den Diskussionsteilnehmern nicht klar verständlich ist. Da die Kenntnisse, wie ein Staat aufgebaut ist, entscheidend für die politische Willensbildung ist, halte ich es für unerläßlich, dieses System in der Schule noch deutlicher hervorzuheben. Vielleicht wäre eine Prüfung in Staatsrecht für jeden Schüler ein Mittel, um besseres Grundwissen zu verankern.

Elementar scheint mir jedoch die Frage zu sein, wie die Bürger direkt zu mehr Interesse und mehr Engagement für die Demokratie zu bewegen sind. Prozentangaben zur Wahlbeteiligung als repräsentativer Grundlage, die den Gesundheitszustand unserer Demokratie widerspiegelt, erscheint mir fragwürdig. Eine hohe (wie hoch ist hoch? Wo beginnt denn niedrig?) Wahlbeteiligung ist nicht mehr als ein statistischer Wert, und über die Aussagekraft von Statistiken ist Ausreichendes gesagt und geschrieben worden!

Die Demokratie in der BRD wurde uns nach dem Ende des Zweiten Weltkriegs nicht geschenkt, sie wurde dem Land verordnet; wir dürfen diese Verordnung jedoch als einen Glücksfall betrachten.

Es war zum damaligen Zeitpunkt wichtig, daß eine Weiterentwicklung stattfand. Den Alliierten wäre es nicht in den Sinn gekommen, weiter Geld und Personal in ein Land zu investieren angesichts der eigenen Probleme zu Hause und des bereits existierenden Ost-West-Konflikts. Die Demokratie war das einzig sinnvolle Instrument (neben den anderen Möglichkeiten – Morgenthau) für Nachkriegsdeutschland, das Land wieder auf die Beine zu bekommen und es in eine rechtlich verbindliche Weltordnung einzufügen.

Da uns die Demokratie verordnet wurde, ist es nicht möglich zu sagen, wir hätten bloß über uns verfügen lassen. Aber natürlich haben wir auch über uns verfügen lassen: Mit unserer Stramm-stehmentalität der Die-Autorität-wird's-schon-richten neigten wir unser schuldbewußtes Haupt.

Die Demokratie hat sehr wenig an unserer Autoritätshörigkeit verändert. Im Berufsleben der freien Wirtschaft ist dies heute wieder verstärkt zu erleben. Strammer preußischer Kadavergehorsam ist eher verlangt als die Fähigkeit, zu kritisieren und sich Kritik gefallen zu lassen. Der Ton ist selbstgefälliger und militärischer geworden. Auch im öffentlichen Leben wird der Anteil derer, die sich für eine Sache einsetzen, kleiner, öffentliche Diskussionen werden immer spärlicher. Die eigentlichen Auseinandersetzungen werden im Parlament geführt und erreichen den Bürger sehr begrenzt. Das führt uns weiter zur anderen Seite unseres deutschen Naturells: der Kleinstaaterei! Fast ein jeder wurstelt vor sich hin.

Bei der Jungwählergeneration heißt es wohl: »Mußt selber sehen, wie du klar kommst«. In meiner Generation, der der Babyboomer: »Das bringt doch nix.«

Die Generation darüber verstrickt sich ins Reden und läßt das Handeln aus. Die älteste Generation ist mit der Absicherung ihrer Besitztümer beschäftigt.

Die Ursprünge dazu liegen in den Zeiten des Jahres 1982. Damals waren die Bürger des Landes engagiert in den Themen, die für großen politischen Wirbel sorgten: Gorsleben, Wackersdorf, Startbahn West, NATO-Doppelbeschluß – Ostermärsche (waren es in der Hochzeit der Ostermärsche 300 000 Teilnehmer, so ist deren Anzahl auf heute ein Prozent der ursprünglichen Teilnehmerzahl geschrumpft).

Das, was uns damals vermittelt wurde, erinnerte an die Aussage Adenauers: Ruhe ist die erste Bürgerpflicht! Das hört sich sehr nach Erziehung an, ist für meinen Geschmack jedoch ein Plädoyer für eine stärkere Verdummung des Volkes, in sich unanständig und höchst undemokratisch, da es der freien politischen Willensbildung vorangesetzt wird.

Rechnet die Macht nicht mit der Ohnmacht des Volkes, und wird diese Ohnmacht anschließend nicht als Volkeswille deklariert? Im Gegenzug beschwert die Macht sich über ein Vollkaskoverhalten bei den Bürgern, die zu wenig Eigeninitiative haben!

Durch Aussitzen und Unfähigkeit zur Kritik wurde hier der Demokratie ein wesentlicher Teil ihres Lebensnerves abgeschnitten, von dem sie sich bis heute nicht mehr erholt hat!

Das Resultat sind Rückzug ins Privatleben, vielleicht nicht Politikverdrossenheit, aber doch -müdigkeit, ein stärkeres Nationalbewußtsein und Resignation.

Resignation erscheint in Deutschland staatsfreundlicher als ein Engagement für die Demokratie. Wenn dem Staat Resignation gut und teuer ist, dann müßte er zugeben, daß er ein entpolitisiertes Volk will. Resignation kann zwar Staatstreue sein, aber sie ist zugleich staatsfeindlich; und es gibt eine Staatstreue, die die Demokratie lächerlich macht, ad absurdum führt und umbringt. Es liegt somit am Bürger, daß er nicht resigniert und damit die Demokratie umbringt, Es gibt niemanden, der ihn daran hindert, klüger und couragierter zu werden. Der Weg liegt im einander Mut machen, einander stützen, einander zureden, mehr gegenseitige Offenheit und im Glauben daran, das Recht bleibt, was Recht ist.

Der Aufruf dazu muß regelmäßig erfolgen; nicht nur zur Wahlzeit. Ehrlich und nicht als Alibifunktion, von Bürger zu Bürger und auch durch das Parlament!

Katharina Sprenger

Nehmen wir uns die Freiheit, frei zu sein! Oder: Von dem Recht auf Pflichten und der Pflicht zur Gerechtigkeit

Katharina Sprenger, geb. am 10.05.1978 in Kiel, machte 1997 ihr Abitur mit den Leistungskursen Geschichte und Englisch, hat aber neben den geisteswissenschaftlichen Fächern ein großes Interesse für die Medizin und arbeitet seit 1995 in diesem Bereich. Seit dem Sommersemester 1998 studiert sie in Mainz Humanmedizin, bemüht sich nebenher darum, das Bewußtsein der Bürger für den Wert der Demokratie zu schärfen.

Wir besitzen die Mündigkeit, Menschen ein Mandat zu geben, damit sie die Interessen von uns Bürgern im Staat und in der Gesellschaft in Taten umsetzen. Wir vergeben hingegen keine Vollmacht zur übermächtigen Regelung unseres Lebens und wir schenken niemandem Macht; Macht ist nur ein Mittel, um unser aller Interessen zu verfolgen. Warum wird das Mandat dennoch als allmächtige Handlungserlaubnis verstanden, die unser Leben überreguliert? Und wie können wir Bürger uns die Freiheit sichern, die es uns erlaubt, unsere Rechte und Pflichten wahrzunehmen? Einige Reformvorschläge für verschiedene Bereiche wage ich hier zu äußern:

Bildung:
Die Talente müssen schon in der Schule gefördert werden. Jeder hat Talente und ist so in diesem Bereich zu herausragenden Leistungen befähigt. Diejenigen, die eine Sache besonders gut beherrschen, müßten die Möglichkeit haben, einen besonders guten Unterricht, der spezielle Lernangebote hat, zu erhalten. Gleichzeitig müssen in der Schule schwächere Kinder einen be-

sonderen Förderunterricht erhalten, damit sie nicht später im wirklichen Leben untergehen. Kinder müssen schon in der Schule gefordert werden, damit sie auf das wahre Leben vorbereitet werden. Man kann nicht sein Leben lang spielen!

Erziehung zur Verantwortungslosigkeit entzieht uns außerdem der Verantwortung für die Gesellschaft im Ganzen. Fazit: der Staat muß die Vergrößerung von Klassen stoppen, so auch die Abschaffung von Förderunterricht!

Menschen, denen die Freiheit zum individuellen Lernen genommen wird, können keine guten Demokraten werden, weil sie nur lernen, sich selbst gegen die anderen durchzuboxen. Und in der Universität: Karrierebestreben fördert einseitiges Lernen und läßt die Interessen der Gemeinschaft vergessen. Studenten sollten ermuntert werden, sich außerhalb der Uni einem Projekt zu widmen, das mehr Verständnis für den Gemeinsinn aufbaut.

Finanzpolitik / Steuern:
Um Bildung und vor allem die Unterstützng von Talenten zu fördern, brauchen wir Mittel. Wir dürfen nicht länger umverteilen, ohne damit nachhaltig zu helfen, sondern müssen die »Talente« wie in der Bibel vermehren. Viele Bürger sind unzufrieden, weil ihre Steuern zu einem großen Teil in der Arbeit der Verwaltung versickern. Die Konsequenz sind Steuerhinterziehungen oder Kapitalflucht ins Ausland.

Statt dessen sollte man dem Bürger seine Freiheit und das Recht zurückgeben, seinen Pflichten zur Unterstützung der gemeinsamen sozioökonomischen Prosperität nachzukommen.

Eine mögliche Lösung wäre es, den Stiftungssinn der Bürger zu fördern. Nur indem man steuerliche Entlastungen bei Spenden vermehrt einführt, bezweckt man, daß der Bürger sich direkt finanziell für die Gemeinschaft einsetzt. Man sollte die Vorbehalte gegenüber der Abschreibungsmöglichkeit von Spenden abbauen, da nur so Investitionen für den Staat und dessen Gesellschaft getätigt werden – frei und demokratisch.

Abstimmungen:
Das 50jährige Bestehen und Leben der Demokratie sollte uns Bürgern so viel Selbstbewußtsein und -verantwortung geben, selbst an Abstimmungen teilzunehmen. Plebiszite sind die einzige Möglichkeit, in grundsätzlichen Fragen nach einer Wahl demokratisch abstimmend erneut einzugreifen.

In Fällen, die nur im Parlament abgestimmt werden können, muß der latent vorhandene Parteizwang aufgehoben werden. Es ist unakzeptabel, daß Politiker ihr Gewissen in den Dienst der Partei stellen.

Ich gehe mit dem Verlangen nach Selbstverantwortung noch einen Schritt weiter, ohne den Anschein einer »Anarcholiberalen« erwecken zu wollen. Wir dürfen uns nicht ins Privatleben zurückziehen, sondern müssen mit dem Menschen, dem wir unseren Auftrag gegeben haben, in Kontakt bleiben. Als Politikerin würde ich eine öffentliche Beratungsstunde einrichten, die nicht, wie z. Z. üblich, in Einzelgesprächen im Büro des Abgeordneten stattfindet. Jeder Bürger muß als Ratgeber des Abgeordneten angesehen werden. Während eines solchen Bürgerforums muß der Bürger seine Anliegen direkt vortragen können, muß Kritik üben und Vorschläge machen dürfen.

Des weiteren fordere ich, das Wahlverfahren in ein reines Mehrheitswahlrecht umzuändern, da auf diese Weise die Hierarchie innerhalb der Partei außer Kraft gesetzt wird und nur die Persönlichkeiten gewählt werden, von denen die Mandanten (wir Bürger) glauben, daß sie ihre Arbeit als direkt gewählter Abgeordneter zufriedenstellend leisten. Zudem kann nur ein direkt gewählter Abgeordneter auch zur Rechenschaft gezogen werden. Generell sollte man die Nominierung eines Politikers nach seiner Leistung, nicht nach seinem Geschlecht, seiner Herkunft oder seines Alters entscheiden. Es ist der Effizienz und Funktionstüchtigkeit einer Demokratie nicht gerade zuträglich, wenn durch Quotenregelung weniger Qualifizierte einen Posten nur aufgrund falscher political correctness erhalten. Chancengleichheit wird nicht in Geschlechter-, Regionen- oder Generationskämpfen entschieden, sondern im fairen Umgang miteinander. Nur ein Miteinander nützt schließlich dem Fortschritt unserer Demokratie.

Diese Vorschläge haben schon viele Demokraten vor mir geäußert. Dennoch konnte nicht einmal die Vereinigung der DDR und der BRD die Neugestaltung einer Verfassung bewirken. Vielleicht haben unsere Abgeordneten die verpaßte Chance erkannt und nutzen nun den 50. Geburtstag der Verfassung, um der Demokratie mit neuen Ideen neue Lebenskraft zu schenken.

Axel Bernd Kunze

Schützt die Grundrechte!

Axel Bernd Kunze, geb. am 01.04.1972 in Peine, Student der Kath. Theologie, Erziehungswissenschaft, Psychologie und Soziologie an der Universität Münster und der Philosophisch-theologischen Hochschule Münster; vorher Erziehungshelfer in Hildesheim; tätig in der kirchlichen Jugendbildung (Kolping, DPSG), ehrenamtliches Engagement bei der Lebenshilfe für geistig Behinderte, der SPD, den JUSOS und in der kath. Jugendarbeit.

In diesem Jahr feiern wir den 50. Jahrestag der Bundesrepublik Deutschland. Ein solches Jubiläum bietet immer die Gelegenheit für zahlreiche Festakte, schöne Sonntagsreden und feierliche Versprechen. Doch was wird eigentlich gefeiert? Geht nach 50 Jahren Bundesrepublik nicht auch gleichzeitig die Ära der alten »Bonner Politik« zu Ende? Wird 1999 das Eintrittstor in die neue »Berliner Republik«?

Der Begriff »alte Bundesrepublik« suggeriert, als seien die bisherigen 50 Jahre deutscher Nachkriegsdemokratie nur ein Provisorium, das jetzt endgültig der Geschichte angehört. Gewiß: Der westdeutsche Staat war so lange ein Provisorium, wie Deutschland geteilt war. Jedoch wird sich das wiedervereinigte Deutschland keinen Gefallen tun, diese Jahre wie einen alten Anzug einfach abzulegen. Die Zukunft Deutschlands wird sich daran entscheiden, in welchem Maße es gelingen wird, das Erbe der »Bonner Republik« in die »Berliner Republik« zu übertragen und dabei auch die Erfahrungen aus 40 Jahren DDR zu integrieren.

Das Schmuckstück der letzten fünf Jahrzehnte bundesrepublikanischer Geschichte ist ohne Frage das Grundgesetz. Doch was ist in den letzten Jahren als Folge einer heimlichen »Großen Koalition« der beiden Volksparteien alles daraus herausgebrochen worden?

Das Asylrecht war die Freiheitsstatue unserer Verfassung. Mit der Schaffung eines individuell einklagbaren Grundrechts auf Asyl schufen die Mütter und Väter des Grundgesetzes damals den Grundstein zu einem Weltbürgerrecht, das denen zu Hilfe kommen sollte, die aus der Rechtsgemeinschaft ihres Heimatstaates herausgefallen waren. Für wieviele Deutsche galt dies in den Jahren von 1933 bis 1945! Doch leider sind weder die Vereinten Nationen noch einzelne Staaten diesem Schritt gefolgt. Das deutsche Asylrecht blieb singulär. Jetzt sind auch die Deutschen auf die Linie des allgemeinen Völkerrechts eingeschwenkt: Das Asylrecht ist zum Gnadenrecht des asylgewährenden Staates geworden. Dabei wäre es ein guter Ausweis der »Volljährigkeit« des – wie es oft heißt – erwachsen gewordenen Deutschlands gewesen, sein politisches Gewicht in die internationale Waagschale zu werfen, um hier eine Änderung des Völkerrechts zu erreichen.

Der Abbau der Grundrechte ging aber locker weiter: »Großer Lauschangriff«, verdachtsunabhängige Kontrolle an Bahnstrecken ... Auch andere Länder wie Österreich zündeln gefährlich, wenn sie an der Substanz der Genfer Flüchtlingskonvention kratzen wollen. Nach der Bundestagswahl ist es gerade der Alterspräsident aus den Reihen der PDS-Bundestagsfraktion, der den Parlamentariern den Spiegel vorhält: Seine Familie habe im Konzentrationslager am eigenen Leib gespürt, was es heißen kann, wenn einem Staat keine Grenzen mehr gesetzt sind. Die Zustimmung zum »Großen Lauschangriff« habe ihn dann zum Austritt aus der SPD veranlaßt.

Mit dem Ruf nach »Innerer Sicherheit« scheint alles gerechtfertigt werden zu können. Doch eines muß dabei klar bleiben: Absolute Sicherheit kann es nur um den Preis der Freiheit geben. Ein Innenminister, der diesen Zusammenhang populistisch verleugnet, wird selbst zum Risiko für den Rechtsstaat. Auch heute sind wir nicht davor gefeit, populistischen Rattenfängern auf den Leim zu gehen. Deshalb ist jeder aufgefordert, Zivilcourage zu zeigen, wo versucht wird, mit ideologischen Vereinfachungen oder einfachen Antworten, die die Lösung aller Probleme versprechen, Politik zu machen. Wenn am Beispiel des »Großen Lauschangriffs« behauptet wird, es werden ja nur »Verbrecherwohnungen« abgehört, so ist dies ein Einbruch der politischen Kultur in unserem Land. Das Eindringen in die Privatsphäre der eigenen Wohnung dient der Beweisaufnahme; zu diesem Zeitpunkt gibt es aber keine »Verbrecher«, sondern allenfalls Verdächtige und Angeklagte. »In dubio pro reo.« Die Schuldfeststellung obliegt nicht den polizeilichen Ermittlungsbehörden, sondern einem rechtskräftigen Urteil der Justiz. Es ist klar, daß bei allen Ermittlungsmethoden immer auch Unschuldige in das Netz der Polizei geraten.

Die Geschichte des Terrorismus in der Bundesrepublik der 70er Jahre zeigt, daß der Staat Macht und Rechte, die er einmal erhalten hat, nicht mehr freiwillig wieder abgibt. Von den Gesetzen, die zur Bekämpfung des Terrorismus erlassen wurden, ist bis heute keines zurückgenommen worden. Daraus mag man ersehen, welchen Einfluß die RAF ungewollterweise auf die Kultur der Inneren Sicherheit in Deutschland genommen hat.

Bleibt zu fragen, warum sich gegen die schleichende, aber stetige Aushöhlung unserer Grundrechte so wenig Widerstand geregt hat. Und wenn, dann wurde dabei kaum über den eigenen Tellerrand geschaut: Die Verleger kritisierten nur das Abhören von Journalisten, die Kirchen nur das Abhören von Pfarrhäusern usw. Hätte es hier, da es nicht nur um die Aushöhlung bestimmter Berufsprivilegien, sondern um die Fundamente unseres Rechtsstaates geht, nicht einer Allianz aller Demokratinnen und Demokraten bedurft?

Nach der Wiedervereinigung hat die Politik eine große Chance verpaßt. Das Grundgesetz hätte zum wirklichen Gemeingut aller Deutschen werden können, wenn nach behutsamer Anpassung ein Volksentscheid darüber stattgefunden hätte. Eine solche Abstimmung, die bei weitreichenden Entscheidungen – hierzu gehört meiner Meinung nach auch die Einführung der europäischen Gemeinschaftswährung EURO – selbstverständlich werden sollte, zwingt die Politikerinnen und Politiker in stärkerem Maße, ihre Entscheidungen zu begründen und um Zustimmung in der Bevölkerung zu werben. Warum soll in Deutschland nicht möglich sein, was in anderen Ländern der Europäischen Union praktiziert wird? Ein solches System schwächt nicht, sondern stärkt den Parlamentarismus.

Denn ein Volksentscheid zwingt bei weitreichenden Entscheidungen zur Auseinandersetzung auf breiter Basis. Eine Entscheidung, an der viele mitbeteiligt gewesen sind, wird später auch intensiver mitgetragen. Wäre es 50 Jahre nach dem Entstehen der Bundesrepublik Deutschland und zehn Jahre nach der Wende in der DDR, die zur Wiedervereinigung führte, nicht möglich, diese Entscheidung der Deutschen über ihre Verfassung nachzuholen? Das Grundgesetz hat sich ohne Frage bewährt, aber ein Volksentscheid wäre seiner Würde angemessener als die formale »Übertragung« auf die neuen Bundesländer nach Art. 23. Wer über seine Verfassung direkt selbst entschieden hat, wird sie – so meine Hoffnung – auch entschiedener verteidigen.

Eine behutsame Anpassung des Grundgesetzes sollte bei dieser Gelegenheit die Stärkung der sozialen Grundrechte umfassen. Aus ethischer Sicht sollte es unumstritten sein, daß die Menschenrechte sowohl aus den Freiheits- und Partizipationsrechten als auch den jüngeren Sozialrechten bestehen. Letztere sind im Grundgesetz noch wenig ausgeprägt. Eine Konkretisierung des Sozialgebots unserer Verfassung wäre nicht das Schlechteste, was die sog. »Berliner Republik« sich zu Beginn selbst schenken könnte. Nicht Sonntagsreden, wie sie in diesem Jahr sicher nicht zu knapp gehalten werden, sondern der Umgang mit den Grundlagen unserer Demokratie im politischen Alltag sagt etwas über die politische Kultur in unserem Land aus.

Klaus-Uwe Fischer

Acht Jahre sind echt demokratisch: Adresse an den Bundeskanzler

Klaus-Uwe Fischer, Studium der Germanistik und Philosophie an der Universität Hamburg. Promotion in Germanistik (Exilliteratur) 1974. Studienrat an einem Gymnasium in Hamburg. Von 1983 bis 1992 Lehrtätigkeit an einer Europäischen Schule in den Niederlanden. Ende 1992 Galerist in Frankfurt, Galerie Nikolaus Fischer (Kunst der Klassischen Moderne und zeitgenössische Kunst).

Der Ehrgeiz eines Menschen, der es sich zum Ziel gesetzt hat, Politiker zu werden, ist mir fremd. Ich kenne solche Menschen nicht persönlich. Würde ein mir bekannter Mensch, mit dem ich gelegentlich zu tun hätte, mir eines Tages eröffnen, er wolle Politiker werden und einer Partei beitreten, er würde mir auf der Stelle fremd. Unsere Wege gingen auseinander, ich könnte nicht in der Nähe eines solchen Menschen leben. Ich empfände so etwas wie Mitleid für ihn, aber eine Art von Mitleid, das nicht sehr tief sitzt.

Meine innere Distanz zu politischen Menschen hat sich längst auf die Politiker und auf die Politik im allgemeinen übertragen. Das wird mir besonders in Wahlkampfzeiten bewußt. Ich vermeide politische Veranstaltungen, ich verweigere Meinungsinterviews, und um agile Wahlkämpfer mache ich einen großen Bogen. Ich weiß, daß der Einsatz der Politiker hoch ist, ihr Einsatz für eine Partei und die Wähler. Dafür nehmen sie ohne Unterschied viele Entbehrungen auf sich. Natürlich, es sind wohlkalkulierte Entbehrungen auf Zeit. Der Sieger eines Wahlkampfes vergißt sie leicht, den Verlierer vergißt die Öffentlichkeit. Noch niemand, ich kann mich auch irren, hat den Wert politischer Werbung in Frage gestellt. Ich fürchte, daß auch in Zukunft diese Frage nicht von Belang ist. Dagegen wird die Selbstinszenierung unserer Politiker mit Steuergeldern weitergehen.

Ein urkomisches Ritual, an das sich jeder hält, wenn es nicht so zweifelhaft, so unanständig und völlig überflüssig wäre.

Einer, der in die Politik geht, wird von einem Instinkt geleitet, der mir, aber nicht nur mir allein, zu fehlen scheint, dem Instinkt zur Macht. Mir ist nicht klar, ob der Machttrieb reiner Egoismus ist, das Ego auf dem Sprung, das jederzeit bereit ist, im Dienste des anderen etwas ausführen zu wollen. Wie gut, frage ich mich, hat das in der Vergangenheit funktioniert? Wie gut funktioniert dies in der Gegenwart? In demokratischen Gesellschaften ist die Macht verteilt und, so glaubt der Gesetzgeber und beruhigt damit sein Gewissen, der Machttrieb gezügelt. Im übrigen hat der Wähler die Möglichkeit, mit der Abgabe seiner Stimme zu ändern, was ihm mißfällt. Die Realität sieht anders aus.

Darum brauchen wir einen Kanzler auf Zeit. Wir brauchen einen Kanzler, der geht, ehe die Macht, die er hat, zur Routine wird. Ein Kanzler, der nicht gehen will, kennt viele Möglichkeiten. Listenplatz, Rückendeckung und teure persönliche Berater werden aufgeboten, damit der regierende Bundeskanzler im Amt bleibt. Das alles ist legal und antiquiert, und außerdem am Wähler vorbeitaktiert.

Eine Demokratie bleibt jung, wenn das Amt des Bundeskanzlers zeitlich auf acht Jahre begrenzt wird. Der neue Bundeskanzler Schröder erhält als erster die einmalige Chance, seine und die Amtszeit seiner Nachfolger auf diesen Zeitraum festzulegen. Es ist nur zu wünschen, daß er den Mut zur Reform seines Amtes mitbringt. Das wäre, im Sinne des Demos, echt demokratisch.

Gereon Klein

Ungehaltene Betrachtungen eines Kanzlers

Dr. Gereon Klein, Jg. 1961; Studium der Hydrologie; Promotion als Klimatologe; seit 1995 tätig als Unternehmensberater, Leitung der Firma Blauhaus. Interessenschwerpunkte: Wirkung von Umweltveränderungen auf soziale, kulturelle sowie ökonomische Systeme, Wissens- und Informationsmanagement, Bildung der Zukunft – Zukunft durch Bildung.

Was habe ich nur für ein Volk? Alle vier Jahre machen sie ihr Kreuz auf einem Wahlschein. In der Zwischenzeit bewahren sie ihren Mitgestaltungswillen staubgeschützt im Kleiderschrank oder sonstwo auf. Alles Politische scheint ihnen ansonsten gleichgültig zu sein. Ich und meine Partei können schalten und walten, wie wir wollen. In kleinem Kreise bestimmen wir die Geschicke, wählen die Personen aus und sorgen für unser Wohlergehen und das unserer Freunde. Für den richtigen Anstrich und ein bißchen Tarnung sind die PR-Leute zuständig. Da sich unsere Wahlkämpfe nicht mehr von der Werbung für Autoreifen oder Wegwerfwindeln unterscheiden, übernehmen die PR-Agenturen auch unser Wahlkampfmanagement. Dementsprechend werden unsere Hauptdarsteller nach optischen Kriterien der Werbewirksamkeit ausgewählt. Weil diese Inszenierungen eine Menge Geld kosten, haben wir die Staatskasse angezapft und eine Art Dauerauftrag zur Parteienfinanzierung eingerichtet.

Durch nichts kann man diese Menschen aus ihrer Lethargie holen. Sie lassen sich einfach alles bieten, und ich hätte niemals gedacht, daß die Beruhigungspillen der Konsum & Wohlstand AG so gut wirken. Kaum vorzustellen, daß uns noch vor 50 Jahren das Aufputschmittel Grundgesetz verschrieben wurde.

In ihrem Dämmerzustand haben meine Bürger das Gemeinwesen auf dem Markt gegen das Prinzip der uneingeschränkten Konkurrenz eingetauscht. Jetzt ist jeder so sehr mit sich und seinem Lebenskampf beschäftigt, daß wir die Dinge in aller Ruhe auf den Kopf stellen können.

So ist es uns gelungen, ein System aufzubauen, in dem die Menschen mit einem geringeren Einkommen diejenigen mitfinanzieren, die ein deutlich höheres Einkommen haben. Widerstände gegen diese Masche wurden mit einfachen Drohungen überwunden: Verlust von Arbeitsplätzen, Konkurrenzdruck auf dem Weltmarkt, Abwanderung in Steuerparadiese etc. Nach und nach haben wir Gutverdiener auf der Ausgabenseite bei Steuern, Sozialabgaben und Versicherungsbeiträgen weitgehend entlastet. Es fehlten zwar anfänglich deren üppige Zahlungen in den öffentlichen Kassen, aber durch eine Anhebung der Beitragssätze für die Allgemeinheit konnte der Verlust wieder ausgeglichen werden. Denn Menschen mit einem geringen Einkommen können sowieso besser mit weniger Geld auskommen als die Reichen.

Wir leben natürlich in Saus und Braus und geben mehr Geld aus, als wir haben. Peinlich genau achten wir darauf, daß der Schuldenberg schön weit in der Zukunft aufgetürmt wird. Wir wollen schließlich nichts mehr damit zu tun haben. Und wissen Sie, was das Beste ist?

Nicht etwa, daß die jungen Menschen in Anbetracht dieser Last rebellieren. Nein, sie arbeiten noch härter und sind mit einem noch geringeren Einkommen zufrieden, damit wir sie als Mitglieder dieser Gesellschaft akzeptieren. Warum sollten wir da noch in Ausbildung investieren? Sie werden schon sehen, wie sie zurechtkommen. Diese Haltung ist nicht menschenverachtend! Nein, wir bieten ihnen in Wirklichkeit eine Herausforderung an, eine Chance, damit die jungen Bürger zeigen können, wie kreativ und innovativ sie sind.

Was uns etwas plagt, sind die deutschen Frauen. Sie blockieren Arbeitsplätze, anstatt Kinder zu bekommen. Das Kopfgeld, das wir auf jedes Neugeborene ausgesetzt haben, war wohl nicht hoch genug. Mehr Geld war uns die Sache jedoch nicht wert. Schade ist es trotzdem, denn erstens haben wir auf Dauer niemanden mehr, der unsere Rente finanziert, und zweitens gibt es zu wenig Kindergesangsgruppen, die auf Altennachmittagen die Langeweile mit einem Ständchen verkürzen. Fremdländische Kinder würden sie doch später auch nicht für sich singen lassen – oder?

Mit den Arbeitslosen haben wir es uns am einfachsten gemacht. Wir geben ihnen das Geld zurück, das sie vor der Arbeitslosigkeit an uns überwiesen haben. Dann beschimpfen wir sie mit so griffigen Worten wie: Faulpelz, Kostgänger und Drückeberger. Schließlich sind sie soweit, daß sie die Fehler bei sich selbst suchen und sich beschämt in die Ecke stellen. Das einzig Unangenehme an der Sache ist, daß wir es noch nicht geschafft haben, die Behörde aufzulösen, welche die Arbeitslosen zählt. So drängt sich dieses überflüssige »biogene Produktionsmaterial« monatlich in unser Bewußtsein zurück.

Innerhalb der Parteien ist natürlich unsere Kontrolle über die Nachwuchspolitiker von besonderer Bedeutung. Stellen Sie sich doch mal vor, einer dieser jungen Querulanten hätte es geschafft, in die inneren Machtzirkel zu gelangen. Zunächst würden wir ihm genügend Sachzwänge anbieten, um seinen Eifer zu zügeln. Wenn das nichts hilft, wird er entweder ausgegrenzt, als Staatsfeind beschimpft oder auf eine schrecklich sichere Abschußposition befördert. Nach gleichem Muster verfahren wir mit den Abgeordneten der Parlamente. Auf diese Weise haben wir jede Abstimmung bereits in der Tasche, noch bevor jemand die Hand erhoben hat. Es wäre kaum auszumalen wie es wäre, wenn die Parlamentarier ihrem Gewissen und ihrer Überzeugung folgen würden. Sie könnten dann nämlich in ihrem Reden, Handeln, Abstimmen und Wählen das ganze Volk vertreten. Wo kämen wir denn hin, wenn sie nicht an Aufträge und Weisungen gebunden wären? Aber glücklicherweise gibt es einen Fraktionszwang im Parlament, damit mir die, die mich eigentlich kontrollieren sollen, nicht gefährlich werden können.

Manchmal erlebe ich melancholische Momente und frage mich: Wie kann man nur Kanzler eines so langweiligen Volkes und seiner Vertreter sein, ohne die Achtung vor sich selbst zu verlieren? Sind diese Untertanen nicht unter meiner Würde?

In dieser Situation fallen mir »Des Kaisers neue Kleider« ein, und gerne würde ich dem Volk sagen, wie nackt es ist. Aber da sich ein unbekleidetes Volk einen ebenso unbekleideten Kanzler wählt, vergesse ich ganz schnell meine Melancholie wieder. Wohlgelaunt freue ich mich dann über mein neues Büro und die schöne Aussicht über die Spree hinweg auf meine alten/ neuen Untertanen.

Albrecht Schack

Minister oder Abgeordneter?
Plädoyer für eine klare Gewaltenteilung

Dr. Albrecht Schack, geb. 1932 im nördlichen Ostpreußen; Abitur 1951, sozialwissenschaftliches Studium: Dipl. Volkswirt, Dr. rer. Pol.; 1959 – 1996 päd. Mitarbeiter in der evang. Erwachsenenbildung (HVHS Hermannsburg); verh., drei Kinder, seit 1968 in der Kommunalpolitik (SPD); zus. mit seiner Frau engagiert in den Projekten »Juden und Christen« und »Gegen Vergessen – Für Demokratie«.

Demokratie und Rechtsstaat beruhen auf der Gewaltenteilung. Die Gewaltenteilung bestimmt auch den Aufbau unseres Grundgesetzes. Jeder, der in unserem Lande Staatsbürgerkunde unterrichtet, erklärt die Begriffe und erläutert Herkunft und Zusammenhänge.

In der politischen Theorie ist die Gewaltenteilung unangefochten, in der praktischen Handhabung aber werden Abweichungen zugelassen.

Das zeigt sich regelmäßig bei jeder neuen Regierungsbildung. Ein Bundeskanzler ist bei der Zusammenstellung seines Kabinetts grundsätzlich frei in der Entscheidung, woher er seine Minister berufen will: ob aus dem Kreis der gewählten Abgeordneten oder aus dem Bereich derer, die ihm außerhalb des Parlaments für ein Amt qualifiziert erscheinen. Nicht einmal ein Bundeskanzler braucht dem Bundestag anzugehören, wie die Wahl Kiesingers im Jahre 1966 beweist!

Für die Entscheidung, erfahrene Abgeordnete als Minister zu berufen, gibt es gute Gründe: Sie kennen sich aus im Umgang mit dem Parlament und haben sich Sachkenntnis erworben durch die Mitarbeit in den Fachausschüssen, die ja den einzelnen Ressorts zugeordnet sind. Aus dieser Perspektive können sie beurteilen, was ein Minister leisten kann und muß. In dem Augenblick aber, in dem ein Abgeordneter ein Ministeramt übernimmt, wechselt er über von der Legislative in die Exekutive.

Aber tut er das wirklich?

Das wäre im strengen Sinne nur dann der Fall, wenn er sein Abgeordnetenmandat ruhen ließe oder es aufgäbe: Art. 66 unseres Grundgesetzes, der die Unvereinbarkeit eines Ministeramtes mit anderen Tätigkeiten regelt, zwingt aber weder zu dem einen noch zu dem anderen.

Art. 66 lautet: Der Bundeskanzler und die Bundesminister dürfen kein anderes besoldetes Amt, kein Gewerbe und keinen Beruf ausüben und weder der Leitung noch ohne Zustimmung des Bundestags dem Aufsichtsrat eines auf Erwerb gerichteten Unternehmens angehören.

Dabei sind die Kommentatoren fast ausnahmslos der Ansicht, daß Abgeordneter zu sein kein besoldetes Amt ist.

Der Minister, der sein Abgeordnetenmandat behält (und ja auch ausübt), ist daher verfassungsrechtlich ein Zwitter, gehört also – je nach Sachlage – der Exekutive oder der Legislative an.

Wenn man davon ausgeht, daß ein Parlament nicht nur gesetzgebende Gewalt ist, sondern auch die Aufgabe hat, die ausführende Gewalt zu kontrollieren, halte ich die beschriebene Verfahrensweise für nicht verfassungskonform. Die Nähe zu der Fraktion, der er angehört, bringt den Minister zwangsläufig in eine Interessenkollision. Wird z.B. im Bundestag über »seinen« Haushalt debattiert, ist eine kontrollierende Funktion von ihm nicht zu erwarten, unabhängig davon, ob er bei der Abstimmung auf der Regierungsbank sitzen bleibt oder in den Reihen der Abgeordneten Platz genommen hat.

Man muß natürlich folgendes bedenken:

Erstens: Daß ein Minister für die Dauer seines Amtes sein Abgeordnetenmandat ruhen läßt, ist nach dem Grundgesetz nicht vorgesehen. Es verbietet sich in der Praxis schon allein dadurch, daß eine Regierungspartei in der Regel mehrere Minister stellt, auf deren Mitwirkung die Fraktion bei einer Abstimmung im Bundestag nicht verzichten kann. Fälle, in denen es gerade auf wenige Stimmen ankam, sind zur Genüge bekannt.

Zweitens: Gibt der Minister mit seiner Ernennung sein Abgeordnetenmandat auf, bedeutete dies einerseits für seine Fraktion, daß ein Ersatzkandidat von der Landesliste nachrücken müßte, um das Stimmenverhältnis wiederherzustellen; andererseits für ihn persönlich, daß er im Falle seiner Entlassung (gleichgültig, ob der Rücktritt freiwillig erfolgt oder erzwungen ist) nicht auf die Abstützung durch einen Sitz im Bundestag zurückgreifen kann.

Daher ist die bisherige Praxis natürlich auch eine Frage des Status: Der entlassene Minister wird nicht arbeitslos, sondern bleibt der parlamentarischen Arbeit erhalten. Unter Umständen ist es gerade diese Aussicht, die es Abgeordneten erleichtert, ein Ministeramt anzunehmen oder anzustreben. Nur: Sog. »Quer-Einsteiger« haben diese Möglichkeit nicht und gehen hier ein größeres Risiko ein. Andererseits zeigt sich bei ihnen jedoch die tatsächliche Unabhängigkeit eines Ministers, die durch den Art. 66 ja gewährleistet sein sollte. Im übrigen gibt es natürlich für ausscheidende Minister, ganz gleich, ob sie Abgeordnete sind oder nicht, die Abfederung durch ein Übergangsgeld; das aber ist – je nach Amtsdauer – maximal auf drei Jahre befristet.

Schlußfolgerung:

Trotz dieser Einwände und vielleicht auch positiven Erfahrungen im Einzelfall halte ich die Unabhängigkeit von Ministern im Hinblick auf die Gewaltenteilung für höherrangig. Ich plädiere daher dafür, den Art. 66 unseres Grundgesetzes künftig so zu interpretieren oder dahingehend zu ändern, daß Ministeramt und Abgeordnetenmandat sich gegenseitig ausschließen. Scheiden Minister während einer Legislaturperiode aus dem Kabinett aus oder werden sie bei einer Neuwahl als solche nicht wieder verwendet, sollten sie – wenn es nötig ist – finanziell so gestellt werden, daß sie auch langfristig nicht ungesichert bleiben.

Wenn es selbst bei sog. Politischen Beamten möglich ist, sie in den einstweiligen Ruhestand zu versetzen (woran man natürlich Kritik üben kann), dann sollte man für Minister diesen Weg auch offenhalten. Ein Minister dürfte uns nicht weniger wert sein als bspw. der Leiter des Bundespresseamtes!

Da ein Rückblick auf 50 Jahre Verfassungsgeschichte zeigt, daß Ministerrücktritte oder -wechsel – trotz der Absicherung durch ein Mandat – nur relativ selten vorkommen, ist das Risiko eines zusätzlichen finanziellen Aufwandes eher gering. Gewonnen wäre aber eine klare Linie im Einhalten der Gewaltenteilung!

Dirk Müller-Westing

Ein Mandat ist kein Auftrag für eine Diktatur auf Zeit

Dirk Müller-Westing, geb. 1942, Dipl.-Psychologe, Wohnort Lüneburg.

Diese »ungehaltene Rede« beruht auf einer meiner ersten Erfahrungen mit der Demokratie. Ich hörte im Radio die Debatte über die Wehrpflicht. Am Anfang der Sendung wurde mitgeteilt, wie das Ergebnis der Abstimmung aussehen wird, und so geschah es auch. Diese lang vorbereiteten Reden mit überzeugenden Argumenten für nichts und wieder nichts und die Abgeordneten verhalten sich wie Marionetten ihrer Fraktion. Das soll ein überzeugendes Beispiel von Demokratie sein und ist doch nur ein Ritual von Parlamentarismus.

Daß bei Abstimmungen die besseren Argumente ausschlaggebend sein sollen, ist zwar ein Ideal der Aufklärung, in der Praxis aber eine Illusion. Alle Entscheidungen, selbst im privaten Bereich, werden aufgrund der Machtverhältnisse getroffen. Vermutlich hat noch nie jemand einen anderen durch Argumente überzeugt. Aber die Abgeordneten tun so, als ob sie etwas bewirken könnten. Zumindest meinen sie, der Öffentlichkeit gegenüber ihre Entscheidungen begründen zu sollen, obwohl jeder weiß, wie er als Mitglied seiner Fraktion abstimmt.

Nur in Ausnahmefällen wird den Abgeordneten »gestattet«, nach ihrem Gewissen abzustimmen. Laut Grundgesetz sind die Abgeordneten an Aufträge und Weisungen nicht gebunden. So ist der Fraktionszwang ein Verstoß gegen das Grundgesetz.

Abgeordnete werden von Parteien aufgestellt wie Zinnsoldaten und durch Wahlwerbung unterstützt. Gewählt werden sie wegen der Ziele ihrer Partei. Sollten sie dann nach Gutdünken abstimmen dürfen? Die Abgeordneten berufen sich gerne auf ihren Wählerauftrag. Doch wer eine Partei wählt, weil er von ihr eine Steigerung oder zumindest den Erhalt des Wohlstands erhofft, billigt deswegen nicht die Atompolitik der Partei, deren Einstellung zu öffentlichem Auftreten und Auslandseinsätzen der Bundeswehr sowie deren soziale Einstellungen. Ein Mandat ist kein Auftrag zu einer Diktatur auf Zeit. Deshalb sollte es ein Machtgleichgewicht zwischen Volk und Parlamenten geben.

Der Fraktionszwang wird abgeschafft. Damit die Abgeordneten unabhängig entscheiden können, dürfen sie nur für eine Legislaturperiode gewählt werden. Das brächte auch neue Ideen in das Parlament. Die Regierung kann eine Vorlage mit der Vertrauensfrage verbinden, dann gilt die Vorlage als genehmigt, wenn keine neue Regierung gebildet wird. Nur in Verfassungsfragen sollte die bei einer Abstimmung unterlegene Partei das Verfassungsgericht anrufen, sonst sollte sie eine Volksabstimmung beantragen können. Einen Mißbrauch wird es dabei kaum geben. Denn welche Partei ginge das Risiko des Mißerfolges ein? Das Ergebnis der Volksabstimmung dürfte nur gelten, wenn sich mehr als 50 Prozent der Wahlberechtigten beteiligen und kann mit zwei Drittel des Parlaments abgelehnt werden. Sind zwei Drittel der Wahlberechtigten gegen eine mit zwei Drittel Mehrheit getroffene Entscheidung der Parlaments, müßten Neuwahlen ausgeschrieben werden.

Gudrun S. Koell

50 Jahre Grundgesetz – Wie weit haben wir uns davon entfernt?

Gudrun S. Koell, 62 Jahre, geb. in Ritschenwalde / Posen, ist Pensionärin. Nach dem Volksschulabschluß wurde sie Großhandelskauffrau, machte auf dem zweiten Bildungsweg das Abitur, studierte Biologie und Germanistik und unterrichtete an verschiedenen Gymnasien, u. a. in Mailand. Ihre Interessen bzw. Aktivitäten liegen in den Bereichen Garten, Ökologie, Umweltschutz, fremde Kulturen, Sprachen, Literatur, Musik sowie Geschichte, insbesondere Zeitgeschichte.

Der Geburtstag unseres Grundgesetzes ist sicher ein Anlaß, dankbar zu sein. Er ist aber auch Anlaß, dieses Grundgesetz zu hinterfragen und Verfassungstext und Verfassungswirklichkeit miteinander zu vergleichen.

Wir Bundesbürger haben uns daran gewöhnt, das, was wir in den 50 Jahren der Gültigkeit des Grundgesetzes als politische Praxis erlebten, als Demokratie zu bezeichnen und als solche zu akzeptieren und daran zu glauben.

Gerade haben wir wieder eine Bundestagswahl hinter uns. Da bietet es sich an, die Grundgesetzartikel 20 (1, 2), 21 und 38 einmal kritisch zu lesen und mit der Realität zu konfrontieren.

Nach Art. 20 (1) ist die Bundesrepublik Deutschland ein demokratischer Bundesstaat. »Alle Staatsgewalt geht vom Volke aus« (Art. 20 (2)).

In der Praxis sieht das so aus, daß wir mit unserer Erststimme zwischen verschiedenen Kandidaten und mit unserer Zweitstimme zwischen verschiedenen Parteien wählen dürfen. Nach meinem Demokratieverständnis reicht das aber nicht aus, von Demokratie zu reden und obigen Grundgesetz-Formulierungen Genüge zu tun. Während nach Artikel 21 (2) GG die Parteien lediglich »an der politischen Willensbildung des Volkes« mitwirken, haben sie in der Wirklichkeit eine undemokratische Monopolstellung inne. So hat der Bürger auf die Kür der Kandidaten keinerlei Einfluß. Dieses Privileg genießt vielmehr eine Handvoll Parteimitglieder, ein zahlenmäßig verschwindender Bruchteil der wahlberechtigten Bevölkerung.

Noch wesentlich fragwürdiger ist das demokratische Element unserer Zweitstimme. Denn da wird ebenfalls von diesen wenigen Privilegierten eine Rangfolge von Kandidaten für eine Partei festgelegt, zwischen denen der Bürger noch nicht einmal wählen kann. Er kann diese Kandidaten nur als »Sammelpaket« akzeptieren oder ablehnen.

Parteiunabhängige Kandidaten haben in der Realität keine Chance, »gewählt« zu werden. Sie sind von vornherein finanziell und organisatorisch benachteiligt.

Dabei ist ein parteigebundener Kandidat doch keineswegs altruistischer und ein parteiunabhängiger keineswegs egoistischer.

Nun, um dem evtl. Gruppen- oder Parteiegoismus einen Riegel vorzuschieben, sind im Art. 38 (1) GG die Abgeordneten des Deutschen Bundestages als »Vertreter des ganzen Volkes« definiert, die »an Aufträge und Weisungen nicht gebunden und nur ihrem Gewissen unterworfen« sind.

Die politische Praxis des Bundestages zeigt jedoch, daß dieser Satz nur äußerst selten zur Anwendung kommt. In der Regel klaffen hier Verfassungstext und Verfassungswirklichkeit weit auseinander. Fraktionszwang und imperatives Mandat werden offenbar von den Abgeordneten stillschweigend akzeptiert.

Der parteiunabhängige Abgeordnete, sollte es ihn im Parlament tatsächlich einmal geben, unterliegt diesen Zwängen nicht. Aber seine Wirkungsrechte im Parlament sind gegenüber den Fraktionen der Parteien stark eingeschränkt.

Beklagt man sich bei Politikern über die geringen politischen Gestaltungsmöglichkeiten des einzelnen Bürgers, dann wird einem meist empfohlen, in eine Partei einzutreten. Das hieße allerdings nach meinem Dafürhalten, das Parteienmonopol zu stärken und sich der »Zwangskanalisation« zu beugen.

Die Parteien müßten über ihren eigenen Schatten springen und mit entsprechenden Änderungen in den einschlägigen Gesetzen wie dem Bundeswahlgesetz, aber auch in ihren eigenen Satzungen mehr Demokratie wagen, wenigstens so viel, wie es nach meinem Verständnis vom Grundgesetz her garantiert ist.

Wolfgang M. Richter

Eine verpaßte Chance

Wolfgang M. Richter, vor 70 Jahren in Frankfurt – aber an der Oder – geboren und zur städtischen Oberschule gegangen, führte sein Weg, nach den im Osten erlebten Wirren des Zweiten Weltkriegs vom Landarbeiter zum Getreidekaufmann, über den Staatl. gepr. Augenoptiker und Ing.-Pädagogen zum Dipl.- Biologen. Als wissenschaftlicher Leiter der seit 43 Jahren ehrenamtlich tätigen »Hydrographisch-biologischen Arbeitsgemeinschaft BONITO e.V.« konnte er wesentlich zur Rettung einer mecklenburgischen Landschaftszelle beitragen, was ihm zu intensiver STASI-Überwachung verhalf.

Sehr verehrte Frau Dr. Hamm-Brücher!
Ihr Aufruf zur Einsendung von »Bürgerstimmen zur Demokratie in Deutschland«, die zum 50. Geburtstag des Grundgesetzes der Bundesrepublik 1999 als Sammlung erscheinen sollen, müßte eigentlich jedermann bewegen, zur Feder, zur Schreibmaschine oder zum Computer zu greifen, denn dazu könnte gewiß »jedermann« etwas sagen – müßte man meinen. Nun wird dem natürlich nicht so sein, denn nur bestimmte Spezies des Homo sapiens Germanicus werden sich da wieder (einmal mehr) zu Worte melden, werden Platz für ihre (mehr oder weniger) profunden Gedanken und Philosophistereien reklamieren; ich denke da an die Phalanx der »gestandenen« Politiker, an »Öffentliche Persönlichkeiten« und dann noch an die Gruppe derer, die – wie ich – immer mal wieder glauben sich »einmischen« zu müssen, sei es mit Leserbriefen, Aufsätzen, Beobachtungen und mehr oder weniger stiller Arbeit an von der Öffentlichkeit kaum wahrgenommenen Projekten. Dagegen weniger oder – welch' trüber Gedanke – gar nicht, wird

sich voraussichtlich der besagte »Kleine Mann« artikulieren, um den es eigentlich geht, gehen müßte, denn er repräsentiert schließlich die Masse unserer Bevölkerung. Das aber hat sicherlich nicht nur einen Grund. Um zur Erläuterung hier einige davon anzuführen:

Da wären die Schreibfaulheit, die Schreibungewandtheit, die sich immer mehr verbreitende politische Abstinenz und Müdigkeit, eine auch immer mehr zu bemerkende Verdrossenheit unter dem Motto »Ich kann ja doch nichts ändern!« anzuführen, und ist ja doch egal, »wer dran ist«.

Ja, und das ausgerechnet nun, wo es in der Tat um etwas ganz Besonderes geht, nämlich um das Grundgesetz dieser unserer Bundesrepublik Deutschland! Ein rechter Jammer, so müßte spätestens jetzt »jedermann« stöhnend ausrufen, was im Prinzip auch nichts hilft – nichts bewegt! Und das noch dazu bei einem schier lupenreinen, zutiefst demokratischen Gesetzeswerk, das seinesgleichen in der Welt – durchaus, wie ich meine – vergeblich suchen kann.

Da haben doch die »Väter« dieser beabsichtigten Inkarnation des Guten, der Menschlichkeit, der menschlichen Würde, der Achtung und Wahrung von Anstand, Sitte und Moral, vor 50 Jahren etwas zustande gebracht, was Leitfaden und Vorbild auf dem Wege zu einem neuen, einem besseren Deutschland sein sollte, ganz gewiß auch zu einem beachtlichen Teil wurde. Den Menschen der alten Bundesrepublik machten sie damit ein Geschenk, dessen Wert kaum abzuschätzen sein dürfte und, »ehrlich«, sich auch weitgehend kaum die Mühe zu einem solchen Abschätzen gemacht wird!

Aber 50 Jahre sind seither vergangen, und die Zeit, die bekanntlich »im Sauseschritt« an uns vorbei, und mit uns eilt, fordert auch für das beste Unterfangen immer wieder Korrekturen, Veränderungen und Anpassungen, die, wenn sie nicht rechtzeitig und sorgsam erkannt und bewirkt werden, gutgemeinte Absichten ad absurdum führen können.

Dabei können nun jedoch keinesfalls die bisher bereits erfolgten Änderungen ins Feld geführt werden, die, zumeist »aus der Situation geboren«, uns manches Mal die Urform fast vergessen lassen!

Und ich meine, sehr verehrte Frau Dr. Hamm-Brücher, an einem solchen Punkt, also dem der Korrekturen, sind wir nicht jetzt, sondern schon seit geraumer Zeit angelangt. Wir haben diesen Zeitpunkt nur nicht bemerkt – oder viel schlimmer – nicht bemerken wollen!? Es hatte sich ja alles so wunderbar eingespielt, lief »wie am Schnürchen«, von »Kleinigkeiten« einmal abgesehen, die ja »überall vorkommen sollen«. Und als zusätzliche Entschuldigung bleibt immer noch festzustellen, daß bei all dem Trubel im letzten Jahrzehnt, bewirkt durch Elektronisierung, Globalisierungsgeschwätz, sich auflösendem Ostblock und einer überhaupt nicht vermuteten (Wieder)- Vereinigung der bis 1990 existierenden beiden deutschen Staaten keine Zeit für solche Überlegungen gewesen wäre!

Verkleistert hat die Situation natürlich der durch diese Wiedervereinigung – von integeren Persönlichkeiten traurig als »Machtübernahme« gekennzeichnete – Prozeß, ein Produktionsschub in den »beigetretenen Bundesländern«, der ja unbedingt und vornehmlich von Firmen der alten Bundesländer »bewältigt« werden mußte und letztlich nur einen wirtschaftlichen Aufschwung vorgaukelte!

Genaugenommen bauen sich die Konsequenzen zu notwendig werdenden Korrekturen aber doch viel früher auf, eigentlich bereits mit dem Verebben der hohen, im Nachholbedarf des Zweiten Weltkrieges provozierten Prosperität, die jetzt das wirtschaftliche Normalmaß unserer demokratisch strukturierten, aber kapitalistisch geführten Gesellschaft(-sordnung) nivelliert.

Nicht vergessen werden sollte dabei allerdings und unbedingt auch, daß indirekt mit Hilfe des Grundgesetzes eine Veränderung in den meisten Köpfen unserer Mitbürger vor sich ging. Das unbedingte Streben nach Geld und Gut, das Streben nach Wohlstand und Luxus in weitgehender Freiheit, die Verindividualisierung der Bevölkerung ... sind m. E. hier zu nennen.

Mit der Gegenwart konfrontiert erhebt sich auch die Frage, handelt es ich hierbei auch um die Folgenn die ein so großzügiges und menschliches Grundgesetz zeitigen könnte, oder ist es ein zwangsläufiges Geschehen im Auf und Ab einer so praktizierten Gesellschaft(-sordnung)? Konnte und kann das eventuell alles nur so und nicht anders ablaufen? Haben wir wirklich keine Möglichkeit zum (rechtzeitigen) Eingreifen in den erkennbaren Prozeß, ohne damit unsere bestehende, ohnehin oft arg und vielfältig mißbrauchte Demokratie noch mehr zu gefährden?

Oder – welch schrecklicher Gedanke – sind wir bereits da, wo die Flieger vom »point of no return« sprechen?

Und so bleiben dann letztlich viele Fragen. Auch das Heinrich Heinesche Gedanken-Grübeln zum Thema »Denk ich an Deutschland in der Nacht ...«! Aber gerät mir da nicht etwas ins Hintertreffen, der Anlaß zu diesem Brief, das Gedenken an den 50. Geburtstag unseres Grundgesetzes – an unsere Demokratie schlechthin? An die 1990/91 vergeudete Möglichkeit zur Schaffung einer neuen, einer gemeinsamen Bundesrepublik für Ost und West unter Nutzung der von allen hart erarbeiteten Erkenntnisse? Oder doch nicht?

Klar, sicherlich bewegt mich als ehemaligen und vom MfS überwachten DDR-Bürger bei diesem Brief noch mehr, viel mehr. Leider u.a. auch die Erinnerung daran, daß die große und angeblich so vorbildhafte amerikanische Demokratie, die einst wegweisend für die Bundesrepublik Deutschland agierte, nach den Erfahrungen des Zweiten Weltkriegs weitgehend lethargisch zusah, zusehen ließ, wie 18 Millionen Deutsche eingemauert wurden!

Aber hier sollte ich abbrechen, denn wenn auch der Gedanken noch viele sind, ein Limit muß es halt geben.

So denn mit den besten Grüßen,
Ihr Wolfgang M. Richter

Udo Semper

Fehler und Versäumnisse der Wiedervereinigung

Udo Semper, Jg. 1937, Abitur in Oranienburg, Studium der Geophysik in Leipzig, Abschluß als Dipl.-Geophysiker, Tätigkeiten: Seismische Erkundung von Salzstrukturen im Norden der DDR, Problemanalytiker bei Robotron, Meister Kläranlage Oranienburg, Technologe für Mastgründungen der Elektrifizierung bei der Deutschen Reichsbahn, parteiloser Bürgermeister der Kreisstadt Oranienburg nach der Wende für eineinhalb Jahre, Baugrundingenieur im Verkehrswegebau. Studentengemeinde Leipzig bei Schmutzler und Mendt, ehrenamtliche Jugendarbeit in der evang. Kirche (Oranienburger Paddelbootrüsten), u. a. Bundessynode und Ausschuß Kirche und Gesellschaft im DDR-Kirchenbund, Landessynode Berlin-Brandenburg. Interessen: Wandern, Musik, Kirche.

Die Wahl ist vorbei. Die Spannung legt sich. Auch die Erwartungen kommen zur Ruhe. Man hat uns gedrängt, zur Wahl zu gehen. Das ist gutes Recht der Politiker und anderer Drängler. Einige haben jene als verantwortungslos bezeichnet, die überlegt haben, ob es sich zu wählen lohnt. Aber das geht zu weit. Verantwortungslos ist es, die Wähler allein zu ermahnen, nicht aber die Kandidaten und später Gewählten.

Was haben die Kandidaten geboten? Sie wußten, wie böse die anderen sind und wieviel besser sie selbst sind. Sie haben aber nicht gesagt, was sie selbst zu tun gedenken.

Die Ausnahme bei den »Grünen« hat entsprechend geschadet, weil auch sie wichtige Zusammenhänge ihrer guten Ideen zum alltäglichen Leben der kleinen Leute vergessen.

Was hätte ich erwartet?

Z. B. hätte ich die Rücknahme der Seehoferchen Gesundheitsreformen erwartet. Unter dem Vorwand des Sparens ist ein System des Vertrauens zwischen Ärzten, Patienten, Apotheken und Krankenkassen in Feindbilder zerlegt worden. Das Geld wurde lediglich umverteilt zum Nachteil der niedergelassenen Ärzte und der Patienten.

Z. B. hätte ich erwartet, daß es keine gesetzliche Handhabe zur Unterscheidung von ehemals Bürgern Ost und ehemals Bürgern West mehr gibt. Im Hinblick auf die Einheit als »Beitritt« der »Neuen Länder« zum Bund und auf das Gleichbehandlungsprinzip des Grundgesetzes wäre das zwingend. Da bleibt dann immer noch genug zu tun. Dabei denke ich an die Anerkennung von Berufsabschlüssen, gleiches Recht auf gleiches Einkommen im Rahmen der jeweiligen Tarife, Gleichberechtigung bezüglich vermögensrechtlicher Ansprüche und Gültigkeit des Kriegsfolgegesetzes für alle. In der »bombengestreßten« Stadt Oranienburg ist die Privathaftung von Grundstückseigentümern bei möglichen Schäden aus Bombenfunden ein Witz. Zum Glück finden vernünftige Leute meist einen Ausweg. Aber die Bedrohung bleibt.

Schließlich hätte ich erwartet, daß eine Bundesregierung anerkennt, was Bürger in der Wende befreit haben, statt die kolonialistische Aneignung des Bundesvermögensamtes zu dulden. Dabei denke ich an die Letzlinger und die Wittstocker Heide und an das Haus der Demokratie in Berlin.

Aber was will ich wirklich erwarten, wenn das Land fünfmal so viele Arbeitslose zählt, als es Mitglieder in allen Parteien zusammen gibt! Dafür müssen sich der Bund und die rot wie schwarz regierten Länder die Verantwortung teilen. Sie sparen selbst am Personal, fördern den Jobverlust durch die Art ihrer Investitionen (Großprojekte mit relativ wenig Arbeitsplätzen), entziehen sich der Verantwortung für hoheitliche Aufgaben durch Privatisierung (Post, Bahn u.ä.).

Geld fördern (auf einem Haufen) oder Bürger fördern (gerechtes Teilen), das ist die zu fällende Entscheidung, und danach sollten wir wählen. Wie wenig abwegig diese Gedanken sind, zeigen die mehr oder weniger drohenden Ermahnungen aus der Wirtschaft (besser von »Wirtschaftseignern«) an die Neugewählten.

Nach der Kommunalwahl im Mai 1990 wurde ich parteilos zum Bürgermeister gewählt. Meine Demokratieerfahrung war die der Kirchensynoden im Osten, entwickelt nach dem Bild, das wir von der westlichen Demokratie hatten. Seit wir diese kennen, bleibt die synodale Demokratieerfahrung auch die bessere, aber leider abgeschaffte Alternative. Die neue Demokratie erlebte ich in der Kommunalpolitik und in der EKD-Synode. Mit der Fraktionswirtschaft ist die Demokratie erstickt. Die Parteien kämpfen gegeneinander, der Bürger kommt nur untergeordnet vor.

Als es galt, eine Hauptsatzung zu entwerfen, wurden unsere Vorstellungen nicht zur Kenntnis genommen. Es wurde die Hauptsatzung einer vergleichbaren Stadt im Westen durch die Paten abgeschrieben, und wir hatten Mühe, fremde Bezüge, die uns nichts angingen, zu streichen.

Dann wurde eine doppelbödige Kommunalverfassung eingeführt. Sie ist doppelbödig, weil sie zwei abhängig einander zugeordnete Instanzen, die Kommune und den Kreis, gleichwertig als Kommune behandelt. Zahllose kommunale Konflikte haben da ihre Ursache. Schließlich hat die politische Großraumwirtschaft der Großgemeinden die gerade gewonnene Bürgernähe wieder entfernt.

Irgendwann schrieb ich an das Bundesverfassungsgericht in der Annahme, das könnte den Treuhandgesetzen, die die Ansprüche der Kommunen regelten, zur Geltung verhelfen. Die Antwort war ein einziger Satz, ich solle den Rechtsweg einhalten! Nach Erkundigungen erfuhr ich, ich hätte mich an das Verwaltungsgericht wenden müssen, das es aber für uns noch gar nicht gab. Dafür hätte ich auch noch einen Anwalt gebraucht, wofür ich das Geld weder privat noch als Bürgermeister hatte. Dieser hochoffizielle Umgang mit »Recht und Gesetz« hat damals den Grundstein gelegt für die heutige Verarmung ostdeutscher Kommunen. Der Treuhand hat niemand das Recht beigebracht. Erst heute kommt das zur Sprache, nachdem alles zu spät ist. Durch die politisch verursachte Erfolglosigkeit sahen sich wohl auch andere Interessengruppen und Cliquen ermutigt, die mit dem Vehikel der Parteien das ihre suchten und verhindern wollten, was sie selbst nicht schafften. Im November 1991 trat ich zurück, und die nach mir kamen, führten aus, woran sie mich gehindert haben.

Nun gehe ich schon lange wieder einer Berufstätigkeit nach und mache neue Erfahrungen, die mitzuteilen als »geschäftsschädigendes Verhalten« ausgelegt würden. Die Erfahrungen sind so verschieden von denen vor dem Ende der DDR nicht. Das betrifft Arbeitszeit und Normen gleichermaßen.

Seit ich in der Firma gelernt habe, daß Ausschreibungen eher die Kungelei, nicht aber die Qualität fördern, gehe ich wieder zu dem Fahrradhändler oder dem Dachdecker, die ich kenne, und einige mich mit ihnen. Für meine Solaranlage mußte ich mich dem Reglement mit mehreren Angeboten fügen, weil es sonst keine Fördermittel gab. Für Wartungsarbeiten muß ich mich heute an neue Leute wenden, weil es die beiden maßgeblichen Firmen nicht mehr gibt.

Es ist gut, daß wir dieses neue Deutschland und die Wiedervereinigung erleben durften. Aber die nach uns kommen, müssen noch vieles richten. Ich selbst bin müde geworden.

Wenn ich hoffentlich bald in den Ruhestand gehen kann, wird es mir egal sein, daß man nach Berlin billiger mit dem Auto als mit dem Nahverkehr und mindestens genauso schnell fährt. Beides bleibt teuer genug.

Dann habe ich die Zeit für mein Fahrrad.

Annegret Räuber

Die Entfremdung zwischen Ost- und Westbürgern

Annegret Räuber, geb. Breiting, 1926 in Leipzig, wohnhaft in Dresden. 1950 Heirat, drei Kinder, acht Enkel, Kriegsdienst Luftabwehr. Beruf: Ab 1945 Lehrerin für Biologie und Deutsch. 1946 SPD, 1951 Ausschluß aus der SED und Beurlaubung vom Studium. Zwischendurch ständige Autorin beim Mitteldeutschen Rundfunk und beim Deutschen Fernsehfunk, Redaktion Kinderfernsehen. Autorin von Artikeln über handwerkliche Arbeiten. 1986 Rentnerin. Anschließend Unterricht bei Floristinnen und bei der Reintegration von Langzeitarbeitslosen. Interessen: Kultur fremder Völker, Architektur, klassische Musik, Theater, Politik.

Sehr verehrte Frau Hildegard Hamm-Brücher,
zunächst möchte ich mich herzlich für Ihre Aufforderung bedanken, Ihnen unsere bisher ungeschriebenen Briefe zuzusenden. Wie oft habe ich bei der Küchenarbeit schon über Texte nachgedacht, die von den Befindlichkeiten in unserem Teil Deutschlands berichten. Nie habe ich sie zu Papier gebracht. Wem sollte ich sie zuschicken? Und doch erscheint es mir notwendig, einige Gedanken zu formulieren, denn sie decken sich mit denen vieler Bürger, die in der DDR gelebt haben.

Im September 1991 trafen wir uns mit engagierten Junggärtnern aus Schwaben zu einem ökologischen Einsatz im Allgäu. Bei einer Diskussion wurde von diesen der Satz formuliert: »Die Einheit kommt nie, wir denken viel zu unterschiedlich.« Ich wollte das damals nicht akzeptieren. Aber inzwischen erleben wir, daß an dieser Äußerung viel Wahres ist. Das erscheint mir als die größte Hürde beim Zusammenwachsen der beiden Teile Deutschlands.

Die meisten Probleme werden bisher unter dem Einfluß westlicher Wohlstandsideologie aus dem Blickwinkel materieller Fragen gesehen. Viel schwerer aber wiegt wohl der Unterschied der Lebensauffassungen. Zweifellos sind die sichtbaren Erfolge beim Bau von Gebäuden, Straßen u. ä. sehr zu begrüßen. Aber es müßte mehr Verständigung über menschliche Werte – über zwischenmenschliche Beziehungen – erfolgen. Westdeutsche Bürger, die inzwischen z. B. in Dresden leben, haben uns häufig davon berichtet, daß übergreifende menschliche Kontakte hier (noch?) viel enger sind als bei ihnen zu Hause. Ist das nicht eine positive Erscheinung, die man vom Osten übernehmen sollte, anstatt sich im Sinne des »Coconings« in seinem engen Lebensbereich zu »verpuppen«?

Eine der wesentlichen Ursachen dafür, daß sich im Sprachgebrauch immer noch die Begriffe »Ost« und »West« hartnäckig als Antagonismen halten, liegt meiner Meinung nach in dem häufig aufgetretenen Verhalten von Westbürgern, die mit Überheblichkeit über unser Leben in der DDR sprachen und dieses z. T. noch jetzt nur negativ beurteilen, ohne jemals hierzulande gewesen zu sein. Sicher liegt das daran, daß in den Jahren der Trennung in der BRD hauptsächlich negative Erscheinungen aus dem Osten publiziert und der Name DDR mit den Begriffen »Stasi« und »Freiheitsentzug« gleichgesetzt wurde.

Doch soziale Verhältnisse, die uns angenehm waren, und kollektives Denken und Handeln, das eine Bewertung der Menschen nach Besitz und Kapital weitgehend ausschloß, sind im »Westen« viel zu wenig beachtet worden. Ich halte es deshalb für unerläßlich, daß die Situation in der DDR den Menschen in der alten BRD realistisch dargestellt wird. Das kann nicht durch Veröffentlichungen einer weitgehend parteipolitisch orientierten Enquetekommission geschehen, sondern muß durch viele Gespräche erfolgen. In einer freiheitlichen Demokratie sollten sich dazu auch maßgebliche Persönlichkeiten unbeeinflußt von Fraktionszwängen äußern.

Mir hat bisher sehr gefehlt, daß Politiker nicht genug Mut hatten, Irrtümer oder Fehleinschätzungen über das Leben in der DDR einzugestehen. Ich hatte unter einer »Vereinigung« verstanden, daß beide Teile sich über das neue gemeinsame Leben austauschen und einen Weg finden, die positiven Seiten von jeder Gesellschaftsform zusammenzufügen. Doch bisher wurde alles in einer primitiven Schwarzweißmalerei gegenübergestellt. Eine derartige totale Verteufelung einer Seite entspricht dem Denkschema von Vorschulkindern.

Unter der Diktatur eines derartigen Denkschemas müssen wir im Osten alles aus dem Westen annehmen und uns bis in Kleinigkeiten umstellen. Man hat vergessen, daß wir im Osten politisch mündig sind. Schließlich haben wir bisher mehr gesellschaftliche Wandlungen erlebt als andere Deutsche. Wir haben uns selbst von einer Diktatur befreit, nicht, um uns wiederum dem Zwang des Kapitals zu beugen. Wenn wir nur einmal spüren würden, daß maßgebliche Persönlichkeiten im Westen nicht nur bei Wahlveranstaltungen ihre Solidarität bekunden, sondern sich auch richtig auf unsere Verhältnisse einstellen könnten, z. B. durch die Vereinfachung des fast unentwirrbaren bürokratischen Gestrüpps, das uns seit der Wende überwuchert.

Sehr verehrte Frau Hamm-Brücher, bitte sehen Sie meine Ausführungen nicht als »Jammern« an, so wie es in vielen Fällen geschehen ist, um uns mundtot zu machen – bekannt ist ja die vom Westen geprägte verleumdende Äußerung vom »Jammerossi«. Vielmehr entspringen meine Zeilen der echten Sorge um die Zukunft unserer erwachsenen Kinder und unserer Enkel, denn ich könnte eine Liste von konkreten Beispielen aufführen, die das Positive, was vom Westen bisher zu uns kam, leider sehr überschatten. In ganz besonderem Maße beschäftigt mich in diesem Zusammenhang ein spürbares Absinken unserer Kultur zu trivialem Klamauk und übelster Pornographie, was sich z. B. in vielen Fernsehprogrammen ausdrückt.

Bei Ihrem Auftritt in Dresden am 4. Februar 1996 äußerten Sie unter dem Beifall der versammelten Bürger, daß es heißt, »den Bürger, die Bürgerin in den Mittelpunkt eines freien Gemeinwesens in einem freien Europa zu stellen, neue Bürgertugenden zu entwickeln, Zivilcourage zu üben, zu lernen, Toleranz zu üben, nicht wegzusehen, wenn Unrecht geschieht.« Wie können wir aber diese Tugenden in Europa fordern, wenn wir es nicht verstehen, sie in unserem eigenen Vater/ Mutterland auszubilden? In diesem, also in Ihrem Sinne, denke ich, daß ich Verständnis für mein Schreiben finde.

PS: Im Anhang seien nur einige Probleme kurz skizziert. Nachdem hier wieder Selbstbewußtsein entstanden ist und sich die Menschen aus dem Osten ihres Wertes bewußt geworden sind, wird den ehemaligen »Jammerossis« auf einmal »Überheblichkeit« nachgesagt. Diese »Ossis« aber bewiesen, daß sie selbständig und nicht in den vorgezeichneten Bahnen der »Marktwirtschaftstheorie« denken können und in der Lage sind, sich geistig weiterzuentwickeln und schwierige Situationen zu meistern. Um so befremdender, daß sie z. B. in Sachsen wieder in einem autoritären System leben müssen, in dem acht Jahre lang jede selbständige Regung durch die absolute Mehrheit der CDU unterdrückt wurde und sogar eine Volksabstimmung durch die sächsische Verfassung ausgeschlossen wird. Aber Westdeutschland verharrt weiter auf seinem antiquierten Denken, das sich seit Jahrzehnten kaum weiterentwickelt hat. Nicht einmal ein Bruch mit der Ideologie der NS-Zeit wurde konsequent durchgeführt.

Warum müssen wir ausgesprochene Fehlentwicklungen akzeptieren? Westdeutsche Produkte, selbst Trinkwasser aus Frankreich, werden paradoxerweise über Hunderte und Tausende von Kilometern unter starker Luftverschmutzung herangekarrt. Viel zu wenig ostdeutsche Produkte werden hierzulande von den Marktketten geführt. Aus bürokratischer Unbeweglichkeit und reiner Geldgier wird dadurch in sehr bedenklicher Weise die Umwelt in immer stärkerem Maße geschädigt und unseren Kindern und Enkeln in Zukunft die Gesundheit geraubt.

Die Westdeutschen sind schon deshalb kaum zu einer Veränderung ihrer Denkweise bereit, weil jahrzehntelang durch die Medien die Denkweise der Regierungspartei verbreitet wurde, die alles, was in irgendeiner Weise als kommunistisch angeprangert werden konnte, einseitig verteufelte. Aber wir lassen uns unser Leben nicht als verlorene Zeit absprechen. Es war für viele eine wertvolle Epoche für die menschliche Entwicklung, gerade weil man sich im Widerspruch zu mancher Einseitigkeit im Osten profilieren konnte und mußte.

Von uns wird als menschenunwürdig angesehen, daß sich im Westen – und dadurch in zunehmendem Maße beeinflußt auch bei uns – das Denken der Menschen auf Äußerlichkeiten richtet (Beispiel: Statussymbol und Prestigeobjekt Auto). Die ethischen Werte befinden sich in diesem Staat augenblicklich auf einem kaum noch zu unterbietenden Niveau: Kinderprostitution im Internet! Seitensprung-Service! Erkennen die Westbürger, daß sie damit ethische Werte und christliches Empfinden weitgehend verloren haben und auch uns damit in den Schmutz ziehen?

Ist die ungebändigte Freiheit und die gnadenlose Diktatur der Wirtschafts- und Bankprominenz ein Zeichen für Demokratie? Und ist das arbeitslose Einkommen durch Aktiengewinne, das nur von wohlhabenden Bürgern durch Spekulationen erzielt werden kann, das Merkmal für eine Leistungsgesellschaft? Apropos Leistungsgesellschaft: Wie wird der Reichtum einer Generation, die das Erbe ihrer Vorfahren antritt, gewertet?

Hellmut Räuber

Was läuft falsch im vereinten Deutschland?

Dr. Hellmut Räuber, geb. 1925 in Leipzig, wohnhaft in Dresden. 1950 Heirat, drei Kinder, acht Enkel, Kriegsdienst: Marine, Beruf: Gärtner, Fachschuldozent Botanik/Gartenbau. Studiendirektor, Lehrbuchautor, kulturgeschichtliche Artikel. 1945 SPD, 1951 Ausschluß aus der SED und Beurlaubung vom Studium. 1990 Rentner. Z. Z. Fachunterricht bei Floristinnen und Langzeitarbeitslosen (Erzgebirge, Oberlausitz). Freier Fachjournalist: Floristik, Gartenbau, GaLaBau, Kulturgeschichte. Interessen: Kultur fremder Völker, Stilkunde, Natur, Geschichte, Politik.

Schön, daß man wieder von Deutschland sprechen kann. Aber dieses Deutschland wurde 1948 geplant. Mit starker Unterstützung des Separatisten vom Rhein. Bereitwillig nahm Konrad Adenauer das Angebot der westlichen Besatzungsmächte an und half, einen neuen, nach Westeuropa integrierten Separatstaat aufzubauen.

Darüber redet man nicht

Mit der einseitigen Währungsreform wurde von Westdeutschland aus am 20. Juni 1948 faktisch die Spaltung des Gebietes vollzogen, das bisher den Namen Deutschland trug. Damals wurden die »Brüder und Schwestern im Osten« nach Adenauers Motto »Lieber das halbe Deutschland ganz als das ganze Deutschland halb«, schnöde im Stich gelassen. Im September 1949 konstituierte sich die Bundesrepublik Deutschland. Erst im Oktober entstand die Deutsche Demokratische Republik.

Immer erfolgten die ersten Schritte von der westlichen Seite. Doch darüber redet man nicht mehr, denn alles Böse kam ja aus der »Ostzone«. Die Folgen der Teilung sind bekannt: z. B. kalter Krieg mit Embargopolitik auf der einen, Enteignung der Großgrundbesitzer und Mauerbau auf der anderen Seite. Es gab faktisch kein einheitliches Deutschland mehr, sondern nur noch zwei getrennte, sich gegenseitig bekämpfende Staaten. Mauertote – von beiden Seiten erschossen. Von beiden Seiten – auch darüber redet man nicht mehr, denn alles Böse kam ja aus der »sogenannten DDR«.

Dann wurden Pakete nach dem Osten geschickt, an die angeblich hungernden und frierenden Landsleute. Oft mit abgelegten, aber nicht selten noch sehr gut erhaltenen Textilien. Diese »selbstlose« Hilfe lohnte sich – für die Absender. Sie konnten die Kosten von der Steuer absetzen. So ließen sich durch »Geschenke aus dem Westen« die Menschen in einem Staat korrumpieren, der noch im August 1989 von der Bildzeitung mit Anführungsstrichen versehen als »DDR« bezeichnet wurde. Auch darüber redet man nicht mehr. Der falsche Glanz aus dem Westen lockte viele Menschen. Immer mehr Ausreisewillige versuchten, aus der DDR zu fliehen. In immer stärkerem Maße waren es Wirtschaftsflüchtlinge, die Mittel und Wege fanden, die Grenze zum »Goldenen« Westen zu überwinden. Sie gaben sich meist als politische Verfolgte aus und erhielten dafür in der BRD vielfältige Vergünstigungen.

Und dann kam die Wende: Mündige DDR-Bürger erhoben sich mit dem Ruf »Wir sind das Volk« gegen ein vergreistes DDR-Regime. Der Bundeskanzler fuhr zur Begrüßung in den Osten. Dresden erreichte er z. B. (gezielt?) Stunden früher als vorgesehen. Er sprach dementsprechend vor ausgewählten Einwohnern, die von dieser Änderung informiert worden waren, und begrüßte sichtlich bewegt die »Brüder und Schwestern«, die »Landsleute« aus dem Osten. Was er ihnen dabei versprach, ist oft genug zitiert worden. Reporter, die zufällig (?) Bescheid wußten, schickten die Bilder in die Welt, welche von der bejubelten »Wiedervereinigung« kündeten.

Doch plötzlich war dieser neue Staat nicht wieder Deutschland, sondern wurde eine Erweiterung der Bundesrepublik. Dementsprechend gab es, wie bei jeder Okkupation, keine neue Verfassung. Das Grundgesetz wurde wie selbstverständlich auf alle »Bundesbürger« übertragen. Nicht nur marode, sondern zuallererst lebensfähige ostdeutsche Konkurrenzbetriebe wurden durch Beauftragte einer zynisch als »Treuhand« bezeichneten Institution zerschlagen. Diese tätigten dabei selbst ihre dunklen Geschäfte. Auf der Liste der »Veruntreuer« stand so mancher hohe Beamte. Es sei hier nur an den vormaligen Bundeswirtschaftsminister Rexrodt erinnert, der im Vorstand der »Treu«hand tätig war. Auch über derartige »Wendeverbrecher« redet man heute nicht, sondern stoppte jede Untersuchung, welche Korruption und Vetternwirtschaft zutage gefördert hätte.

Doch hiervon spricht man

Westdeutsche Bürger kamen, um dem Osten bei der Demokratisierung zu helfen. Das taten viele sehr gewissenhaft. Sie fanden dafür viel Anerkennung. Davon sollte man anerkennend berichten. Doch nicht wenige der Neuankömmlinge wurden von einer hierzulande bisher nicht bekannten Gier getrieben. Und diesen Bürgern, die im Osten ihre Schnäppchen machten, wurden Vergünstigungen in immensem Ausmaß verschafft, die es ihnen erlaubten, ihren Reichtum zu mehren. Unter Nutzung erheblicher steuerlicher Abschreibungen wurden von ihnen nicht etwa erschwingliche Wohnungen geschaffen, sondern oft Bürotürme und Wohnhäuser, die staatlich subventioniert leerstanden und noch heute stehen.

Trotz gegenteiliger Versicherung wurden häufig Fördermittel nicht bestimmungsgemäß genutzt, sondern für marode westliche »Stammbetriebe« verwendet, um diese zu sanieren, und das nicht nur bei der Vulkan-Werft. So brachen, trotz großer Bemühungen der Belegschaften, selbst die wenigen, modern eingerichteten Ostunternehmen zusammen. Durch diese gezielt vorangetriebene Desindustrialisierung landeten viele »Arbeitnehmer« auf der Straße und haben noch heute kaum eine berufliche Perspektive. Und ein hoher Prozentsatz der Jugendlichen erhielt keine Lehrstelle und muß mit Sozialhilfe leben. Viel zu geduldig ertrugen diese Entwurzelten ihr Geschick und gewannen erst allmählich wieder ihr Selbstbewußtsein. Dann aber entmachteten sie durch ein nicht erwartetes Wahlergebnis den Kanzler der inneren Spaltung und seine Regierung.

Jedoch ergriff auch mancher die Initiative, machte sich selbständig und versuchte, sich jahrelang gegen eine übermächtige Konkurrenz durchzusetzen. Oft wurde er von dieser schließlich in den Konkurs getrieben. Wenige Bürger hingegen behaupteten sich im zähen Ringen, lernten, die Ellenbogen zu gebrauchen und verloren damit den Kontakt zu ehemaligen Arbeitskameraden. Dabei veränderten sie sich selbst. Kurzum, die Bevölkerung wurde entsolidarisiert. Oft gingen dieser Entwicklung lange innere Kämpfe der Betroffenen voraus. Über diesen Prozeß sollte man sprechen.

Wie lange noch?

Der verlorengegangene Kontakt kann erst durch menschliche Verbindungen, durch das Verständnis füreinander vertieft werden. Und auch darüber muß gesprochen werden, daß hierfür nicht immer mehr die Bereitschaft vorhanden ist und oft erst ganz allmählich wieder geschaffen werden muß. Wie oft haben die »Sieger des kalten Krieges« das Grundgesetz verletzt, haben die Würde der DDR-Bürger mißachtet! Die Menschen, deren ehrliches Streben nach »Einigkeit und Recht und Freiheit« derartig zurückgewiesen wurde, reagierten unterschiedlich. Einige resignierten und zogen sich zurück, andere bemühten sich immer wieder, Kontakte herzustellen. Nach wie vor sind sie bereit, einem Mitbürger unabhängig von seiner Herkunft oder seiner gesellschaftlichen Stellung ganz spontan und ohne einen Anspruch auf finanzielles Entgelt Hilfe zu geben.

Manche hingegen nahmen Gewohnheiten vieler Westbürger an und begannen, sich im »Kampf ums Dasein« rücksichtslos durchzusetzen. Ein derartiges, aus den alten Bundesländern übernommenes, vom Sozialdarwinismus geprägtes Verhalten führt unweigerlich zur Aggression und nicht zur Weiterentwicklung der menschlichen Gesellschaft. So ist heute das Verhältnis der Ostdeutschen zu den dazugezogenen Bürgern und ihren Epigonen aus den neuen Bundesländern nicht selten ambivalent. Immer noch ist im Unterbewußtsein der Groll gegen die erste Welle der Usurpatoren latent. Durch Wegrationalisieren, die Liquidation von Betrieben und die Evaluation von Institutionen ist viel Sympathie verlorengegangen. Dichtmachen und Freisetzen sind Reizworte geworden, die in besonders stark gebeutelten Gegenden des Ostens tunlichst nicht gebraucht werden sollten. Und nachdem trotz aller Verschleierungsversuche die Treuhandmanipulationen bekannt wurden, durch welche Milliarden in falsche Kassen flossen, wurde die Frage immer hörbarer, warum in einem demokratischen »Rechts«staat die dafür Verantwortlichen noch nicht zur Rechenschaft gezogen wurden.

Da hilft es auch nicht, die ostdeutsche Bevölkerung zu schmähen und ihnen bei ihren legitimen Forderungen nach Gleichberechtigung zu entgegnen, daß die »rechtgeberische Vermutung« bestehe, sie habe staatsnah gearbeitet. Was sollten die Menschen sonst tun, wenn sie ihre Heimat nicht im Stich lassen wollten? Man vergißt, daß gerade sie es gelernt haben, gesellschaftliche Zusammenhänge zu erkennen und sich gegen Unrecht zu behaupten. Und diese lassen sich in ihren Entscheidungen auch nicht von einer dümmlich inszenierten »Rote-Socken-Kampagne« gegen eine sog. »SED-Nachfolge-Partei« beeinflussen. Die Wahl von 1998 hat dies zur Genüge bestätigt.

Im Ergebnis solcher und ähnlicher Überlegungen zeigt sich deutlich, daß der Westen viele Chancen im Zusammenwachsen der Bevölkerung leichtfertig verspielt hat. Jetzt ist es höchste

Zeit, daß ein Westbürger, und erst recht ein Ministerpräsident und Parteivorsitzender, nicht in Panik gerät, wenn acht Takte einer weitgehend verfremdeten DDR-Nationalhymne erklingen. Nun endlich ist der Wille zur Verständigung über die Forderung nach Anpassung und Angliederung zu setzen. Der Osten, nicht der Westen, hat durch die »friedliche Revolution« den Nachweis seiner politischen Reife erbracht. Nun endlich sollte es auch die Aufgabe des Westens sein, seine Fehler und Unzulänglichkeiten einzugestehen und die Verantwortlichen für die Politik der inneren Spaltung zur Rechenschaft zu ziehen. Das Fragen und Zuhören sollte an die Stelle von Reden und Anordnen treten. Die Bevölkerung nicht nur einer Seite, sondern beider Teile unseres Mutterlandes muß sich eine neue Identität zulegen, damit nunmehr endlich aus der Bundesrepublik ein einiges Deutschland entsteht, so wie es sich die Besten auf beiden Seiten erhofft haben.

Simone Rauthe

Appell für mehr Solidarität

Simone Rauthe, geb. 1974 in Wuppertal, Besuch des Dietrich-Bonhoeffer-Gymnasiums Hilden, Studium der Fächer Geschichte und Deutsch für das Lehramt Sekundarstufe I/II an der Heinrich-Heine-Universität in Düsseldorf, derzeit wissenschaftliche Tätigkeit und Promotion am Lehrstuhl für Geschichtsdidaktik, Engagement in der Jugendarbeit der evang. Kirche, Interessen: Politik, Literatur und Kunstgeschichte.

In der Bundesrepublik existiert kein Bewußtsein in der Gesellschaft, daß jeder Bürger mit seinem alltäglichen und beruflichen Handeln das Leben in diesem Land mitgestaltet und somit in der Verantwortung für dieses Handeln steht. Im Gegensatz zu der direkten Nachkriegszeit, in der der Wiederaufbau und der wirtschaftliche Aufschwung zum Gemeinschaftswerk aller Bundesbürger wurden, fehlt es heute an der notwendigen Solidarität insbesondere gegenüber den Ostdeutschen und den jüngeren Generationen. »Solidarität« meine ich nicht als leere Formel, sondern als tatkräftigen Einsatz, u. U. unter Verzicht auf finanzielle Vorteile, um Chancen zu eröffnen. Es ist die Aufgabe der Politiker, den Bürgern dieses Landes zu vermitteln, daß ausschließlich und egoistisch verfolgte Partikularinteressen langfristig zur Zerstörung des Gemeinwesens führen.

Ich habe den Eindruck, daß die Lösung der wirtschaftlichen, sozialen und menschlichen Probleme in Ostdeutschland und der Abbau der Jugend- und Akademikerarbeitslosigkeit für die Mehrzahl der Politiker keine Herzensangelegenheit ist. Sie gehören vielfach einer Generation an, die in einer Zeit erwachsen wurde, in der Leistung und Arbeitswille fast automatisch zum Einstieg in das Berufsleben führten.

Hans Jürgen Schmitz

Festschrift oder Nachruf – Lobgesang oder Trauerlied?

Hans Jürgen Schmitz, 39 Jahre alt, geb. in Hannover; sechs Jahre Kindheit in Genf, verbleibende Schulzeit / Abitur in Frankfurt/a. M.; multidisziplinäres »Umschauen« in den Unis Frankfurt und Mainz, zwischendurch Ausbildung zum Kfz-Mechaniker; seit 13 Jahren im Raum London; Fachverlags-Redakteur; heute freiberuflicher Berater für Fachübersetzungs- und -verlagswesen; Interessen: Familie, aktuelles Tagesgeschehen, Kunst, Gestaltung, Reisen, Sprachen, feine Küche.

Bei einem solch runden Jubiläum im Staatsbetrieb gilt es, Bilanz zu ziehen. Mir erscheint es angemessen, beim Geburtstagskind Grundgesetz selbst das Soll und Haben zu prüfen, nachzuforschen, wo die von ihm gemachten Verpflichtungen und Versprechungen von der Legislative des Staates auch eingehalten bzw. umgesetzt wurden zum Wohle aller. Schwierig gestaltet sich dieses Unterfangen zum einen aufgrund der Versuchung, Deutschland als Mikrokosmos zu betrachten und äußere Einflüsse unbeachtet zu lassen, zum anderen aufgrund der naturgemäß persönlichen Sicht des sich hier Zu-Wort-Meldenden, die Objektivität von vornherein auszuschließen droht.

Versuchen will ich es dennoch und fange mit dem Haben an, mit dem, was durch die im Grundgesetz verankerten Rahmenbedingungen erreicht wurde: 50 Jahre Frieden und Sicherheit im Sozialwesen sowie stetiges wirtschaftliches Wachstum in Deutschland. Rehabilitierung und schließlich Wertschätzung bei ehemals verfeindeten Nationen und damit der Grundstein für einen stabilen Frieden in Westeuropa. Weitestgehende Dialog- und Konsensfähigkeit aller bürgerlichen Gruppierungen und Opferbereitschaft für Hilfeleistungen bei den immer häufigeren Krisen, die im internationalen Rampenlicht stehen. Eine wiedervereinte Nation entsprechend den Wünschen der »Väter« des Grundgesetzes.

Schaue ich mir das Soll an, also meine Erwartungshaltung an das Grundgesetz, fallen mir doch Risse im eben beschriebenen Gefüge auf: Die soziale Gerechtigkeit scheint in Frage gestellt; zunehmend werden Arme ärmer, Reiche reicher, Verunsicherung herrscht bei den Renten, und die Globalisierung von Industrie und Handel setzt ein großes Fragezeichen hinter sämtliche Wachstumsprognosen. Die Vergangenheit überschattet zuweilen das deutsche Ansehen im Ausland; zu vieles über Gold und Bankgeschäfte ist mehr als 50 Jahre lang der Veröffentlichung entgangen, und tief verwurzeltes Mißtrauen verhindert oftmals noch einen dem Status entsprechenden Beitrag Deutschlands in internationalen Krisenherden. Selbst die von breiten Bevölkerungsteilen unterstützten Parteien und Interessenverbände scheinen nicht gefeit gegen die sich stetig ausweitende Politikverdrossenheit der Bürger. Strömungen, die traditionell im Abseits dieser Organisationen eine radikal-isolierte Existenz dahinfristeten, profilieren sich mit ihrer Kritik an allem Nichtdeutschen immer stärker.

Minutiöse Betrachtung auf dieser Soll-Seite verdient meines Erachtens die Vorgehensweise der Legislative bei der »Wende«, der Wiedervereinigung der über drei Jahrzehnte mehr schlecht als recht koexistierenden Teile Deutschlands. Der Blick mit der Lupe nicht nur, weil die Wende aus deutscher Sicht den Kulminationspunkt darstellt in einem weltweiten Prozeß, nämlich dem nach langem Dahinsiechen nun gänzlich vollzogenen Ausverkauf jener ideologischen Bastion, welcher Winston Churchill das Herniederkommen eines Eisernen Vorhangs anlastete, sondern auch wegen des zielsetzenden Charakters, den die Wiedervereinigung bei der »Verfassung« des Grundgesetzes hatte. In meiner Schulzeit – Willy Brandt war gerade Bundeskanzler geworden, und manchem Beobachter entfuhr schon damals auf prophetische Weise das Wort Wende – wurde im

Gemeinschaftskundeunterricht die bereits in seiner Präambel betonte »End-Gültigkeit« des Grundgesetzes bis zur Wiedervereinigung der beiden deutschen Staaten besonders herausgekehrt.

Diesen Soll-Punkt haben die Architekten der Wende scheinbar elegant zu umgehen verstanden. Die im Grundgesetz schon in der Präambel geäußerte Forderung, dem Zustandekommen eines wiedervereinten deutschen Staates mit einer Neubestimmung der Zielsetzungen – sprich mit einer Neuverfassung des Grundgesetzes – Rechnung zu tragen, ist »realpolitischen« Erwägungen zum Opfer gefallen, ohne daß die heikle Frage nach einer für alle akzeptablen Vorgehensweise auf gebührende Art öffentlich debattiert worden wäre.

Natürlich ist der damals von den westdeutschen Machthabern gewählte Weg der Wiedervereinigung, sozusagen auf die Schnelle, in der Rückbetrachtung vertretbar. Die »vox populi« im Osten war dermaßen erstarkt, daß ganze Heerscharen mit den Füßen wählen und durch – die Zeichen der Zeit erkennend plötzlich permeabel gewordene – Anrainerstaaten hindurch das gelobte Land Westdeutschland erreichen konnten, mit allem Hab und Gut auf dem Dachgepäckträger des überladenen Trabants und kaum erfüllbaren Hoffnungen und Erwartungen im emotionalen Gepäck, Heerscharen, die in Bayern gebührend empfangen wurden. Den ostdeutschen Machthabern blieb nach einigen Patzern nichts weiter übrig, als ohnmächtig dem Zerbröckeln ihres Staatsgebildes sowie der die Trennung bislang zementierenden Mauer zuzuschauen (in der alten, der bestehenden und der neuen Hauptstadt) und so schnell wie möglich belastendes Aktenmaterial zu vernichten.

Die Aussage, Politik sei die Kunst des Machbaren, mag Geltung haben im mondänen Tagesgeschehen, im Kontext der Wiedervereinigung der beiden deutschen Staaten erscheint sie mir wie ein Vorwand und eine Ausrede. Selbstverständlich hatten viele Menschen in der DDR, nachdem sie jahrzehntelang ein die Schokoladenseite darstellendes Westfernsehen verfolgten, hochgeschraubte Hoffnungen auf die Stunde X. Aber es gab auch Skeptiker im Osten, und diese rekrutierten sich bei weitem nicht ausschließlich aus dem Kreis jener Leute, deren Glaube an das System nie ins Wanken gekommen war. Und wenn schon von Skeptikern die Rede ist, muß festgehalten werden, daß ihre Zahl im Westen weitaus größer war.

Hier gelange ich in meiner bislang sehr inwendig gerichteten Betrachtung an die Schnittstelle mit dem Makrokosmos. Denn was sich im deutschen Brückenschlag zwischen den 80er und 90er Jahren ereignete, steht in eindeutigem Kausalzusammenhang mit weltweiten Ereignissen. Der schon weiter oben erwähnte stetige Ausverkauf war kein auf den deutschen Arbeiter- und Bauernstaat beschränktes Phänomen und ging sogar über die Grenzen des sowjetrussischen Einflußbereiches hinaus – die Bilder von Nixons Besuch in China haben sich mir nachhaltig eingeprägt. Doch während die Kader in Peking bedenkenlos auf den Kurs eines rotgefärbten Kapitalismus umzuschwenken vermochten, taten sich die Warschauer-Pakt-Staaten schwerer; die langsame Ostberliner Pleite ging denn auch mit dem schleichenden Gesamtkonkurs im »Ostblock« einher.

»Was hätte anders gemacht werden können, gemacht werden sollen?« bin ich schon oft beim Diskutieren dieser Thematik gefragt worden, damals wie heute. Hierbei beklage ich die Wahl des Verbs, denn ich meine, es hätte einiges anders gemacht werden müssen (!) angesichts der geschichtlichen, geographischen und kulturellen Sonderstellung Deutschlands in dieser einmaligen historischen Stunde. Zumindest eine Periode der Besinnung, sozusagen eines staatlich verordneten Innehaltens, hätte Deutschland nicht geschadet. Doch mein Empfinden geht noch weiter, denn ich betrachtete damals und betrachte heute noch die Handlungsweise der Legislative als Überschreitung ihrer Machtbefugnis. Die drei Arme der Staatsgewalt, Legislative, Judikative und Exekutive hätten gemeinsam der gesamten Bevölkerung in West und Ost Optionen vorlegen müssen, wie vorzugehen sei. Nur die urdemokratische Konsultation des Souveräns, des Volkes, hätte in meinen Augen der Situation Genüge getan, so wie es die »Väter« des Grundgesetzes beabsichtigt hatten. Damit wären viele der Deutschland noch auf lange Zeit plagenden Ressentiments zwischen »Wessis« und »Ossis« im Keim erstickt worden.

Zudem sind auf gewisse Weise alle Bürger der ehemaligen sozialistischen Staaten »Ossis« und die der kapitalistischen »Wessis«. Welche versöhnende Signalwirkung an alle im Aufbruch in eine neue Ära befindlichen Staaten, im Osten wie im Westen, hätte von einem dermaßen wiedervereinten Deutschland ausgehen können? Statt Weltbanksubventionen, die nur sehr selten den wirklich Bedürftigen zukommen und meist in einem schwarzen Loch verschwinden, statt eines in vielen Ländern immer noch nicht gefüllten gesellschaftlichen Vakuums, das der ausgeschiedene Sozialismus hinterlassen hat, statt der blinden Suche nach rascher Bereicherung oft unter Einsatz krimineller Methoden, die vielerorts zu Hunger, Elend und Gewalt geführt hatten, statt all dieser Misere hätten Zeichen gesetzt werden können, wie Probleme gemeinsam zu meistern sind. Und die kapitalistische Welt hätte in wirklich partnerschaftlicher Annäherung an (Ex-)Sozialisten möglicherweise auch noch etwas hinzulernen können.

Ist mein Aufsatz nun Festschrift oder Nachruf? Festschrift bestimmt, weil den Verfassern des Grundgesetzes ein beneidenswerter Weitblick nachgewiesen wurde. Nachruf aber auch, weil eine historische Chance verpaßt wurde. Und was bleibt unter dem Strich? Die Hoffnung, daß die redlichen Werte des Grundgesetzes auch weiterhin in eine deutsche Politik umgesetzt werden, die Frieden, Freiheit und Zusammenarbeit im Land und mit den Nachbarn gewährleistet.

Stefan Els

Wertigkeit und Nachhaltigkeit politischen Handelns – drei Thesen, eine Folgerung

Dr. Stefan Els, 43 Jahre alt, verh., hat zwei Töchter im Alter von fünf und zehn Jahren. Er wuchs in Nürnberg, Augsburg und Garmisch-Partenkirchen auf. In München studierte er Jura und promovierte in Regensburg. Beruflich ist er als Verwaltungsjurist tätig. In seiner Freizeit widmet er sich der Familie, verfaßt Beiträge für die Garmischer Schreibwerkstatt »WESPE« und ist begeisterter Hobbyschreiner und Langstreckenläufer.

1. These

Der Sammler will horten, der Bauer ernten. Diese archetypischen menschlichen Eigenheiten bestimmen auch Ziel und Handlungsabläufe des Politikers. Was der Mensch sät, will er auch ernten. Voraussichtlich positive Ergebnisse, die sich kalkulierbar nicht mehr erleben lassen, verlieren in gleicher Weise an Bedeutung wie negative Auswirkungen, die sich erst in späteren Generationen zeigen.

So, wie sich die Planung menschlichen Handelns an der voraussichtlichen Lebenserwartung ausrichtet, orientiert sich die Aktivität des Politikers an der voraussichtlichen Dauer, für die er eine Position innehat. Je kürzer, desto oberflächlicher. Ausgestattet mit menschlichen Schwächen, taugt der Politiker zur Lösung von Alltagsproblemen kurzfristiger Natur.

Doch politische Entscheidungen sind weitreichend. Nur gibt es keine Instanz, die die Fähigkeit zur gewissenhaften Weitsicht als Qualifikation zum Berufsbild des Politikers überprüft. So kann er z. B. die Folgen einer Überschwemmungskatastrophe bewältigen helfen. Ihre Ursachen durch vorausschauendes

Denken und Handeln zu verhindern ist weitaus schwieriger. Die Begradigung eines Flußbettes, die Versiegelung von Flächen und die Eröffnung einer Schiffahrtsstrecke lassen sich als politische Ziele planen und – das ist wichtig – auch noch während der Regentschaft feiern.

Wenn die Folgen eintreten, hat sich der Verursacher lange schon verabschiedet.

2. These

Die mediale Einflußnahme bestimmt das Erscheinungsbild politischer Handlung. »Zappende« Medienkonsumenten verlangen nach verkürzten Botschaften. Die Verkürzung zum Schlagwort entleert auch den dahinterstehenden Inhalt. »In der Kürze liegt die Würze« stößt an Grenzen.

Die Vielzahl medialer Angebote buhlt um die Aufmerksamkeit des einzelnen. Zuwendung erhält, wer die drastischsten Bilder und spektakulärsten Meldungen anbietet. Die Vielfalt und Auswahlmöglichkeiten überfordern den einzelnen, ja sie erschlagen ihn. Auf der Suche nach Aufmerksamkeit verkommen Botschaften zu Schlagzeilen, Spots zu Reißern. Unzählbare Kanäle erziehen uns zu allabendlichen Programmspringern. Wir bleiben hängen, wo die Bilder den Nervenkitzel versprechen. Die Entscheidung trifft nicht mehr die Vernunft, sondern der Instinkt. Die politische Botschaft muß sich dem anpassen. Immer öfter bleibt sie in plakativer Oberflächlichkeit stecken.

Die Bekämpfung der Kriminalität im allgemeinen, der Jugendkriminalität im besonderen, beschränkt sich z. B. auf Strafverschärfung, Wegsperren und der Forderung nach Ausweisung ausländischer Straftäter. Auch die These 1 wird hier belegt: Seht her, wir tun etwas, wir haben ein Rezept. Wer fragt schon nach dem Nutzen?

Das Bedürfnis nach Schlagworten verkürzt so auch den Inhalt.

Jeder weiß, daß unsoziales, im schlimmsten Fall kriminelles Verhalten die Folge von Werteverlust ist. Werte aber werden durch Ausdauer, Umfeld und Vorbilder vermittelt, konkret durch Zuwendung in der Schule, Familie und Freizeit.

In der Schule geht es hauptsächlich um Leistung und Selektion. Die Ellenbogen haben Vorrang, nicht die Ethik. Sport, Kunst und soziale Konfliktbewältigung fallen dem Rotstift zum Opfer. Familien zerfallen, beide Elternteile müssen arbeiten. Am Wochenende herrscht der Kampf um die Bewältigung des Haushalts vor, die verbleibende Zeit mündet allzu oft in Freizeitstreß. Die Zeit für Eintracht, Gespräche und gemeinsame Unternehmungen wird rar. Der Ruf nach ständiger beruflicher Mobilität erschwert den Aufbau sozialer Bindungen. Wochenendehen sind an der Tagesordnung. Nicht die Familie versagt, sondern die Politik versagt in der Stützung der Familie. In der Freizeit gibt es zwar eine Vielzahl von Angeboten zur Kompensation jugendlicher Aktivität, allein es fehlt an der Hinführung dazu, besonders aber an Leit- und Vorbildern. Diese Felder zu beackern erfordert Anstrengungen, mehr als auf ein Plakat passen.

3. These

Die Suche nach Mehrheiten beeinträchtigt die Schlüssigkeit politischer Aussagen bis an die Grenze.

Um Mehrheiten zu erhalten, muß der Politiker attraktive Themen abdecken. Die drängendsten Themen liegen schnell auf der Hand. Arbeitslosigkeit, soziale Sicherung, Umweltzerstörung. Erfolg hat, wer griffige Aussagen mit nachvollziehbaren Programmen und charismatischen Persönlichkeiten zu paaren vermag. Doch dieses Glück ist uns selten beschieden. Bei drohendem Machtverlust macht sich Nervosität breit. Es beginnt der Versuch, sich die Mehrheit jeder noch so kleinen Gruppe zu sichern. Die Vernunft bleibt dabei manchmal auf der Strecke, im schlimmsten Fall widersprechen sich die Aussagen.

Beispiel Gesundheitspolitik: Der Bundesgesundheitsminister weist darauf hin, daß Rauchen die Gesundheit gefährdet. Die Gefahr des Passivrauchens ist bekannt. Doch in den Bundesbahnen ein Rauchverbot auszusprechen würde unzählige nikotinabhängige potentielle Wähler vergraulen. Bei rauchenden Pendlern würde dieser Stachel täglich von neuem erst Entzug und dann Zorn erzeugen. In vollen Morgenzügen stehen daher regelmäßig Nichtraucher vor halbbesetzten Raucherabteilen. Eine kleine, aber schwer auflösbare Zwickmühle. Vernunft hieße hier Bevormundung. Liberalität aber ebnet den Weg in die Raucherkrankheiten, zwar nicht in jedem Einzelfall, um so mehr aber statistisch. Die Grätsche zwischen den Verbraucherinteressen und der Wirtschaft gestaltet sich noch weitaus komplizierter, etwa bei den Themen Kennzeichnung genetisch veränderter Lebensmittel oder bei den Medikamentenpreisen.

Folgerung

So wie in intellektuellen Berufen üblich, ist auch der Politiker gehalten, sich fachlich und persönlich fortzubilden. Lehrgänge für vernetztes Denken wären ein Ansatz, theoretisch zwar, doch geeignet, die Sicht für die Umstände hinter den Dingen zu öffnen. Was wir brauchen, ist der Blick über den Tellerrand.

Gewünscht ist deshalb zudem eine überparteiliche Überprüfungsinstanz, die mit Fachwissen und gesundem Menschenverstand, also mit Köpfchen, Gefühl und Distanz, politische Entscheidungen auf ihre langfristigen interdisziplinären Zusammenhänge überprüft. Eine Gutachterkommission, die befugt ist, zu allen Gesetzen und politischen Grundentscheidungen öffentlich Stellung zu nehmen, und die auch von Bürgern angerufen werden kann.

Der Versuch, das Bundesverfassungsgericht für diese Ziele zu zweckentfremden, muß scheitern. Wir brauchen ein unabhängiges politisches Gewissen mit dem Willen und der Fähigkeit zu ganzheitlicher Analyse.

Helmut Kittlitz

Brecht das Packeis auf!

Helmut Kittlitz, geb. am 09. 03. 1941 in Hamburg-Volksdorf, wo er auch heute noch wohnt und – wenn die Tätigkeit als Schulleiter eines Gymnasiums es zeitlich zuläßt – in seinem Garten Blumen und Gemüse beim Wachsen hilft. Lesen von schöner und politischer Literatur, selber musizieren, handwerken und mit vielen Menschen reden, erfreut ihn – wie auch reisen und tanzen zusammen mit seiner Ehefrau. Studiert hat er einst Germanistik und Geschichte, seit 1966 ist er Lehrer an Gymnasien.

Ende des vergangenen Jahres ging Herr Koppelfeld in Rente. Mehr als 20 Jahre hatte er die Reagenzgläser und Erlenmeyerkolben ausgewaschen und weggestellt, die Pappen für den Kunstunterricht geschnitten und Kästen für die vielen Geräte, die man für das Physikpraktikum braucht, gebaut. Mit den von der Post und der Deutschen Shell der Schule geschenkten Computern hatte er sich nicht mehr so vertraut gemacht, daß er sie hätte reparieren oder warten können, obgleich die alten 386er und 486er das gut hätten brauchen können. Manchmal erinnerte nämlich ein verklemmtes Laufwerk oder eine andere Mucke daran, daß unser Gymnasium erst Zweit- oder gar Drittbenutzer war. Wenn aber sonst in der Chemiesammlung, bei den Geräten für den Physikunterricht oder auch im Schulbüro etwas in Ordnung zu bringen war, konnten sich alle auf Koppelfeld verlassen.

Wenn er eine für ihn ungewohnte Arbeit angefangen hatte, dann brachte er sie auch irgendwann zu Ende. Und wäre es nur deshalb gewesen, um jedem Kollegen davon zu erzählen und so ein bißchen Lob und Anerkennung einzuheimsen. Das war ihm wichtig und ergänzte seinen Lohn. Der war eher mickrig, und ohne das Einkommen seiner Frau hätte Koppelfeld wohl jeden Pfennig umdrehen müssen.

Koppelfelds Stelle wurde also frei und mehr als vier Millionen Arbeitslose warteten auf einen Job. So auch Herr Wilhelm. Der hatte die erste Jugend schon hinter sich, als ich ihn durch die Vermittlung eines Kollegen kennenlernte. Viele Jahre hatte er als Elektroingenieur gearbeitet, aber nun war er vor einem halben Jahr arbeitslos geworden, weil seine Firma eingegangen war. Eigentlich, so bekannte er, hätte ihm die Arbeitslosigkeit auch ein wenig gefallen. Er sei nicht mittellos und hätte in seinem Haus und Garten, bei Freunden und bei seinen Hobbys so viel zu tun gehabt, daß er diese Zeit auch ein bißchen genossen hätte. Er hätte sich dennoch sehr ernsthaft um eine Wiederbeschäftigung bemüht, aber da er nun schon 53 Jahre alt sei, hätte ihn niemand einstellen wollen. Nun hätte er von der frei werdenden Laborantenstelle gehört. Er wolle wieder unter Menschen und etwas Nützliches tun. Mit dem Einkommen eines Laboranten könne er schon auskommen, auch wenn es nur unwesentlich höher als sein Arbeitslosengeld sei.

Welch ideale Lösung!

Ein qualifizierter Mann übernimmt eine Arbeit für nur wenig mehr Geld, als er bisher dafür erhält, daß er nicht beruflich tätig ist. Die vielen kleinen Jobs, die täglich in unserem großen Gymnasium anfallen, werden von einem fachkundigen »Bastler« erledigt, und selbst unsere alten Computer können auf Wartung und vielleicht sogar auf eine Fitnesskur hoffen.

Die Auskunft der zuständigen Stelle in der Schulbehörde war ernüchternd: Im Zuge der Sparmaßnahmen wird die Laborantenstelle eingefroren und dann abgegeben. Kurz: Die Staatskasse ist leer, weil soviel Geld an die Arbeitslosenversicherung und an die Sozialhilfe gegeben wird. Die Laborantenstelle wird deshalb nicht wieder besetzt.

Arbeit ist da und ein Mensch, der sie tun will, auch. An Geld, um diese Arbeit zu bezahlen, fehlt's eigentlich auch nicht. Es ist »nur« im falschen Topf und von dort kann es niemand umpacken. Die Arbeit bleibt unerledigt, der Arbeitswillige bleibt arbeitslos und die Lernbedingungen für unsere Kinder werden verschlechtert.

Sind es in diesem Beispiel Kinder, so trifft es in anderen Fällen alte Menschen, die in Fließbandgeschwindigkeit »versorgt« werden müssen. Vielleicht verkommen auch »nur« die Wege und Gebäude unserer Städte und Gemeinden.

Finanzielle Mittel sind da, aber die regierenden Gehirne sind eingefroren.

Brecht das Packeis auf!

Wolfgang Heckelmann

Plädoyer für die Selbständigkeit

Wolfgang Heckelmann, geb. 1943, aufgewachsen in Essen. Nach dem Abitur Studium des Verkehrswesens bis 1968. Berufstätig als angestellter Dipl.-Ing., wissenschaftliche Veröffentlichungen. Seit 1983 selbständig zunächst als freiberuflicher Dipl.-Ing., danach als Investor. Parallel autodidaktische Auseinandersetzung mit Philosophie, Soziologie, Volkswirtschaft. Intensives Beobachten des Zeitgeschehens.

Es hat lange gedauert, aber endlich ist das Problem erkannt: In Deutschland fehlt eine Selbständigen-Kultur. Vor allem die wirtschaftlichen Gründe werden angeführt: Selbständige und Kleinunternehmen sind kreativer, innovativer und sollen Arbeitsplätze schaffen. Warum reichen die bisherigen Unternehmen nicht aus? – Dort haben sich längst diejenigen durchgesetzt, die sich auf opportunistisches Taktieren und Machtdenken spezialisiert haben; inhaltlich und substantiell tragen sie jedoch so nur wenig bei. In den Unternehmen hat sich die derart spezialisierte Führungsschicht und in den Belegschaften ein taktierender oder gewerkschaftlich-saturierter Teil etabliert. Nicht nur die (Groß-) Unternehmen sind erstarrt, für die Verwaltung und Politik gilt das gleiche. Politiker, Verwaltungsbeamte wollen möglichst hoheitlich regieren; gegenüber ihren eigenen Mitarbeitern, wie auch nach außen, statt substantiell für die tätig zu sein, die sie bezahlen. Alle jene suchen andere, die ihnen ihre Arbeit tun und dienen. Sie finden sie in den Teilen der Belegschaft, die sich nicht auf opportunistisches Taktieren verlegt haben, sondern noch an Werte wie »redliche Arbeit für gutes Geld« glauben. Als abhängige Arbeitnehmer und Steuervieh werden sie jedoch von all denen benutzt, die sich ihrer Arbeitskraft und ihres Einkommens bedienen möchten. (Eine solche spezialisierte Entwicklung zu Taktieren/Macht im Inneren von Unternehmen, Regierungen, Verwaltungen ist ja in deren Beziehungen nach außen – also zum Bürger hin – bekannter, wo der Bürger schließlich mächtigen Monopolen/Oligopolen und deren selbstherrlichen Bediensteten als Untertan gegenüberstehen kann – R. Lay.) Die aufstiegsorientierte, im Grunde arbeitvermeidende Spezialisierung funktioniert jedoch dann nicht mehr, wenn auch die redlichen Mitarbeiter anfangen, sich zu wehren und ebenfalls taktieren. Dann sind die Institutionen vollends erstarrt; es kommt zu peniblem Einhalten von Kompetenzen, zu innerer Kündigung, Dienst nach Vorschrift, Aussteigen gar ...!

Niemand fühlt sich mehr wirklich verantwortlich dafür, was eigentlich gearbeitet, wofür Geld ausgegeben wird. Dies wird von oben angeordnet, von den Führenden, denen es besonders leichtfällt, über Arbeit zu befinden, denn sie selbst müssen sie ja nicht verrichten, über Gelder, die zu investieren sind, denn es ist ja nicht ihr eigenes. Es kommt zu mangelnder Effizienz, zu Fehlallokation von Arbeit und (Steuer-)Geld, schließlich erkennbar an Entlassungen, Pleiten, dem Schwarzbuch des Rechnungshofes. Am ehesten werden jene entlassen, die noch am meisten arbeiten, damit sie am wenigsten taktieren (und sich auf diese Weise wehren) können – wodurch die Uneffektiven verbleiben. Ein Teufelskreis.

Selbständige, Neugründer denken völlig anders, geradezu verhaßt frei. Ich habe einen Unternehmer erlebt, der einen Kleinbetrieb mit schließlich sechs Mitarbeitern gegründet hatte. Er war reich, und um sein Geschäft in Schwung zu halten war er sich nicht zu schade, da einzuspringen, wo gerade Not am Mann war, und wenn es das Einstampfen von Müll in der Tonne war. Man stelle sich einen hohen Beamten gleichen Einkommens dabei vor – undenkbar! Erstens wäre er sich viel zu fein, und zweitens würde sein Image in der verknöcherten Behörde unrettbaren Schaden nehmen.

Gerade so wäre aber Überheblichkeit und erstarrenden Strukturen zu begegnen, daß Führende etwa mehr »niedere« Arbeit anpacken, inhaltlich arbeiten, und Zuarbeiter etwas mehr taktieren, führen. Macht und Politik sollten weniger wichtig werden, also etwas an Macht verlieren. Dazu wäre das Steuergeld weniger zum Regieren von oben herab als vielmehr für die substantiell Arbeitenden, zur Verbreitung der Selbständigkeit, für Neugründungen einzusetzen, denn jeder Selbständige arbeitet wesentlich wirtschaftlicher als ein Angestellter oder Beamter: Er geht mit seiner Arbeit und mit seinem Geld sehr vorsichtig um, denn er muß die Arbeit selbst verrichten und muß Verluste selbst tragen. Zudem sieht sich ein Neugründer immer wieder vor Probleme gestellt, mit denen er sich noch nie beschäftigt hat – im Gegensatz zum kompetenzbegrenzten, expertengläubigen Beamten. Sein Denken muß spekulativ um Neuerungen, Kunden, Miete, Organisation, Kosten kreisen und muß engagiert-initiativ-innovativ sein, wenn er Erfolg haben soll.

Bekanntermaßen ist in Deutschland die Selbständigkeit (kaum zehn Prozent) gegenüber den Nachbarländern (15 bis 18 Prozent) weit unterentwickelt und wäre auch von daher schon zu fördern. Von einer Basis verbreiteter Neugründungen könnten innovative Impulse für die Wirtschaft ausgehen. Zudem werden sich Unternehmen auch vergrößern und Arbeitsplätze schaffen.

Die neue Selbständigkeit birgt sicherlich die Gefahr übermäßigen Engagements (z. B. Workaholic). Daher sollte neben der initiativ-engagierten Neugründung v. a. auch die bescheidene Existenz möglich sein, die ein zufriedenes Leben erlaubt, denn jede dieser Formen kann sich verändern. Schon die ruhige selbständige Einzelexistenz dürfte wesentlich effektiver arbeiten als z.B. der Staat, zumal sich die Frage nach dem sinnvollen Einsatz von Arbeit und Geld wesentlich krasser stellt. In einer Selbständigen-Kultur, einem Pool von Selbständigen, Neugründungen, Klein- und Mittelunternehmen kann die Kommunikation persönlicher, die Hierarchie ausgeglichener sein. Bei einer Vielfalt von Existenzmöglichkeiten können die Menschen über Arbeitsstil und -klima leichter auch einmal »mit den Füßen abstimmen«.

Marion Köbisch

Was würde ich ändern oder tun?

Marion Köbisch, geb. am 12.01.1938 in Berlin-Neukölln (späterer amerikanischer Sektor). 2. Hinterhof, Arbeiterkind, ziemlich Zillemilljöh. In der Volksschule das ABC und bißchen mehr gelernt. Nach dem 7. Schuljahr Wechsel – sog. OPZ (gab's nur in Berlin m. E.). 1 Jahr LVA-Lehre (Abbruch) – Lette-Verein – Fröbel-Haus. Kindergärtnerin/Hortnerin. Seit 39 Jahren gern mit demselben Mann verheiratet, drei Kinder. Anliegen: Kinder, Menschen, Politik, Literatur, Musik – und die Frage: Inwieweit haben alle Religionen dieser Welt mehr Menschen zu besserem Menschsein oder zu mehr Folter und Totschlag geführt?

1. Dieses Thema Oberschülern geben bzw. als Wettbewerb ausrichten, ähnlich dem »Jugend forscht«. Warum sollte auf sozialgesellschaftspolitischem Gebiet nicht gelingen, was bei den Naturwissenschaften immer wieder beste Ergebnisse bringt?

2. Für unsere neue – nicht gelebte – Einheit möchte ich den gleichen Vorschlag machen. Nebenbei gefragt: Wie viele Bonner Politiker waren seit dem Fall der Mauer in den neuen Ländern? Ergänzung dazu: Ein Ostdeutscher sagte kürzlich: »Wir hatten zur Bewährung überhaupt keine Chance!« Das würde ich gern jedem Volksvertreter als Denkaufgabe geben.

3. Ein Praktikum in Pflegeheimen, Krankenhäusern, auf Sozial-, Jugend- oder Arbeitsämtern für alle entsprechenden Minister verordnen. Von Diäten, Übergangsgeldern, den Berlin-Umzugsgeschenken etc. schweige ich still, lasse alle Beispiele unan- und -ausgesprochen, sonst macht der Zorn aus mir Schlimmes. Wenn wir unsere Abgeordneten tatsächlich nur solcherart vor Korruption bewahren können (ein gängiges Argument), dann ist jedes Wort zu viel – auch die Eidesformel bei Amtsantritt.

4. Das wichtigste Anliegen aller Politiker sollte die Situation der Jugendlichen sein – neben den Arbeitslosen. Ausbildung / Arbeit nach dem Schulabgang – das Problem wäre sicher zu lösen, wenn wir es so wichtig nähmen, wie es ist. Daß Sozialhilfe, Gerichtskosten, Vollzugsanstalten etc. ungleich teurer sind als jedes vernünftige Programm zu deren Verhinderung – eine Binsenweisheit. Jeder kennt sie. Doch wie wird gehandelt? Patentrezepte gäbe es nicht, ist oft die Ruhekissen-Antwort. Nein, Patentrezepte nicht, aber Kenntnis, Phantasie und Bereitschaft zum Verzicht auf Zweitrangiges könnte es geben.

Die Welt, die unsere Kinder durch uns erleben, hängt zunächst an Elternhaus, Kindergarten, Schule. Beeinflussung der Elternhäuser ist besonders schwierig, Kindergarten und Schule jedoch ein übersehbares Feld. Pestalozzi, Fröbel, Montessori u. v. a. haben uns da einiges zum Nachdenken hinterlassen. Viel praktische Beispiele führen hier sicher zu weit. Zwei aber möchte ich nennen.

Bekanntermaßen ist der Fernseher zum Erzieher der Nation geworden. Eine der Folgen: die »Montagskinder« nach einem grausamen Fernsehwochenende. Könnte nicht ein Montagskanon = Montagsrezept manches auffangen, ausgleichen? Das Wort Kanon könnte dabei durchaus wörtlich genommen werden. Musizieren und Singen ... (nicht nur in AGs, wo die ohnehin begabten und geförderten Kinder zu finden sind, sondern alle gemeinsam!)

Merkwürdig, daß man die Rechte der Profiteure am Medium Fernsehen nicht einschränken zu können glaubt, jedoch die Rechte der Kinder auf Vorbild und Schutz unbeachtet läßt. Im Straßenverkehr gibt es Ampeln. Körperliches Wohlergehen lassen wir uns einiges kosten.

5. Arbeitslosigkeit. Da gäbe es einige Auswege. Einer davon: drei Vollarbeitsplätze werden zwischen vier Arbeitsuchenden aufgeteilt – bereits mehrfach vorgeschlagen und auf wenigen, einsamen Firmeninseln zögerlich praktiziert. Das könnte umfassender geschehen. Wenngleich es sicher nicht für alle Arbeitssituationen gelten kann, doch ganz sicher für viel mehr,

als Theoretiker und Bequemlinge im Management beim ersten Hinsehen glauben.

Wie sehen viele Bürger die Politiker? So, wie es dieser Witz ausdrückt: Ein Berliner Bauarbeiter beim Frühstück zum anderen: »Ick weeß nich – ick kann erzieh'n und erzieh'n, der Bengel macht mir einfach allet nach.« Wären die FDP-Politiker in ihrer Mehrheit von gleicher Art wie Sie, sehr geehrte Frau Dr. Hamm-Brücher, niemals hätte die Partei um den Einzug in den Bundestag zittern müssen.

Mit vielen guten Wünschen!

Hartmut Neumann

Was an unserer Demokratie verbessert werden müßte

Hartmut Neumann, Jg. 1940, seit 1967 in München, Berufe: Oberstudienrat am Gymnasium, Diözesan-Priester, ehrenamtlich tätig in der Kranken-Seelsorge, interessiert an Ökologie in Theorie und Praxis, engagiert für Kinder- und Jugendschutz.

1. Parlamente, Regierungen der Länder und des Bundes und die Medien sollten jene Kräfte, die Gemeinschaft fördern und Ausländer in unsere westliche Kultur integrieren, stärker beachten und fördern. Das geschieht über Vereine, Verbände, Kirchen, die unter Mitgliederschwund leiden. Nur mit einem in jedem Staatsbürger gut entwickelten Sinn für das allgemeine Wohl wird unsere freiheitliche Demokratie im kommenden 21. Jahrhundert bestehen können. Wenn das individuelle Luststreben bei Männern und Frauen noch mehr zunimmt, wird die Mehrheit der Familien zerfallen, hat unsere europäische Kultur keine Zukunft.

2. Die Erziehungsarbeit der Mütter und Väter gilt bisher viel zu wenig. Die Gesetzgebung im Bund wie in den Ländern erkennt diese täglich erbrachte Leistung kaum an. Sie sollte endlich den Müttern bzw. erziehenden Vätern die Jahre, die sie ganz für ihre Kinder da sind, voll als Rentenjahre anerkennen! Wenn der »Bund der Steuerzahler« richtig recherchiert hat, so wurden im Jahr 1997 ca. 70 Milliarden DM an Steuergeldern vom Fiskus verschwendet. Die dafür Verantwortlichen setzen häufig auf Prestige-Objekte. Statt dessen sollten etliche Milliarden in eine »Bundesstiftung Familie« fließen, damit die für unsere Demokratie unentbehrliche Leistung der Eltern anerkannt und auch finanziell honoriert wird.

3. In den 90er Jahren sind Bürgerinitiativen wie Pilze aus dem Boden gewachsen; auch Freie Wähler und andere politisch aktive Gruppen machen den etablierten Parteien schwer zu schaffen. Wird es den Parteien gelingen, diese hochmotivierten Gruppen und ihre ideenreichen Impulse einzubinden in ihre Programme und in die Parlamentsarbeit?

Wer den Stimmzettel für die Bundestagswahl am 27. September 1998 ganz durchgelesen hat, fühlt sich an das Parteien-Wirrwarr der Weimarer Republik erinnert. Die 5-Prozent-Klausel löst m. E. dieses Problem nicht. Eine Menge demokratischer Energie dringt nicht ein in unsere Parlamente – hoffentlich gelingt es den Abgeordneten der Landtage und des Bundestages, diese Kräfte langfristig zu integrieren!

Hans-J. Liese

Demokratie mit Funktionsstörungen

Dr. Hans-J. Liese, gebürtiger Westfale, Jg. 1925. Freier Journalist und Schriftsteller (Sachbücher, Lyrik) in München. Interessen: Theater, Oper, Musik, bildende Kunst, Literatur.

Ob wir (noch) eine Demokratie haben? Ja, selbstverständlich, aber sie leidet. Unsere Demokratie leidet daran, daß es in ihr zu wenig Demokraten gibt, obwohl sich alle für solche halten. Daran ist nicht zuletzt auch die Weimarer Republik gescheitert.

Die Bürgergesellschaft lebt, solange sich der Bürger als Bürger der Gesellschaft versteht, nicht nur als Einzelindividuum, das nach eigener Fasson selig werden will.

Höchstes Gut einer jeden Demokratie ist die Freiheit. Wir haben sie, genießen sie seit der Wiedervereinigung in ganz Deutschland. Aber welche Freiheit? Nur eine richtig verstandene und gelebte Freiheit kann eine Demokratie tragen. Unsere Gesellschaft jedoch scheint eine zersetzende Freiheit zu bevorzugen; nicht die Freiheit im klassischen Sinne als Freiheit *zu* etwas, sondern im libertären Sinne als Freiheit *von* etwas, von allem, was letztendlich in Zügellosigkeit endet.

Die Demokratie schützt die Grundrechte der Bürger. Das ist aber nur die eine Seite der demokratischen Münze; die andere Seite prägt das Wort »Pflichten«. Unsere Demokratie leidet daran, daß jeder Bürger vom Schüler bis zum Senior, aber auch Asylanten oder Verbrecher ihre Rechte genau kennen und wahrnehmen, niemand aber etwas von Pflichten hören oder sie gar wahrnehmen will, die er der Gesellschaft gegenüber hat, die seine Rechte schützt. Auch in den Medien schlägt dieses durch: ist es nicht seltsam, daß die von den Vereinten Nationen 50 Jahre nach der »Allgemeinen Erklärung der Menschenrechte« 1998 verabschiedete »Allgemeine Erklärung der Menschenpflichten« von den Medien kaum beachtet wurde? In der ›Zeit‹ hatte Helmut Schmidt den Text vorgestellt, der dann in einigen weiteren Ausgaben kontrovers diskutiert wurde. Sonst weitgehend Schweigen. Ein Symptom?

Unsere Demokratie ist in mancher Beziehung nicht so, wie sie sein sollte. Demokratie wird zu oft falsch verstanden, als etwas nämlich, von dem man beliebigen Gebrauch machen kann, ohne Gegenleistung. Eine funktionierende Demokratie aber ist mehr, sie ist ein Produkt, das eine Gesellschaft sich gemeinsam schaffen muß, ein Gut, an dem alle Bürger mitwirken müssen. Das sollten ihnen die Politiker immer wieder sagen. Sie sagen es aber nicht, da sie sich leider selber allzu oft undemokratisch verhalten. Und das nicht nur in Zeiten des Wahlkampfes.

Modellfall für unser Demokratieverständnis ist die Wirtschaftsverfassung, die uns mit der Sozialen Marktwirtschaft, wie sie die Gründerväter verstanden, gegeben wurde; wobei , »Soziale …« bewußt groß geschrieben oder ganz weggelassen wird. Übrig bleibt der sich selbst überlassene, immer mehr liberalisierte freie Markt, der zum totalen und gnadenlosen Verdrängungswettbewerb führt. Mit der sozialen Einbindung des Marktes wollten die Begründer der Sozialen Marktwirtschaft signalisieren, daß der Staat dort (und nur dort!) regulierend eingreifen sollte, wo der gewollte freie Wettbewerb zu sozial unerwünschten Entwicklungen führt. Er hat es frühzeitig mit dem Kartellgesetz versucht, das aber bald von einzelnen Interessengruppen durchlöchert und als Lenkungsinstrument untauglich wurde. So steht der Staat heute fast machtlos der wildwachsenden Entwicklung am Markt gegenüber, auf dem als erstrebenswerte Güter auf der einen Seite nur Marktmacht, Umsatzsteigerung und Gewinnmaximierung um jeden Preis gelten, auf der anderen Seite permanenter Konsum von materiellen Gütern und Dienstleistungen unter Eliminierung aller humanen Werte.

Eine Gesellschaft ohne eine gültige Wertvorstellung kann auf Dauer keinen Bestand haben. Unsere Demokratie gründet auf christliche Wertvorstellungen, die jedoch in einem großen

Teil der Gesellschaft nicht mehr verwurzelt sind; und auch bei denen, die sich noch Christen nennen, werden in ihrem privaten Leben wesentliche Elemente christlichen Denkens ausgeklammert. Zum christlichen Menschenbild zählt nicht zuletzt der besondere Schutz von Ehe und Familie. Beide aber werden, vor allem in den Medien, eher diffamiert als gefördert. Wer von der Treue in der Ehe redet, ist gleich ein Moralapostel, wer sie praktiziert, ein puritanischer Esel. Einen Teil Schuld daran trägt der oft subjektiv abwertende Akzent auch in Medien, die sich sonst ihrer objektiven Berichterstattung wegen rühmen. Es ist ein Unterschied, ob ich schreibe: Ein Großteil der amerikanischen Bevölkerung sieht Bill Clinton seine sexuellen Verfehlungen inkl. Ehebruch nach, weil seine Leistungen als Präsident als bedeutender eingeschätzt werden als seine Verfehlungen im Zusammenhang mit der Lewinsky-Affäre, oder ob ich aus der Meinungsumfrage bei der amerikanischen Bevölkerung den Schluß ziehe: Die Amerikaner wollen offensichtlich »keinen kastrierten Hengst im Weißen Haus«. Das ist häufig genug auch der abwertende Akzent, mit denen Begriffe wie Familie, Ehe Hausfrau oder Tugenden in der Berichterstattung der Medien bedacht werden. Ehen, sofern sie noch geschlossen werden, zerbrechen daher immer früher und immer häufiger, die Familien, die man immer als tragende Basis unserer Gesellschaft angesehen hat, fallen auseinander. Eine Frau, die sich zum Beruf der Hausfrau entschieden hat, wird als »Heimchen am Herd« lächerlich gemacht. Emanzipation und Lösung von antiquierten, überholten Werten und Vorstellungen sind notwendig, um das gesellschaftliche Leben nicht erstarren zu lassen, aber sie dürfen die Basis der Gesellschaft nicht zerstören. Das tun sie, wenn sie zum Selbstzweck werden. Sie sind es geworden.

Zurück zum Anfang: Wir haben eine funktionierende Demokratie, aber mit Funktionsstörungen. Die Politiker, die Unternehmer, die Bürger schlechthin verhalten sich in vielen schwerwiegenden Fällen undemokratisch:

Undemokratisch im Sinne von verantwortungslosem Handeln sind wir den nachfolgenden Generationen gegenüber, denen wir einen hohen Schuldenberg zumuten und eine verkommene und ausgebeutete Umwelt als Erbe hinterlassen. Undemokratisch sind wir den Minderheiten in unserer Gesellschaft gegenüber, den Armen, den Obdachlosen, den Kranken, die manche als populären »Wohlstandsmüll« empfinden. Undemokratisch sind wir den Kindern gegenüber, die die eigentlichen Opfer der Scheidungsmisere sind. Ihre »Menschenrechte«, ihr Recht auf Familie und Geborgenheit in der Jugend wird verletzt. Die Folgen sind bekannt: Verwahrlosung und Jugendkriminalität.

Was ändern? Wie ändern? Von oben, vom Staat, kann einiges, von unten, von der Basis der Gesellschaft, also den Bürgern, muß das meiste bewirkt werden. Als Politiker würde ich den Bürgern mehr reinen Wein statt Schaumwein einschenken, ihnen in jeder Beziehung mehr zumuten, denn Demokratie ist nicht nur eine Schönwetterwerkstatt, sie muß tagtäglich neu gestaltet und gegen innere wie äußere Feinde verteidigt werden, wenn es die Lage (Terrorismus!) erfordert, auch mit ansonsten undemokratischen Mitteln. Als Politiker würde ich mich so verhalten, wie ich möchte, daß alle Bürger einer demokratischen Gesellschaft sich verhalten sollten. Die Vorbildfunktion, das wichtigste Lenkungsmittel, das den Politikern zur Verfügung steht, funktioniert aber nur selten. Was für die oben gilt, gilt für uns unten, gilt für alle: Suche die Welt nicht nur zu erobern, durchdringe sie; suche die Welt nicht nur zu verändern, ändere dich selbst. Unsere geschriebene Verfassung, das Grundgesetz, ist gut, ändern müssen wir nur unsere innere, gelebte Verfassung.

Richarde Lequa

Globalisierungsfolgen

Richarde Lequa, geb. 1930. Frauenleben nach dem traditionellen »Drei-Phasen-Modell«; in der dritten sozialwissenschaftliches Studium, Promotion, praxisnahe Berufs- und Forschungsarbeit in den Interessenfeldern Industrie- und Medienbetriebe. Aktuelles Projekt: Studie »Lebens- und Gesellschaftsbilder«.

Das Thema des Jahreskongresses, den die soziologischen Verbände Deutschlands, Österreichs und der Schweiz im September 1998 in Freiburg hielten, lautete: »Grenzenlose Gesellschaft?« Ich suchte vergeblich nach einer Veranstaltung zum grundsätzlichen Widerspruch in dieser Formulierung.

Gesellschaften sind durch innere Strukturen und äußere Grenzen charakterisierte soziale Gestalten. Zu ihren Lebensprozessen gehört ein Austausch mit anderen menschlichen Gesellschaften. Von diesen trennen sie aber die engere gegenseitige Abhängigkeit ihrer auf einem begrenzten nationalen Territorium lebenden Mitglieder und eine darauf basierende politische Verfassung und Regierung. Sie schreiben sich selbst und anderen Gesellschaften eigene Rechte und Verantwortung für ihre Lebensführung zu. Von Gesellschaft zu sprechen heißt, eine Vorstellung und auch eine Idealvorstellung von ihr zu haben. Die demokratische Nationalgesellschaft wie auch die Soziologie als Lehre von Gesellschaft und ihren Wirkungen verdanken sich der europäischen Aufklärung und aufgeklärten Reformen in einer bis dahin monarchisch beherrschten Staatsgesellschaft. Heute verzichten Soziologen und auch Soziologinnen weitgehend auf normative Gesellschaftsvorstellungen, beschränken sich auf Beschreibungen oder die wissenschaftliche Untersuchung sozialer Fakten in Spezialgebieten.

Das war selbst in neuerer Zeit nicht immer so. Als in der Nachkriegszeit aus den von nationalsozialistischer Regierung und Volksgemeinschaft hinterlassenen Trümmern neue Gesellschaften entstehen sollten, verbreiteten die jeweiligen Besatzungsmächte ihre Gesellschaftsideale. In Westdeutschland trugen dazu Soziologen wie die Emigranten Max Horkheimer und Theodor Adorno bei, die die Anfälligkeit des autoritären Staates und der autoritären Persönlichkeit für faschistische Tendenzen nachgewiesen hatten.

Die neuen Vorstellungen zur Beschaffenheit einer demokratischen, friedlichen, pluralistischen und produktiven Gesellschaft wurden politisch, wissenschaftlich, in der Bevölkerung aufgegriffen. Friedens-, Bürgerrechts-, Frauen- und ökologische Bewegungen nahmen Anstöße auf und gaben selbst neue Impulse. Die reale neue Gesellschaft als Kompromiß aus Wünsch- und Machbarem war in der Tat demokratischer, toleranter, wohlhabender und vielseitiger als jede Vorgängerin.

Heute klingt das wie ein Märchen. Die Nachkriegsepoche ist beendet. Eine tief veränderte deutsche Gesellschaft sieht sich erneut schweren Lebensproblemen gegenüber. Kritische politische und wissenschaftliche Diskussionen oder Reformvorschläge aber behandeln nur Teilbereiche oder -aspekte.

Den Leerraum besetzen Interessengruppen. Betriebe propagieren ihre betrieblichen Zwecken dienenden Globalisierungen als gesellschaftliches Reformkonzept. Die Globalisierungsstrategie begann im Nachkriegseuropa, als amerikanische Konzerne hier Töchter bildeten. Sie setzte sich im Heranzüchten multinationaler Konzerne neuer Größenordnung auf den Nährböden potenter Nationalgesellschaften fort. Die dabei entwickelten industriellen Informations- und Kommunikationstechniken ermöglichen intensivere Naturausbeutung und die Nutzung sozialer Fähigkeiten über Gesellschaftsgrenzen hinweg. Seit die Endlichkeit der Ressourcen der Erde und die Schäden hemmungsloser Ausbeutung und verschwenderischen Verbrauchs von Gütern und Energien bekannt sind, seit Automaten und Computer menschliche Arbeitsleistung in einem

Ausmaß ersetzen, das die betrieblichen Erwerbsplätze drastisch vermindert, lassen sich vermehrte und erweiterte Globalisierungen nur mit politischer Unterstützung und sozialer Duldung durchsetzen. Sie sollen durch Vortäuschen einer Identität von Konzern- und Gesellschaftsinteressen gewonnen werden.

Die latent noch existierende christliche Utopie einer friedlichen und gerechten christlichen Menschheitsgesellschaft, die Aufklärungs-Utopie eines per se vernünftigen technisch-naturwissenschaftlichen Fortschritts erleichtern das Vorhaben. Doch den Konzernen sind, wenn sie nur die betrieblichen Ziele erreichen, die gesellschaftlichen Folgen gleichgültig. Die könnten so aussehen: Auf nationalgesellschaftlichen Territorien Konzern-Herzogtümer, in denen privilegierte Gesellschaftsmitglieder den Lebensunterhalt erwerben können. Neo-autoritären Staatsbetrieben bleibt überlassen, die ausgesperrte restliche Bevölkerung zur Respektierung der inneren Grenzen zu zwingen und mit Almosen stille zu halten. Das Feld für neofaschistische Verführung Hoffnungsloser ist vorbereitet.

Ein mögliches Szenarium, nicht mehr. Doch »eine andere Republik« erschaffen die Globalisierungen zwangsläufig, eben weil Betriebe in die Lebensführung demokratischer Nationalgesellschaften tief verwoben und unerläßlich für sie sind. So müßten kritische Analysen der traditionellen Vorstellungen von moderner Gesellschaft und konzeptuelle Entwürfe für Reformen, die erneut Lebensfähigkeit herstellen könnten, eine öffentliche Diskussion ermöglichen. Nur in ihr könnte sich erweisen, zu welchen geplanten gesellschaftlichen Veränderungen die deutsche Bevölkerung bereit ist.

Wilma Kobusch

Defizite der Demokratie – Beispiel Bioethik-Konvention

Wilma Kobusch, geb. 1936, studierte im Fachbereich für angewandte Sprachwissenschaft der Johannes Gutenberg Universität Mainz, langjährige Tätigkeit als Übersetzerin und Dolmetscherin (Englisch und Russisch) in der Energiewirtschaft, Mitbegründerin der Internationalen Initiative gegen die Bioethik-Konvention, div. Publikationen zur Bioethik, lebt im Kohlenpott im Familienhaus mit vielen Katzen, stapelt Büchertürme und liest und liest und liest – und verachtet die vollständige Abwesenheit von Politik bei den wichtigsten Weichenstellungen für die Zukunft zutiefst.

»Das Ende der Demokratie ist kein Knall, sondern der leise Übergang in eine autoritäre Technokratie, in der der citoyen – der Bürger – vielleicht gar nicht bemerkt, daß die Kernfragen des Überlebens sich längst seiner Mitwirkung entzogen haben« ... und die gewählten Parlamente den Wählerauftrag – nämlich die Gestaltung unserer Zukunft – längst verraten und an demokratisch nicht legitimierte Expertenzirkel verspielt haben, möchte man diesem Zitat von Ulrich Beck hinzufügen.

Die Vorgänge um die »Europäische Menschenrechtskonvention zur Biomedizin«, deren ohne Zweifel geräuschlos geplante Ratifizierung durch die Bundesregierung aufgrund der vorzeitigen Veröffentlichung durch unsere Initiative und die sich anschließenden millionenfachen Proteste bisher verhindert werden konnte, ist ein anschauliches Beispiel für die Erosion demokratischer Spielregeln. Und man fragt sich, was unerträglicher ist: die Entstehung eines so weitreichenden Gesetzeswerkes in hermetischen Zirkeln, das Bemühen, uns diese Büchse der Pandora in einem nationalen Bioethikfeldzug immer wieder als Pralinenschachtel anzudienen, oder die Manipulation der Meinungsbildung und Argumente. Um die Jahreswende 1993/94 gelangten drei Gründungsmitglieder der »Internationalen Initiative« in den Besitz des bis dahin geheimgehaltenen Entwurfs der damals noch so bezeichneten Europäischen Bioethik-Konvention. Die Konvention, die für alle Unterzeichnerstaaten verbindliches europäisches Recht sein wird, sieht u. a. den weitestgehenden Zugriff auf nichteinwilligungsfähige Menschen für fremdnützige Forschung und Entnahme transplantierfähigen Materials, den freien Zugriff auf genetische Testergebnisse und die verbrauchende Embryonenforschung vor, wobei der Rechtsschutz der in die Mühlen der Forschung geratenen Menschen eher spärlich ausgelegt ist: So gibt es keinen Datenschutz, kein Individualklagerecht vor dem Europäischen Menschengerichtshof, die Schutzbestimmungen für die Menschenversuche sind vage, die Risiken werden gar nicht definitorisch eingegrenzt, das genetische Diskriminierungsverbot bezieht sich nur auf Personen, nicht auf Menschen, und das hochgelobte Verbot der Eingriffe in die Keimbahn ist in Wirklichkeit auch keines, denn erstens gilt es nur für absichtliche Eingriffe, die sich auf Folgegenerationen weitervererben, und zweitens arbeitet die Wissenschaft längst an der Option, durch Anlagerung eines zusätzlichen künstlichen Chromosoms Keimbahneingriffe zu bewerkstelligen, die auf eine Generation beschränkt bleiben.

Weil der Umgang mit den Optionen der Biotechnologie den Kern unserer aller Existenz betrifft und das Gesicht unserer Zukunft bestimmen wird, kann es nicht die Sache von demokratisch nichtlegitimierten Expertenklüngeln sein, zu bestimmen, wie dieses Gesicht aussehen soll und welchen Fortschritt wir uns zu welchen sozialen und ökonomischen Kosten leisten wollen, sondern dies kann nur von uns, den Bürgern, und unseren gewählten Parlamenten entschieden werden. Aus diesem Grund haben wir uns im April 1994 entschlossen, das vertrauliche Dokument breit in die Öffentlichkeit zu streuen. Eine große überregionale Wochenzeitung nannte das später eine »demokratische Indiskretion«. Erst danach begann die Diskussion in der Öffentlichkeit, im Parlament und in den Medien. Inzwischen wurde die Menschenrechtskonvention zur Biomedizin von der Hälfte der EU-Länder unterzeichnet (von Österreich unter Beifügung eines sog. »Tadels« im Umfang von 15 Seiten), die anderen Länder haben noch nicht unterzeichnet, darunter Deutschland, Belgien, England, Schweiz, Irland, Polen.

In der Bundesrepublik befinden wir uns mitten in der Akzeptanz-Debatte, die hochmanipulativ ist und unsere Überzeugung erhärtet, daß die Durchsetzung der Biotechnologie ein Umfeld braucht, in dem die Demokratie zurückgedrängt, die Meinungsbildung homogen gehalten und der Bürger an eigener Meinungsbildung durch Vorenthaltung des freien Zugangs zu den originären Dokumenten gehindert wird. So hat es die Bundesregierung seit nunmehr November 1996, d. h. in zwei Jahren, nicht geschafft, den ca. 32 Seiten starken erläuternden Bericht zur Menschenrechtskonvention zur Biomedizin (quasi das Kleingedruckte!) in deutscher Sprache zugänglich zu machen. So liegen bisher die Protokolle, in denen Einzelheiten zur Organtransplantation, zur Genforschung, zur medizinischen Forschung geregelt werden, der Öffentlichkeit nicht vor.

So scheute sich der Justizminister Schmidt-Jorzig der abgewählten Regierung Kohl nicht, zugunsten der fremdnützigen Forschung an nichteinwilligungsfähigen Menschen (u.a. Kinder) auch noch den »pädagogischen Wert eines gemeinschaftsnützigen Opfers« ins Feld zu führen, durch den »die Einwilligung in fremdnützige Forschung mit dem Kindeswohl zu vereinbaren (sei)«. Inzwischen hat der Deutsche Richterbund in einer sechsseitigen kritischen Stellungnahme zentrale Artikel der Konvention (darunter die fremdnützige Forschung an Nichteinwilligungsfähigen) abgelehnt und den Minister aufgefordert, die Konvention nicht zu ratifizieren.

So hat sich das Zentralkomitee der Deutschen Katholiken, offenbar mangels eigener kluger Köpfe, die selber denken können, seine Meinungsbildung über die Konvention gleich von den Verfassern dieses Dokumentes bilden lassen: Unter tätiger Mithilfe fast aller deutschen Mitglieder des europäischen Lenkungsausschusses für Bioethik hat Prof. Honnefelder (Mitverfasser der Konvention) »es übernommen, einen Entwurf für die geplante Stellungnahme zu formulieren«. Die Verfasser der Konvention liefern auch gleich die kritische Stellungnahme dazu. Ein »ethischer« Allround-Service, der an Versatilität nichts zu wünschen übrig läßt! So wird den Gegnern der Konvention von Vertretern aus Politik, Kirchen und Wissenschaft immer wieder zu denken gegeben, daß die Bundesrepublik schon deswegen ratifizieren müsse, weil sie sonst keinen Einfluß mehr auf die Ausgestaltung der Protokolle nehmen könne. Dabei wissen sie natürlich ganz genau, daß die Bundesregierung in der Vergangenheit von 168 europäischen Übereinkommen mehr als ein Drittel nicht ratifiziert hat, ohne daß ihr das geschadet hätte, und daß z. B. für das Protokoll zur Gentechnik federführend Dr. Stefan Winter ist, Bundesgesundsheitsministerium, seit Juni 1996 Vizepräsident des europäischen Bioethik-Lenkungsausschusses und, wie am Rande einer europäischen Tagung von einem französischen Mitglied zu erfahren war, sein designierter Präsident. Inzwischen ist Winter im Zuge des Regierungswechsels vom Bundesgesundheitsministerium auf eine Position in einer kassenärztlichen Vereinigung übergewechselt. Nach schwindendem Einfluß sieht das wahrlich nicht aus, und so darf dieses »Argument« wohl als das gewertet werden, was es ist: schlichte Erpressung.

Eingebettet sind die Diskussionen um die Menschenrechtskonvention zur Biomedizin in massiv vorangetriebene Entwicklungen, die gezielt die Weichen für einen radikalen Wertewandel stellen. Die folgenden Beispiele mögen als Schlaglichter dienen: Im Internet sorgt sich der Philosoph Sass um Chancengleichheit und warnt, daß die »Gewissensabkopplungskostenschwelle« nicht so hoch sein dürfe, daß sich nur gut betuchte Leute gewisse reproduktionsmedizinische Eingriffe leisten können. Im Zusammenhang mit nicht lebensfähigen Frühgeburten ist immer häufiger von »ethischem Abfall« die Rede. Die Pflege hirntoter Menschen bis zu Organentnahmen verkommt im Fachjargon zur »vorgezogenen Empfängertherapie«. Das Sterbenlassen von Menschen durch Einstellung der medizinischen Versorgung wurde jüngst als »Änderung des Therapieziels« umdekoriert. Dieser bioethische Newspeak spricht Bände über das Menschenbild der modernen Medizin. Die Deutsche Forschungsgemeinschaft (DFG) verlangt in einer Streitschrift, daß das Recht auf Leben in gewissen Fällen hinter der Forschungsfreiheit zurückzustehen habe. In einem UNESCO-Papier wird diskutiert, ob bewußtlose Menschen ohne Einwilligung in hochinvasive Forschungsprojekte einbezogen werden dürfen, »auch wenn dies ihren sofortigen Tod zur Folge haben könnte.« In der Forschungsarbeitsgemeinschaft »Mensch/Person« des Landes NRW entwickelt ein Philosoph eine »Ethik der Nichtebenbürtigkeit« und niemand findet etwas dabei. Der Philosoph Mohr befürchtet eine »Remoralisierung der Politik«, da sie »die Vorherrschaft der Negativprognose (fördert)«, und sieht den Versuch, »das Prinzip Verantwortung der modernen Welt anzupassen, durch ein Übermaß an Moral erschwert«.

Die Evangelische Akademie Mühlheit verteilt im Rahmen einer Kooperation mit der Bertelsmann Stiftung einen siebenseitigen Fragebogen, wo nach Multiple-Choice-Manier u. a. anzukreuzen ist, ob jeder ein Mensch ist oder nur der, der bestimmte Eigenschaften hat; ob die Menschenwürde jedem zukommt oder nur dem, der bestimmte Eigenschaften hat.

Hinter diesen Momentaufnahmen zeigen sich die Konturen einer Gesellschaft, für die Erwägungen von Demokratie, Freiheit, Solidarität keine Rolle mehr spielen werden. Und was tun die Politiker? Statt ordnend und gestaltend einzugreifen, werfen sie sich in den dunklen Anzug oder das kleine Schwarze und feiern in Festakten unter Blumengestecken mit wohlklingenden Phrasengirlanden das Jubiläum unserer Verfassung. Die wird aber in kürzester Zeit Makulatur sein, wenn sich die Damen und Herren des Hohen Hauses nicht endlich darauf besinnen, warum der Souverän sie eigentlich gewählt hat und das überaus kostspielige Parlament finanziert. Die vielbeschworene Politikverdrossenheit der »Bürger draußen im Lande« ist nichts als eine Schutzbehauptung unfähiger Politiker.

Georg-Friedrich Jahn

Gedanken zur Demokratie in Deutschland

Georg-Friedrich Jahn, geb. am 11.01.1924 in Magdeburg, verh., zwei erwachsene Kinder, zwei Enkel. Schule Magdeburg, Stuttgart, Gießen. 1942 Abitur am hum. FG in Kassel. Drei Jahre Kriegsdienst bei der Marine und ein Jahr Gefangenschaft. Ab 1946 Arbeit als Maurer, selbst fin. Studium Bauwesen, ab 1951 techn. Angestellter, später Beamter im kommunalen Dienst, zuletzt Leiter eines Bauaufsichtsamtes. Auch im Ruhestand noch vielseitig interessiert, parteilos, aktiv im Rotary-Club und als Eisenbahnfan.

Als junger Leutnant zur See des Jahrganges 1924 erlebte ich Kapitulation und Kriegsende Anfang Mai 1945 in Italien. Enttäuschung und Schmerz waren groß. Denn bis zuletzt glaubte ich, gemäß Erziehung und Umfeld, mein Bestes für Führer, Volk und Vaterland geben zu müssen. Dem ersten Schock folgte der zweite, als ich in der englischen Kriegsgefangenschaft durch Film, Schrift und Wort erfahren mußte, welch schrecklicher Taten das Regime fähig war, dem ich in gutem Glauben viele Jahre gedient hatte. Zwölf Monate Gefangenschaft unter schwierigen Bedingungen brachten viel Zeit zum Nachdenken mit dem Ergebnis, daß die Demokratie gegenüber dem erlernten Führerprinzip wohl doch die weitaus bessere Staatsform sein müßte.

Nach meiner Rückkehr 1946 half ich mit am Aufbau unserer neuen Demokratie: beruflich verwandelte ich als Maurer-Umschüler und später als Maurer Trümmerhaufen wieder zu Bauwerken, meine Freizeit gehörte der Jugendarbeit. Im Pfadfinderbund »Großer Jäger«, im Bund Deutscher Pfadfinder und in zahlreichen Gremien auf Stadt-, Kreis-, Landes- und Bundesebene konnte ich viele Erfahrungen im demokratisch-politischen Bereich sammeln und auch weitergeben. Da aber nicht alles nur Gold war, konnte ich mich nicht zur Bindung an eine politische Partei entschließen, was möglicherweise falsch war. Unter politischen Aspekten wechselten meine Einstellung und auch die der Behördenleitungen mehrfach. Denn seit 1951 arbeitete ich nach selbst finanziertem Studium als technischer Angestellter, später als Baubeamter in der Kommunalverwaltung. Ich begleitete immer mit großem und auch kritischem Interesse die hervorragende Entwicklung unserer Demokratie in der Bundesrepublik Deutschland. Deshalb irritierten mich sehr die Entwicklungen der Jahre ab 1968, in denen die Außerparlamentarische Opposition (APO) mit allen bekannten Begleiterscheinungen zur Rote-Armee-Fraktion eskalierte. Sah ich hier doch die junge Pflanze Demokratie ernstlich bedroht und zwar meist durch Leute, die weder Diktatur noch Krieg noch Nachkriegsnot bewußt erlebt hatten. Nun, die Demokratie überstand es und wurde stärker. Viele der APO-Opas und -Omas reiften und integrierten sich in unsere demokratische Gesellschaft. Wir sollten uns die Frage stellen, wie eigentlich wir als Bürger zu unserem demokratischen Staat stehen. Ist es tatsächlich so, daß wir nur alle vier Jahre wählen dürfen, und dann machen »die da oben« sowieso nur, was sie wollen. Ich sage nein. Die Demokratie braucht die stetige Mitwirkung ihrer Bürger. Auf vielen Gebieten, in Parteien, Gemeinwesen, Vereinen, beim Nachbarn ist unsere Mitarbeit gefragt. Ohne die vielen ehrenamtlichen Helfer würde manches zusammenbrechen. Allerdings gibt es neben den Rechten, mannigfaltige Wohltaten entgegenzunehmen, auch Pflichten demokratischen Handelns, zu denen leider auch das unseren Einkünften entsprechende Zahlen von Steuern gehört. Dies setzt eine gerechte Beurteilung voraus, an der es leider noch mangelt.

Fairerweise sollte man ein wenig Verständnis für diejenigen entwickeln, die angesichts der hohen Lasten versuchen, ihre Steuern zu verkürzen. Denn ohne Folgen bleiben die jährlich angeprangerten Verschwendungen der öffentlichen Hand in

Millionenhöhe. Zu berechtigtem Unmut führen auch die Aufblähung mancher Verwaltungen, die enorme Überversorgung ausscheidender Amtsträger und Volksvertreter und nicht gerechtfertigte Beförderungen beim Machtwechsel. Man muß aber auch darüber nachdenken dürfen, welchen Sinn es macht, bspw. aus Steuermitteln nicht benötigte Bürohäuser im Osten zu fördern oder Werften in Korea, die unsere eigenen Werften in den Konkurs treiben.

Die Bundestagswahl 1998 ist gelaufen. In erstaunlicher Weise hat sich die Demokratie hier bewährt. Ist es doch noch niemals zuvor bei uns passiert, daß eine in vielen Bereichen erfolgreiche Bundesregierung, die sich fest im Sattel wähnte, so deutlich abgewählt wurde. Vermutlich verdroß es viele Wähler, aus einer Reihe fortwährend grinsender Gesichter gebetsmühlenartig immer die gleichen leeren Worte zu hören, während die echten Probleme immer größer wurden. Sie wollten den Wechsel, andere Menschen mit Visionen, Wertvorstellungen und neuen Ideen. Sie wollten einfach, daß wieder regiert würde in unserem Land. Es spricht für unser demokratisches Verständnis, daß sich der Wechsel ohne viel Lärm und Aufgeregtheit vollzogen hat. Die demokratische Mitte ist nach links gerückt, wobei für viele Wähler aus diesem Spektrum die Partei der Grünen als Partner nicht unproblematisch sein dürfte. Aber vor dem Wechsel war da ja auch ein nicht ganz einfacher Koalitionspartner namens F.D.P., mit dem sich die CDU arrangieren mußte. Sehr gut ist, daß die rechtsextremen Parteien nicht im Parlament sind. Der Betriebsunfall in Sachsen-Anhalt hat nach dem für jeden sichtbaren Auftreten der unbedarften Akteure lehrreich gewirkt, was auch die Wahl in Mecklenburg-Vorpommern bestätigt. Die neue Regierung wäre dennoch gut beraten, sich auch mit den Anliegen der vielen Splitterparteien zu befassen. Ein abschließendes Urteil über die PDS ist noch nicht möglich. Hier muß sich noch einiges bewegen in bezug auf Demokratie und Vergangenheit. Der besonderen Lage in den Neuen Ländern ist vom Westen jedoch weiterhin ernsthaft und ohne Überheblichkeit Rechnung zu tragen. Vielleicht hat dann

Herrn Hintzes Wahlplakat »mit den Händen« prophetische Wirkung: SPD und PDS vereinigen sich erneut, nur diesmal in entgegengesetzter Richtung! Das ist natürlich im Augenblick noch Unsinn. Dennoch sollte eine Partei, die bei einer demokratischen Wahl in erheblichem Umfang Stimmen gewonnen hat, nicht einfach ausgegrenzt werden.

Was sagt uns das alles zu unserem Thema Demokratie? Nun: Der Wähler hat sein Recht ausgeübt und einen Wechsel herbeigeführt. Die neuen Regierungsparteien können jetzt zeigen, ob sie gute Arbeit für unser Land leisten können, ohne in ihre alten Flügelkämpfe zurückzufallen. Wunder wird keiner erwarten können. Aber schon wenn es einigermaßen klappt, werden wohl diese Parteien in vier Jahren wiedergewählt werden. Andernfalls warten wieder die Oppositionsbänke. Das ist Demokratie und das ist gut so!

Armin K. Nolting

Konkrete Reformen sind überfällig

Armin K. Nolting, geb. am 24.09.1971 in Winnenden bei Stuttgart, studierte nach seinem Schulabschluß in Heidelberg, Freiburg i.Br. und Reading (GB). Seit Mai 1998 arbeitet er als Stipendiat der Deutschen Forschungsgemeinschaft in Bochum an seiner Promotion im Bereich der Entwicklungsforschung. Seine außerberuflichen Interessen beinhalten Ausdauersportarten, Architektur und Musik.

Nach einem halben Jahrhundert demokratischer Gesellschaftsentwicklung in der Bundesrepublik – seit 1990 gemeinsam mit den östlichen und gar nicht mehr so neuen Bundesländern – ist neben Dankbarkeit für die freiheitliche Verfassung auch die Frage nach möglichen Verbesserungen derselben am Platze.

Die Demokratie, und nicht nur die deutsche, ist stets verbesserungswürdig. Gerade in der Möglichkeit einer von der Bevölkerung getragenen Anpassung des Systems an sich verändernde Umstände liegt schließlich auch ein zentraler Vorzug der Demokratie gegenüber autoritären Staatsformen. Eine Demokratie, die diese Bezeichnung verdient, trägt das Element der Dynamik, des Wandels immer in sich. Insofern war die in den letzten Jahren zu beobachtende Stagnation der Demokratie vergleichsweise undemokratisch.

Die Demokratie ist verbesserungswürdig an ihren beiden Seiten, der des »demos«, des Volkes, und der des »kratein«, des Herrschens, oder, wenn der Begriff lieber bzw. demokratischer ist, des Regierens. In beiden Sphären sind sowohl die politischen Amtsinhaber als auch Bürgerinnen und Bürger in der Pflicht, zu einer Veränderung beizutragen.

Das Volk

Die letzte große Stunde des Volksbegriffes in der politischen Geschichte Deutschlands schlug wohl im Ostteil des Landes. Dort, auf den Montagsdemonstrationen, betonten die Menschen, die unter dem totalitären System der DDR litten, ihre Identität mit dem Volk, welches in der peinlichen und verräterischen Bezeichnung »Volksdemokratie« vom DDR-Regime zwar doppelt, aber zu Unrecht bemüht wurde. Gerade aus Achtung vor der Leistung, die heute zu Recht mit dem Ruf »Wir sind das Volk« verbunden wird, genügt es beim Nachdenken über die Demokratie nicht mehr, das Volk zu sein. Es drängt sich die Frage auf, wer das Volk ist und wer (nicht) dazugehört.

Das Volk, als politischer Teil der Bevölkerung, wird in unserem Land zu begrenzt verstanden. Es gibt drei Richtungen, in die unsere Vorstellung vom Volk erweitert werden kann und muß. Es geht nicht nur um eine konkrete Ausweitung des Wahlrechts, sondern auch um die aktive Einbeziehung von rechtlich bereits gleichgestellten Personen.

Erstens bedarf es einer Öffnung der Politik gegenüber der Jugend. Gemeint ist nicht der Versuch einer Anbiederung durch pseudojugendliche Phrasen, sondern Interesse und Respekt für die Bedürfnisse und Ideen der kommenden Generation. Die Tatsache, daß insbesondere sie unter einer nicht nachhaltigen Politik zu leiden haben, verlangt nach einer Einbeziehung der unter 18jährigen in die politische Öffentlichkeit. Der Modernitätsvorsprung der Jugend garantiert kein politisches Bewußtsein, schließt dieses aber keinesfalls aus. Gleichsam kann von einem Wahlrecht für 16jährige ein Politisierungseffekt ausgehen, der zu den Planspielen im Gemeinschaftskundeunterricht ein Stück echte Verantwortung treten läßt.

Es ist zweitens zu nennen die immer größer werdende Gruppe der sozial Verarmten und Ausgeschlossenen. In dieser Gruppe finden sich so unterschiedliche Existenzen wie von Sozialhilfe lebende Alleinerziehende, Menschen ohne Wohnung, chronisch Kranke oder Abhängige. Ohne Lobby, ohne

Sanktionsmöglichkeiten gegenüber der ihnen meist gleichgültig beggnenden Bevölkerungsmehrheit, geht der politische Diskurs (wenn er stattfindet) über sie hinweg. Neben der Notwendigkeit ihrer menschenwürdigen Einbindung in die Gesellschaft ist auch ihre Heranführung an demokratische Teilhabe und Verfahren anzustreben.

Drittens sind zu nennen die Mit-Bürger ausländischer Herkunft oder Abstammung. Sie zahlen als Arbeitnehmer ihre Steuern an deutsche Finanzämter, stabilisieren durch eine jüngere Altersstruktur die Sozialkassen und sind als hier ansässige Menschen von Entscheidungen auf allen politischen Ebenen direkt betroffen. Dennoch haben sie, außer als EG-Staatsangehörige auf kommunaler Ebene, keine Mitgestaltungsmöglichkeit. Das Wahlrecht für dauerhaft in Deutschland lebende Menschen gleich welcher Herkunft, mit oder ohne Annahme der deutschen Staatsbürgerschaft, wäre ein klares Zeichen der sozialen Modernisierung. An diesem Punkt wird deutlich, daß die Vorstellung von einem (Wahl-)Volk seine letzten völkischen Rudimente abstreifen muß, um sich einem modernen und funktionalen Verständnis anzunähern. Die Ignoranz gegenüber diesen und anderen, hier nicht genannten Teilen der Bevölkerung schürt Neid und Existenzängste. Die Ausgrenzung dieser Minderheiten aus den Prozessen und Programmen der Politik schürt neben Frustrationen im schlimmsten Fall auch das wohl undemokratischste Phänomen: die Gewalt.

Die Herrschaft (Das Regieren)

Trotz der beobachtbaren Tendenz zu plebiszitären Entscheidungsverfahren ist die Repräsentation in unserer Demokratie bestimmend für die Ausübung der Macht, des Regierens. Die Herrschaft des Volkes äußerst sich nur in Ausnahmesituationen wie Wahlen oder Volksentscheiden direkt. Dies sind die Momente der »Demokratie« im eigentlichsten Wortsinn, und die Bevölkerung hat die Chance oder gar die Pflicht, sich daran zu beteiligen. Der Großteil des Regierens ist jedoch Sache der dafür gewählten Vertreterinnen und Vertreter. Von ihnen sind sowohl Führungswille als auch Nähe zur Bevölkerung und deren Interessen zu erwarten. Daß diese Forderungen sich nicht gegenseitig ausschließen müssen, zeigt das erste Amtsjahr Tony Blairs in Großbritannien. Die Lust an der Macht ist, insofern sie im Interesse des eigentlichen Souveräns eingesetzt wird, eine politische Eitelkeit, nicht aber verwerflich. Die Anbindung an die Bevölkerung ihrerseits darf nicht in einer Unterwürfigkeit enden, in der die Verkörperung der Mittelmäßigkeit mit Bürgernähe verwechselt wird. Zur Herrschaft gehört auch der Respekt gegenüber demokratischen Gepflogenheiten oder Verfassungsvorgaben. Hierbei sind an die Amtsinhaber und Repräsentantinnen besondere Maßstäbe anzulegen. Die Beschimpfung einer Bundesratsmehrheit als »Blockadepolitiker, die die richtige Politik verhindern«, mag hier als verhältnismäßig junges Beispiel dienen. Diese Redewendung, von den Politikerinnen und Politikern gebetsmühlenartig wiederholt und durch die Medien millionenfach multipliziert, demonstriert nicht nur einen Mangel an demokratischer Gesinnung und Respekt vor den Vertretern der Bundesländer, sondern ist zugleich Wasser auf die Mühlen derer, die »strafere Entscheidungsstrukturen« verlangen und das eben aus zwei Kammern bestehende Parlament mit seinen Ausschüssen durchaus mal als »Palaverhütte« oder als Ansammlung von »steuergelderverprassenden Schmarotzern« diffamieren. Antidemokratischen Gesinnungen Vorschub zu leisten (siehe auch die Diskussion um die innere Sicherheit) wird aus parteitaktischem Kalkül immer wieder akzeptiert. Dies gehört unterlassen und sollte von der Bevölkerung per Wahlzettel und den Medien als Vierter Gewalt konsequent angeprangert werden. Es ist die Aufgabe der Bürger, aber auch der politisch Verantwortlichen, die Mißstände in der deutschen Gesellschaftsordnung aufzudecken und schrittweise zu beseitigen. Unsere nun 50 Jahre alte freiheitlich demokratische Verfassung gibt uns die Möglichkeit, Dinge zu verändern – wir sollten diese Chance zum Besseren nutzen.

S. Michael Westerholz

Du darfst denken und jede Wahrheit sagen

S. Michael Westerholz, 58 Jahre, Journalist, leidenschaftlicher Sammler religiöser und historischer Archivalien und Bilder, niederbayerischer Sagen und Legenden sowie volkskundlicher Gegenstände (Rosenkränze, Wachsstöcke) und Bücher.

Wir hatten ja so viel Zeit: lebten in einem Verschlag, den wir nur nachts heimlich zum Luftschnappen verlassen durften, durften in diesem Versteck nicht laut sprechen, nicht lachen, nicht weinen – aber mein Bruder Peter und ich durften lernen: lesen, schreiben; das ging still vor sich. Ich war fünf und las perfekt, verstand aber Mutters Antwort auf meine Frage nicht, warum wir so leben mußten: »Weil gesetzlose Desperados in Deutschland das Sagen haben!«

1945, Kriegsende. Hinter den Alliierten marschierten wir heim. Fanden die alte Wohnung halbwegs bewohnbar und teilweise eingerichtet vor. Vater war schon zurück aus dem KZ, ein Blinder, dem ich die Zeitungen vorlesen durfte, die um die Jahreswende 1945/46 schon wieder in einiger Vielfalt vorhanden waren. Das Lokalblatt wollte er von der ersten bis zur letzten Seite Wort für Wort hören, u. a. wegen der Toten; die »Heiligen des Tages« waren mir noch Jahre später im Gedächtnis. Aber ich war bald bestens informiert: Bizone, SBZ, die sich schnell entwickelnde neue Sprache der Politiker, die scheinbar offen sprachen und doch in Wahrheit nur zu verschleiern begannen – all das entnahm ich den Zeitungen.

Erfuhr so von Herrenchiemsee und vom Parlamentarischen Rat. Und das neue Geld war schon verteilt, da war auf einmal vom Grundgesetz die Rede, bei dessen Erarbeitung die »Fehler von Weimar« vermieden worden seien.

Vater und ich hatten viel Zeit, darüber zu diskutieren: Er war noch nicht für seine Haft entschädigt (und verweigerte später die Annahme, wie er auch nie als Zeuge in Prozessen gegen die KZ-Schinder auftrat!), bekam aber auch kein Gehalt mehr als Lehrer, da er nicht mehr dienstfähig war. Die Minirente reichte bei rasch wachsender Familie hinten und vorne nicht, und so trug er Zeitungen aus: Kannte sich gut aus, daß er den drei Kilometer weiten Weg zu meiner Schule alleine bewältigte, wohin die Zeitungen ausgeliefert wurden und wo er auf mich wartete. Dann marschierten wir täglich 16 km weit über die Anhöhen des Üllendahles im Wuppertaler Stadtteil Elberfeld, und während er seine rechte Hand auf meine linke Schulter legte und sich so führen ließ, hatte ich beide Hände frei, um ihm die Zeitung vorlesen zu können.

Was ist ein Grundgesetz? »So was wie die Zehn Gebote!« Aber nachdem er Bedeutung, Zielsetzung und Aufbau dieses GG beschrieben hatte, widersprach ich: »Es sind also die Zehn Gebote – nur ausgedehnt?«

Ich war acht, altklug, stur, immer hungrig und schämte mich für meine besondere Entdeckung. Täglich lieferten wir beim Friedhofsinspektor V. ein Zeitungsexemplar ab, dessen einziger Sohn seit dem Krieg vermißt war, »im Osten« – wie so viele. Jede Kinderstimme im Haus erinnerte die unglückliche Mutter an den vermißten Sohn. Und als ich einmal gesagt hatte, »wir müssen rasch weiter, ich hab' Hunger«, hatte die gebürtige Schwäbin köstliches Sauerkraut und Fingernudeln serviert. Es spielte sich ein Ritual ein: Ich drängte zur Eile wegen Hungers, sie servierte Essen; eine Entlastung für meine Eltern. Und als nun vom neuen Grundgesetz erste Details bekannt wurden, blieben mir die auf Lebenszeit haften. Denn Frau E. teilte mir mit: »Wenn wir's erst mal haben, dieses GG, geht's bald aufwärts; dann ist's vorbei mit der Hungerei!«

Und Vater, auf meine Frage, »was habt's denn allerweil mit dem GG?«, wurde sehr ernst: »Ich hab' einmal was gesagt und bin im KZ gelandet. Aber du und deine Geschwister und wir alle, wir dürfen künftig aufatmen. Mit einem Wort: Du darfst denken und jede Wahrheit offen aussprechen, laut; und wenn du einmal irrst – kein Beinbruch: Dann darfst du diskutieren und dich entschuldigen, ohne Angst vor Repressalien. Das ist der innere Wert des Grundgesetzes!«

Letztens war ich an Vaters Grab. Nein, ich führe dort keine Gespräche mit ihm, der jede GG-Änderung als Todsünde angriff. Aber blitzschnell fuhr mir's auf dem Friedhof durch den Kopf: Ist noch etwas übrig von den Freiheiten, außer dem weder durch Blicke noch durch Tomographen, noch digital erfaßbaren individuellen Denken?

Georg Schwikart

Ich halte nichts davon, den Mund zu halten

Dr. Georg Schwikart, geb. 1964 in Düsseldorf, verh. und Vater zweier Kinder. Studium der Religionswissenschaft und Theologie in Neuburg / Donau, Bonn und Tübingen. Dr. phil. Freier Schriftsteller und Publizist: schreibt Belletristik und Sachbücher für Kinder, Jugendliche und Erwachsene, zahlreiche Veröffentlichungen. Lebt mit seiner Familie in Sankt Augustin bei Bonn und ist dort in der Kommunalpolitik aktiv. Fazit: Politik darf bei allem unvermeidbaren Streß auch Spaß machen – und schimpfen allein genügt nicht; man muß ran!

Die Faulheit der vielen erst ermöglicht einem kleinen Kreis von Auserwählten ein gemütliches Leben in Partei und Parlament.

Der gemeine homo politicus ist ein Profi in Sachen Aufwandsentschädigung. Er neigt dazu, seine vollkommen objektive und von großer Überzeugung getragene Sicht der Dinge bei jeder Gelegenheit zum besten zu geben, ob man ihn hören will oder nicht. (Dieses Phänomen behandeln Psychologen neuerdings als chronischen Zustand der Mediengeilheit; sie gilt heute noch als unheilbar.)

Schließlich besticht er, einmal am Mikrophon, durch seine Sonntagsreden auch am Mittwoch, die jedoch immerhin – das sei wahrheitshalber erwähnt – in den Sitzungswochen den Holzwurmbefall der Abgeordnetenbänke zu reduzieren vermögen. Kurzum, seine Zunge ist aus Pappe, sein Hintern aus Gold, nur seine Ellenbogen sind steinern. Dauernd muß er kämpfen, der Ärmste, nach allen Seiten hat er das Wohl des Volkes im Kopf, aber mehr noch seine Wiederwahl.

Vom Bundestag bis zum Rat der Stadt dominiert der selbstbewußte Politikertypus, der sich souverän der Koalitionsräson unterwirft und mit Überzeugung dafür oder dagegen stimmt, wie es gerade die Taktik erfordert. Abweichler werden abgesägt. Profilierung zugunsten der Sache wird als unsolidarisch verurteilt.

An Stammtischen, in Chefetagen und beim Kaffeeklatsch wird solches Tun wortreich verurteilt. Es müßte sich etwas ändern! fordern alle unisono. Mehr Frauen an die Macht! Mehr Volksentscheide! Reformieren! Nachbessern! Verjüngern! Man wählt schließlich neue Leute, die die alte Politik fortsetzen.

Verdrossenheit! wird analysiert. Ist es das System, das lähmt? Sind es die Programme? Die Personen? Oder verbirgt sich hinter all den Klagen in den Kommentaren und den Feuilletons nicht die Faulheit der vielen, die den Auserwählten ihr Dasein ermöglicht?

Kaputtmachen ist immer einfacher als aufbauen: kritisiert ist schnell, nachgedacht nur langsam. Wer hat neue Ideen? Und wer ist willig, dafür den Mund aufzumachen, dafür den Kopf rauszustrecken – im Bewußtsein, daß er wahrscheinlich einen drauf bekommt? Das war schon immer so.

Der wohlfeile Wortbrei von Kanzel und Rednerpult mundet nicht. Aber noch viel schlimmer klingen die Klagelieder der Wenig-Besserwisser, die sich fein raushalten, sich nicht beschmutzen wollen mit dreckiger Alltagspolitik.

Wer die Welt verbessern will, muß einfach nur damit anfangen. Doch man läßt diskutieren, man läßt entscheiden, um sich dann über die Ergebnisse aufregen zu können. Das Schlimmste an den prominenten Köpfen ist, daß sie nicht klüger sind, nicht aufrichtiger, nicht fleißiger als man selbst. Politiker müßten eigentlich Heilige sein. Doch sie kommen aus dem Volke, und dort schätzt man die Tugenden nur begrenzt. Woher also die Vorbilder nehmen?

Ehrlich sollen sie sein, knallhart und bescheiden, über Erfahrung verfügen, nicht zu alt, Flexibilität besitzen, bodenständig und weltgewandt, nicht fundamentalistisch, aber Prinzipien verhaftet, eloquent, besser noch schön, mindestens quotiert. Doch Kandidaten werden nach Proporz ausgesucht, nach

Treuejahren und der Maschinerie, die weglobt und Schweigeprämien verteilt.

Wer hat da noch Zeit und Elan, an Rechte zu denken, an Menschenrechte der Gemeinschaft und an Grundrechte des Individuums, an den Luxus einer Demokratie, die Freiheit und Gleichheit verspricht (auch wenn ihr Geschwisterlichkeit schon wieder zu peinlich erscheint) – wenn alle nur gebannt auf die Gesichter starren?

Je mehr sich einmischen, desto besser für alle. Doch das macht das Ganze auch langsamer. Aber muß soviel Zeit nicht sein? Es geht doch um das Heute und das Morgen, unsere Zukunft und die Zukunft unserer Kinder und Kindeskinder. Raus aus den Fernsehsesseln! Die Bequemlichkeit ist der Feind der Demokratie. Absolute Personalisierung schadet Inhalten. Ein Programm allein wird zum Fetisch. Überzeugende Menschen sind notwendig. Politik ist mehr, als in Sitzungen zu sitzen. Keiner kann alles, keiner kann nichts. Er ist bereit? Es gibt viel zu tun.

Wolfgang Geisel

Zwölf Vorschläge für eine künftige Verfassung

Wolfgang Geisel, geb. am 09.07.1950, verh., eine Tochter, ausgebildet als Dipl.-Wirtschaftingenieur, tätig als Geschäftsführer einer Electronic-Commerce-Firma (elektronische Geschäftsabwicklung, Online-Katalogdienste, EDI (elektronischer Dokumentenaustausch, besonders für den Bereich Musik) in Hamburg. Interessen: Literatur, Technik, Musik, Film (besonders), Philosophie, Politik (parteilos, aber Mitglied im Bund der Steuerzahler), Sport (ausübend) und auch sonst vieles. Überzeugung: Wir brauchen eine neue Verfassung! Das GG sieht das ausdrücklich vor. Aber eine von außerhalb! Ohne Mitwirkung von Politik und Verwaltung.

Das provisorische Grundgesetz gilt so lange, bis sich das deutsche Volk in einem demokratischen Verfahren eine neue Verfassung gibt. Nach den heutigen Erfahrungen sollte diese Verfassung folgende zwölf Punkte enthalten:

1. Aus der Kannbestimmung des Art. 137 wird eine Mußbestimmung. Beamte, Richter, Soldaten und Angehörige des öffentlichen Dienstes haben während der Dauer ihres Dienstes kein passives Wahlrecht.

2. Parallel zum Straftatbestand der Steuerhinterziehung gibt es den Straftatbestand der Untreue im Amt.

3. Die gesetzlichen Sozialversicherungswerke gelten für jeden. Mit der »Fürsorgepflicht« begründete Transferleistungen oder Vorteilsgewährungen sind verboten. »Aufwandsentschädigungen« für Mandatsträger entfallen.

4. Die gesetzlichen Sozialversicherungswerke unterliegen der Selbstverwaltung. Kein Gesetz darf in Zahlungen und Leistungen eingreifen.

5. Sowohl Anwaltszwang als auch Anwaltszulassung vor Gericht entfallen. Eine Absplitterung von zivilrechtlichen Ansprüchen in einem Strafverfahren ebenfalls.

6. Jegliche Art von »Wirtschafts-Förderung« und Subventionierung ist verboten.

7. Der auf Einkommen und Zugewinne erhobene Steuersatz darf unter keinen Umständen 30 Prozent übersteigen.

8. Rechtsbeugung, Rechtswillkür und Rechtsverweigerung wird zum Straftatbestand. Ein dafür eingerichtetes Schöffengericht erwirkt mit Dreiviertelmehrheit den Schuldspruch.

9. Eine Listenwahl ist nur dann zulässig, wenn der Wähler die Möglichkeit des Kumulierens und Panaschierens bekommt.

10. Alle Parlamentsabstimmungen sind geheim.

11. Das Entgegennehmen von Spenden an Parteien und damit verbundenen Organisationen von Parlamentsmitgliedern ist verboten.

12. Der Ausgleich eines Haushaltes durch Kreditaufnahme ist nur dann zulässig, wenn er durch eine Dreiviertelmehrheit beschlossen wird.

Günter M. Hempel

Grundgesetz: Verfassungsauftrag

Dr. Günter M. Hempel, geb. 1945 in Rabenau / Sachsen. Studium der Geschichte der Diplomatie sowie des Rechts internationaler Organisationen und Verträge: Dipl.-Staatswissenschaftler, Moskau 1969. Promotion doctor oeconomicae, Leipzig 1980. Arbeiten zu Fragen der friedlichen Nutzung der Atomenergie und der Nichtweiterverbreitung von Nuklearwaffen: Akademie der Wissenschaften der DDR. Rat für Gegenseitige Wirtschaftshilfe. Bundesverband Freier Sachverständiger (BVFS).

Eines der im Ansatz zwar gelungenen, aber nicht vollendeten Beispiele deutscher Einheit ist der Versuch einer Verfassungsdiskussion unter der ersten gesamtdeutschen Bürgerinitiative, dem Kuratorium für einen demokratisch verfaßten Bund deutscher Länder. Dieses Kuratorium, das sich am 16. Juni 1990 im Reichstagsgebäude konstituierte, am 16. September 1990 im Nationaltheater zu Weimar, am 8. Dezember in Potsdam – Sanssouci, am 15./ 16. Juni 1991 in der Pauls-Kirche in Frankfurt am Main tagte und am 13. März 1992 in der Vertretung des Landes Hessen beim Bund zu einem Hearing zusammentrat, stellte am 30. Juni 1993 die Arbeit unvollendet ein. Das Ergebnis des Wirkens des Kuratoriums: Die Pauls-Kirchen-Erklärung vom 16. Juni 1991 sowie ein ausformulierter Verfassungsentwurf für den Bund deutscher Länder nach Systematik und Inhalt des Grundgesetzes.

    Es geht mir nicht darum, diesen Entwurf hier zu diskutieren als vielmehr, den Umgang mit Demokratie an diesem Beispiel zu betrachten. Behagen an der Demokratie? Die Grundidee der vom Kuratorium geleisteten Verfassungsarbeit läßt sich mit einem Wort des Claus Schenk Graf von Stauffenberg präzisieren: »Wir wollen eine neue Ordnung, die alle Deutschen zu Trägern des Staates macht und ihnen Recht und Gerechtigkeit verbürgt.«

Präambel bzw. Art. 146 Grundgesetz (GG) lauten hinsichtlich der Deutschen Verfassung:

»Im Bewußtsein seiner Verantwortung ... hat das deutsche Volk ... für eine Übergangszeit ... dieses Grundgesetz der Bundesrepublik Deutschland beschlossen ... Das gesamte deutsche Volk bleibt aufgefordert, in freier Selbstbestimmung die Einheit und Freiheit Deutschlands zu vollenden ... Dieses Grundgesetz verliert seine Gültigkeit an dem Tage, an dem eine Verfassung in Kraft tritt, die von dem deutschen Volke in freier Entscheidung beschlossen worden ist.«

Diese essentielle Bestimmung des Grundgesetzes geht direkt auf die in der zweiten Lesung des Entwurfs des Grundgesetzes am 6. Mai 1949 im Bericht des Vorsitzenden des Hauptausschusses des Parlamentarischen Rates mit Beifall akzeptierte Feststellung zurück:

»Die neue, die echte Verfassung unseres Volkes wird also nicht im Wege der Abänderung dieses Grundgesetzes geschaffen werden, sie wird originär entstehen, und nicht in diesem Grundgesetz wird die Freiheit des Gestaltungswillens unseres Volkes beschränken, wenn es sich an diese Verfassung machen wird.«

Art. 5 Einigungsvertrag verpflichtet die gesetzgebenden Körperschaften des vereinten Deutschlands – der innere Zusammenhang mit dem Auftrag des Grundgesetzes ist unübersehbar –, sich insbesondere »mit der Frage der Anwendung des Art. 146 des Grundgesetzes und in deren Rahmen einer Volksabstimmung« zu befassen, wozu sich am 16. Januar 1992 die Gemeinsame Verfassungskommission von Bundestag und Bundesrat konstituierte. Mit der »Erklärung von 100 Staatsrechtsprofessoren an deutschen Universitäten der ehemaligen BRD – Der Beitrag über Art. 23 ist der richtige Weg zur deutschen Einheit« am 28. März 1990 war die Entscheidung in der ›Welt‹

längst vorweggenommen, was Professor Rupert Scholz am 6. Oktober 1992 vor der Alfred-Herrhausen-Gesellschaft hinsichtlich des Kuratoriums lakonisch wie folgt konstatierte: »Die Initiatoren dieser Vorstellung eines Verfassungsrats versuchten wohl indirekt doch noch, zu einer mehr oder weniger neuen gesamtdeutschen Verfassung zu gelangen, obwohl dieser Weg nach Vollendung der Einheit über Art. 23 GG ausgeschlossen war.

Verfassungspolitisch setzten sich die entsprechenden Bestrebungen, teilweise auch über identische personelle Beteiligungen, in dem fort, was von einem Kuratorium für einen demokratisch verfaßten Bund deutscher Länder als »Verfassungsentwurf für den Bund deutscher Länder vom 29. Juni 1991« vorgelegt wurde.«

Das ist der Punkt, wo Behagen in Unbehagen umzuschlagen beginnt. Die Präambel des Grundgesetzes stellt mit Art. 23 und 146 eine Einheit dar, und das angedeutete Konkurrenzverhältnis ist wohl eher eine Zweckkonstruktion, mit deren Hilfe eine säkulare Chance verspielt wird, dem neuen Deutschland erstmals durch den Souverän, das deutsche Volk, eine Verfassung zu geben. Völlig unerfindlich bleibt, warum die Vollendung der Einheit und Freiheit Deutschlands verfassungsrechtlich nach wie vor nicht herbeigeführt wird. Die Chance, den deutschen Einigungsprozeß aus bürokratisch-administrativem Management auf eine gesamtdeutsche demokratische Ebene zu befördern, den Bürger der dritten deutschen Republik in einen demokratischen Entstehungsprozeß verantwortlich einzubeziehen und daran teilhaben zu lassen, ist weitgehend vertan. Insofern sind Parallelen zur Frankfurter Nationalversammlung von 1848 nicht zu verleugnen. Faktisch ergibt sich, daß der eine Teil Bürger des Vaterlandes zur Vereinigung überhaupt nicht befragt wurde und der andere Teil, obwohl befragt, von der aktiven verfassungsschöpfenden Gestaltung im geeinten Deutschland ausgeschlossen ist, da nach offizieller Lesart kein Handlungsbedarf bestehe. Deutsche Verfassungstragik. Das Volk, der Souverän als das Volk, der große Lümmel. Schöne neue Welt.

Verfassungsfragen können zu Lebensfragen jeder Nation werden. Die wenig harmonisierten Neufassungen von Präambel und Art. 146 GG stellen insofern eine Mißachtung bzw. Verfälschung des ausdrücklichen Willens der Väter des Grundgesetzes dar, weil exakt das Gegenteil des Grundgesetzauftrages von 1949 exerziert wurde. Was und wo sind die gegenwärtigen Hinderungsgründe für eine Verfassung, die von dem deutschen Volke in freier Entscheidung zu beschließen ist? Nicht mehr zu übersehen ist, daß zahlreiche Probleme dieses Landes nach dem 3. Oktober 1990 mit dem nur für eine Übergangszeit gegebenen Grundgesetz zusammenhängen und weitere bereits abzusehen sind. Als Provisorium war das Grundgesetz konzipiert; dem Anspruch auf eine Verfassung des geeinten Deutschland an der Schwelle ins nächste Jahrhundert wollte es nicht genügen und sollte dies auch nicht. Die Weisheit der Väter des Grundgesetzes besteht sowohl in dieser Beschränkung als auch in dieser Voraussicht. Mithin war es erklärte Absicht des Parlamentarischen Rates, dieses Werk ausdrücklich und bewußt »nicht eine ›Verfassung‹, sondern ein ›Grundgesetz‹ genannt zu haben«.

Doktor Carlo Schmidt, erster Stellvertretender Vorsitzender und Leiter des Hauptausschusses des Parlamentarischen Rates, hat diesen Sachverhalt mehrfach am 6. und 8. Mai 1949 unwidersprochen formuliert.

»Aber auch der Beitritt aller deutschen Gebiete wird dieses Grundgesetz nicht zu einer gesamtdeutschen Verfassung machen können. Die wird es erst dann geben, wenn das deutsche Volk die Inhalte und Formen seines politischen Lebens in freier Entschließung bestimmt haben wird.«

»Fälschen wir nicht den Charakter dieses Werkes, indem wir es zur Volksabstimmung stellen, bringen wir, indem wir ihnen eine Sanktionierung minderen Gewichts geben, zum Ausdruck, daß es keine Verfassung gibt!«

Art. 146 bedarf der ursprünglichen Erfüllung, um in freier Selbstbestimmung die Einheit und Freiheit Deutschlands zu vollenden.

Sobald Verfassungswirklichkeit jedoch auf closed clubs der politischen Kaste verkürzt wird, verliert Demokratie ihre Substanz, Verfassung ihren lebendigen Charakter, insbesondere, wenn man bedenkt, daß das Grundgesetz bis heute 46 Mal, zuletzt am 16. Juli 1998, abgeändert worden ist. Demokratie verkommt zu Parlamentokratie. Betrachtet man aus aktuellem Anlaß die Beratungen des Deutschen Bundestages über die jüngste Änderung von § 13 Abs. 3–6 GG, die schwerlich als demokratischer Glanzpunkt begriffen werden kann, so fällt auf, daß sich unter den Gegnern dieser Änderung vor allem Nachfahren derjenigen befinden, die 1949 entschieden gegen das Grundgesetz stimmten. Dies ist weniger Kuriosum als vielmehr Anlaß zum Nachdenken. Günter Grass erkennt in diesem Sinne zu Recht:

»Die bis heutzutage verhinderte Debatte über eine neue Verfassung wäre die geeignete Möglichkeit, zwischen West und Ost jene Einigungen zu erstreiten, die der angestrebten Einheit vorausgesetzt sein müßten.«

Roland Hepp

Ein Zwölf-Punkte-Plan für eine deutsche Verfassung in Europa

Roland Hepp, geb. am 26. 05. 1948 in Weidenthal (Pfalz). Er hat sechs Jahre ein neusprachliches Gymnasium besucht. Anschließend hat er eine Tätigkeit als Justizbeamter aufgenommen, die er auch heute noch ausübt. Seine wichtigsten Interessengebiete sind Politik, Wissenschaft (Astronomie) und Geschichte.

1. Wir brauchen einen Umbau des Staates innerhalb der EU. Der Bund sollte höchstens sieben Länder umfassen (bisher 16). Die Zahl der Bezirke und Kommunen wäre ebenfalls deutlich zu vermindern.

2. Die Zahl der Abgeordneten des Deutschen Bundestages sollte höchstens 499 betragen (möglicherweise auch nur 325). Die derzeitige Zahl ist im Vergleich mit den USA, Rußland u.a. viel zu hoch. Die Anzahl der Landtagsabgeordneten muß ebenfalls vermindert werden.

3. Die Bedeutung der Länder muß verstärkt werden. Zur Aufwertung der Länder sollten diese einen Präsidenten erhalten. Die sieben Präsidenten sollten anstelle des bisherigen Bundespräsidenten ein kollektives Staatspräsidium bilden.

4. Der derzeitige Bundesrat sollte erweitert werden zu einem Senat mit erweiterten Rechten. Diesem Senat sollten auch Vertreter der Kommunen, ferner Vertreter wichtiger gesellschaftlicher Gruppen angehören.

5. Weiterhin sollte zusätzlich eine Menschenrechtskommission auf Bundes- und Landesebene eingerichtet werden, um Menschenrechtsverletzungen ständig zu kontrollieren und abzustellen.

6. Das Grundgesetz muß weitere Grundrechte erhalten

(Grundrecht auf soziale Sicherheit u. a.). Die Grundrechte müssen wirksam geschützt werden durch eine ständige Verfassungskommission.

Das Bundesverfassungsgericht hat sich als ungeeignet zum Schutz der Grundrechte erwiesen, sollte aber dennoch erhalten werden. Im BVG müssen sich alle Parteien des Bundestages vertreten fühlen.

7. Der Rechtsschutz des Bürgers – besonders gegenüber der öffentlichen Verwaltung – muß erheblich gestärkt werden. Dies gilt insbesondere auch für Asylsuchende.

8. Die bisherigen Unterschiede zwischen Selbständigen und Arbeitnehmern müssen radikal abgebaut werden.

9. Wir brauchen eine wirkliche Reform des Steuersystems, die diesen Namen verdient. Das Steuerrecht muß für den Bürger durchschaubar sein. In Zweifelsfällen muß dem Bürger kostenlos geholfen werden.

10. Strafmaßnahmen gegen Kranke und Behinderte darf es nicht geben. Die Lohn- und Gehaltsfortzahlung im Krankheitsfall muß 100 Prozent betragen. Zuzahlungen oder Vorauszahlungen aller Art für die Gesundheit kann und darf es nicht geben. Behinderte erhalten vollen Ersatz ihrer Auslagen.

11. Im Rahmen der Einigung Europas ist zu prüfen, ob die bisherigen Grenzen durchlässiger gemacht werden können für die Bildung europäischer Regionen (Länder). Die bisherigen nationalen Strukturen sind schrittweise abzuschaffen.

12. Das Wahlrecht muß vereinfacht werden (nur noch eine Stimme). Gerecht ist nur das Verhältniswahlrecht ohne eine Sperrklausel.

Dirk Jädke

Was ich als Politiker ändern würde

Dirk Jädke, 35 Jahre alt, aufgewachsen in Hattingen a. d. Ruhr. Nach der mittleren Reife kaufmännische Ausbildung, Fachabitur, Zivildienst, Studium der Sozialarbeit, der Liebe wegen Umzug nach Wuppertal, jetzt als Bewährungshelfer tätig. Interessen: Politik, Literatur, Reisen, langjährige politische Erfahrung innerhalb von Parteien (bis zum Austritt) und außerhalb (Friedens-, Anti-AKW-, Gewerkschafts- ... gruppen).

Zunächst einmal hätte ich ein Interesse daran, daß der Beruf des Politikers im öffentlichen Ansehen wieder über dem eines Gebrauchtwagenverkäufers rangiert.

Dies wäre nicht nur eine Frage der eigenen Ehre, sondern ein wichtiger Ansatz zur Bekämpfung der Parteien- und Politikerdrossenheit.

In seiner ›Ethik für Erwachsene von morgen‹ schreibt Fernando Savater über den schlechten Ruf der Politiker: »Außerdem haben sie mehr Gelegenheiten als die meisten Bürger, sich kleine oder große Fehltritte zuschulden kommen zu lassen.«

Der erste Schritt wäre die Abschaffung der eigenmächtigen Gehaltserhöhung. Die Diätenerhöhungen würden an die – minimalen – Einkommenssteigerungen im öffentlichen Dienst angepaßt.

Im nächsten Schritt würde ich den Verwaltungsrechtler Hans-Herbert Arnim zum Berater machen, um die zahlreichen Sondervergünstigungen für Politiker (Pensionsregelungen, Übergangsgelder ...) zu durchforsten und auf ein angemessenes Maß zurückzuführen. Jegliche überflüssige Ausgabe (übermäßige Beanspruchung der Flugbereitschaft, Ausschußreisen, große Empfänge ...) muß vermieden werden. Nur unter dieser

Voraussetzung kann ein Politiker von der Bevölkerung seines Staates verlangen, den Gürtel enger zu schnallen.

Nächster Schritt wäre eine realistischere Zusammensetzung der Parlamente. Den Parteien, soweit notwendig, müßte Druck gemacht werden, daß sie zur Hälfte weibliche Abgeordnete stellen. Ebenso wäre eine Altersquote unerläßlich, um jüngere Menschen in die Parlamente zu bringen. In den Jugendorganisationen der Parteien sollte 30 Jahre das Höchstalter sein.

Politiker sollten in ihrem Handeln ihre Verantwortung v. a. Dingen für die junge Generation sehen.

Dies würde bedeuten, daß nicht alle nur denkbaren Risiken auf diese Generation abgewälzt werden, wie es bis jetzt geschieht.

Schulden wurden aufgehäuft, die kaum noch abgetragen werden können. Die Rentenzahlungen für Jüngere werden in 20, 30 Jahren nicht sicher sein. Arbeitsplätze werden ersatzlos gestrichen. Atomarer Müll wird ständig produziert, obwohl völlig unklar ist, was damit geschehen soll. Hier gibt es einiges zu ändern.

Als Politiker wäre ich natürlich wie so viele andere auch Lobbyist. Da ich nicht im Aufsichtsrat von Banken, Chemiefirmen oder Versicherungen sitze, würde ich Lobbyist für mein jetziges Berufsfeld werden, d. h. für straffällig gewordene oder gefährdete Menschen.

Gerade im Jugendbereich gibt es hier viel zu tun. Schwierige Jugendliche besuchen häufig schon mit zwölf Jahren die Schule nicht mehr regelmäßig. Die Eltern interessiert es nicht, die Lehrer sind froh, wenn diese Störer nicht in die Klasse kommen. Nach Beendigung der Schulpflicht werden sie arbeitslos, mit 18 haben sie bereits seit sechs Jahren keine Regelmäßigkeit mehr im Leben gehabt, jegliche Integration, egal ob in den ersten oder zweiten Arbeitsmarkt, ist fast unmöglich. Hier gibt es eine große Aufgabe für die Bildungs- und Weiterbildungspolitik, um intelligente und flexible Maßnahmen zu finden.

Im Drogenbereich muß es zu einer Entkriminalisierung der Konsumenten kommen. Abhängige von harten Drogen brauchen Gesundheitsräume und medizinische Versorgung. Neben diesen innenpolitischen Problemen, mit der Reduzierung der Arbeitslosigkeit im Vordergrund, muß in den außenpolitischen Beziehungen verstärkt die Einhaltung der Menschenrechte von den Partnerländern, denen man bspw. wirtschaftliche Hilfen gewährt, eingefordert werden.

Um das alles zu erreichen, muß man wahrscheinlich nicht Politiker, sondern König von Deutschland sein.

Sigrid Schuler

Mehr Mitsprache der Bürger, mehr Verantwortungsbewußtsein der Politiker

Dr. med. Sigrid Schuler, geb. Scholenberger, 1932 in Karlsruhe geb., Studium der Medizin in Tübingen, 1972 mit dem 1. Ludolf-Kehl-Preis ausgezeichnet für die Dissertation auf dem Gebiet der Leukämieforschung. 1973 Heirat. 1976 Fachärztin für Neurologie und Psychiatrie. Bes. ab 1980 beruflicher Schwerpunkt Drogenmißbrauch und Folgestörungen bei Jugendlichen sowie Behandlungsmaßnahmen. Nach direktoraler Leitung einer Fachklinik für junge Drogenabhängige 1994 Eintritt in den vorzeitigen Ruhestand. Neben privaten Pflichten noch in begrenztem Umfang wissenschaftlich und präventiv engagiert im Bereich Drogenmißbrauch und Folgeschäden. Interessen gesellschaftlich: Volksgesundheit, zumal Optimierung der Entwicklungsbedingungen für Kinder und Jugendliche; politisch: Einflußgrößen bei Entscheidungsprozessen; persönlich: Musik, Kunst, Literatur, Sprachen.

Wer in seiner Kindheit und Jugend noch die Hitlerdiktatur mit ihren fatalen Auswirkungen erlebt hat, ist zutiefst dankbar, daß sich die Bundesrepublik Deutschland zu einem demokratischen Rechtsstaat entwickelt hat. Dennoch könnte es um unsere Demokratie noch besser stehen, wenn einfache Sachfragen durch Plebiszite entschieden würden. Dabei sollte aber nicht so weit gegangen werden wie in der Schweiz. Ungeeignet für Volksentscheide sind Angelegenheiten, die nicht mit einem einfachen Ja oder Nein zu regeln sind, bzw. komplizierte Bereiche, die umfassende Sachkenntnis erfordern. Hier müssen Fachkräfte zu Rate gezogen werden, wobei es gilt, die fähigsten Spezialisten zu befragen.

Ähnlich wie in der Schweiz wäre es auch wünschenswert, wenn jene Politiker, die nicht höchste Ämter bekleiden, weiter ihren Berufen nachgingen und nur zu ihren politischen Sitzungen bzw. Sessionen freigestellt werden. Das Verbleiben im Beruf fördert die Bürgernähe und die Beziehung zur Realität der Allgemeinheit. Außerdem können Steuergelder eingespart werden. Der Ausstieg aus dem politischen Amt ist jederzeit möglich bei Ablauf einer Amtsperiode, Regierungswechsel oder in anderen zwingenden Situationen.

Art. 56 GG der Bundesrepublik Deutschland enthält den Amtseid des Bundespräsidenten und der Minister. Inhaltlich eignet er sich auch gut als Meßlatte zur Erfolgskontrolle aller in politischen Ämtern Etablierten. Gefordert wird, die Kraft dem Wohle des deutschen Volkes zu widmen, seinen Nutzen zu mehren und Schaden von ihm zu wenden. Das Grundgesetz und die Gesetze des Bundes sind zu wahren und zu verteidigen. Die Pflichten sind gewissenhaft zu erfüllen. Gegen jedermann ist Gerechtigkeit zu üben.

Damit die Bürger die Leistungen ihrer Repräsentanten auch beurteilen können, sollte alljährlich jeder Bundes- und Landesminister die von ihm bzgl. der vorrangigen gesellschaftlichen Probleme getroffenen Maßnahmen vorstellen und möglichst auch gleich die Erfolgsbilanz. Eine solche »Leistungsschau« des politischen Personals könnte zu mehr Aktivität und Effizienz anspornen und würde die Zufriedenheit der Bürger fördern.

In Art. 1, Abs. 1 GG heißt es: »Die Würde des Menschen ist unantastbar. Sie zu achten und zu schützen ist Verpflichtung aller staatlichen Gewalt.« Aber halten sich unsere Politiker stets daran? Auch die Medien sind stellenweise nicht zimperlich, Personen mit negativen Etikettierungen zu versehen, wenn deren Haltung nicht den Wünschen der Tonangebenden entspricht. Zu mißbilligen ist auch, wenn verdiente Politiker mit primitiven Slogans verächtlich gemacht werden, mit dem Ziel, die Macht zu erobern. Zu wünschen wäre daher, daß auch zu Wahlkampfzeiten sachlich und mit gegenseitigem Respekt argumentiert wird.

Von Politikern darf auch ein Maximum an Ehrlichkeit erwartet werden. Dennoch ist auch nicht von »Lüge« zu sprechen, wenn von vornherein bestimmte Entwicklungen nicht abzusehen waren. Betrachtet man aber jetzt die Ankurbelung der Energiesteuerschraube, so muß den Bürgern auch die Gesamtheit der Auswirkungen auf ihre Haushaltskosten verdeutlicht werden. So bleibt es ja nicht bei den Mehrkosten für Strom, Heizung und den PKW-Kraftstoff, sondern es ist auch eine Verteuerung aller Produkte, Transporte von Personen und Gütern, der Dienstleistungen aller Art usw. zu erwarten. Sehr bald dürfte sich die Lohn-Preis-Spirale nach oben bewegen. Ob das dann die deutsche Wirtschaft konkurrenzfähiger macht, ist zu bezweifeln. Betroffen von der Zunahme der Haushaltskosten sind auch Menschen in der Ausbildung, Arbeitslose und Rentner. Manche Rentner dürfen mit gewissen Steigerungen ihrer Bezüge rechnen, aber keineswegs alle. Vielleicht sollte man doch noch nach besseren Ideen fragen, um den Arbeitsplatzmangel zu reduzieren. Leistung und Anstrengungsbereitschaft sollte sich auch für Kleinverdiener lohnen. Wenn zu große Summen aus der Lohntüte für Energiekosten verschwinden, könnte dies manchen verlocken, sich in die soziale Hängematte fallen zu lassen.

Zu den aktuellen gesellschaftlichen Problemen gehört neben dem Arbeitsplatzmangel auch der Drogenmißbrauch mit seinen gesundheitlichen- und Verhaltensstörungen sowie anderweitigen negativen Konsequenzen. Bei meinem persönlichen Engagement im Bereich der Prävention und der Folgeschäden des Rauschgiftabusus, zumal im Jugendalter, fällt mir auf, daß nur wenige Politiker durch Bemühungen in der Drogenprophylaxe hervorgetreten sind. Zumal sind in sich schlüssige Konzepte zur Eindämmung des Abusus und rascher therapeutischer Hilfe zum Drogenverzicht bei manifester Abhängigkeit durch die Gesundheitsminister der Länder bislang nicht vorgestellt worden. Es bleibt bei der Präventionsarbeit bei punktuellen Ansätzen, z. T. auch auf freiwilliger Basis, wie z. B. die Bemühungen des Arbeitskreises »Suchtpsychiatrie«. Gemessen an der hohen Zahl tödlicher Opfer und dauerhaft Hilfs- und Versorgungsbedürftiger besteht hier ein grobes Mißverhältnis zwischen den dringend erforderlichen Maßnahmen und den von den Gesundheitsministern der Länder erbrachten Leistungen.

Nun sind Politiker an die Macht gelangt, die Drogenpermissivität und die Vollversorgung mit Betäubungsmitteln bei jenen, die sich im Zustand dieser akuten Abhängigkeit befinden, wünschen. Die Folgen für die Volksgesundheit sind für diese Politiker bislang kein Thema. Die Öffentlichkeit wird beruhigt, man werde dadurch die Beschaffungskriminalität bekämpfen. Tatsächlich arbeitet man aber bei Förderung des Drogenkonsums all jenen in die Hände, die skrupellos an dem Geschäft mit dem Rausch- und Suchtbedürfnis verdienen.

Beihilfe zur Sucht und Förderung des Drogenmißbrauchs dienen weder dem Wohl des Betroffenen noch der Allgemeinheit. Suchtfolgeschäden werden vermehrt, solange der Rauschmittelkonsum fortbesteht. Nutzen haben jene, die von der Produktion und dem Verkauf von Rauschdrogen Gewinne erzielen. Die Anstrengungen von Eltern, Ärzten und Pädagogen, die sich drogenpräventiv engagieren, verpuffen, wenn der Zugriff zu Rauschmitteln immer mehr erleichtert wird.

Rauschgiftpermissivität ist mit dem Amtseid der Minister in der Bundesrepublik Deutschland sicher nicht zu vereinbaren.

Generell haben verantwortungsbewußte und weitblickende Bürger wie auch Personen mit hoher Sachkenntnis kaum Möglichkeiten, eventuelle Fehlentscheide der Politiker zu korrigieren. Im Falle dramatischer Folgen für Leben und Gesundheit müßte hier ein kurzer Weg zur Intervention eröffnet werden.

Lutz Schellmann

Zur Diskrepanz zwischen Wortlaut und Verfassungswirklichkeit des Grundgesetzes

Lutz Schellmann, geb. am 19.09.1919 in Kassel. Abitur 1940. Danach eingezogen zur Luftwaffe. 1944 in französische Gefangenschaft. Drei Fluchtversuche, der letzte am 08.06.1945 geglückt. 1947 bis 1949 kaufm. Angestellter. 1950 selbständiger Kaufmann (Einzelhandel). Seit 1980 Rentner. Nebenberuflich tätig: 23 Jahre als Berufsschullehrer. Außerdem Seminarleiter der Dtsch. Tap. Fachschule. Besondere Interessen: Werbepsychologie, Hobby: Zaubern.

1. Ist die BRD überhaupt eine echte Demokratie? Ich behaupte, nein. Unser Grundgesetz wurde vom Parlamentarischen Rat erarbeitet, der von den Parlamenten der Länder gewählt worden ist. Da es weder von einer vom Volk gewählten Versammlung ent-worfen und auch nicht dem Volk zur Abstimmung vorgelegt wurde, fehlen diesem Grundgesetz die üblichen Regeln einer Verfassungsgebung. Siehe auch Präambel zum GG bzw. Art. 146 GG, wo es unzweideutig heißt: »Dieses Grundgesetz verliert seine Gültigkeit an dem Tage an dem eine Verfassung in Kraft tritt, die vom deutschen Volk in freier Entscheidung beschlossen worden ist.« Eine eventuelle Bestätigung durch den Bundestag, der das GG zur Verfassung erhebt, wäre keine Bestätigung durch das Volk. Frage: Weshalb verweigert die politische Klasse dem Volk, sich selbst eine Verfassung zu geben, wie es das GG vorsieht?

2. Das Grundgesetz ist in verschiedenen Punkten widersprüchlich. Da heißt es z.B. in Art. 1 GG: »Die Würde des Menschen ist unantastbar.« Wir nehmen das einfach so hin, ohne uns Gedanken darüber zu machen, was dieser Satz in Wirk-

lichkeit bedeutet. Er besagt nämlich etwas ganz anderes als das, was eigentlich damit gemeint ist. Er sagt uns, daß die Würde oder Ehre eines Menschen nicht angetastet werden kann. Also nicht etwa darf, wie es eigentlich heißen müßte, sondern kann. Das aber ist ein grundlegender Unterschied. So, wie z.B. das Wort »unvorstellbar« besagt, daß man sich etwas nicht vorstellen kann, so ist es natürlich auch mit allen anderen Wortzusammensetzungen dieser Art wie auch bei den Worten »unbezwingbar, unaussprechlich, unbegreiflich« usw. Die Vorsilbe »un« kommt stets einer Verneinung des Stammwortes gleich. Wenn nun in unserem Grundgesetz von Unantastbarkeit der Menschenwürde die Rede ist, also die Würde eines Menschen überhaupt nicht angetastet werden kann, so ist daraus zu folgern, daß es nach Abs. 1 GG den Tatbestand einer Beleidigung überhaupt nicht geben kann, da sie nicht möglich ist. Das ist keine Spitzfindigkeit, sondern allein sprachliche Logik, wie sie schon in den unteren Klassen einer jeden Hauptschule heute gelehrt wird. Bringt man in Gegenwart von Juristen diesen Punkt einmal zur Sprache, so bekommt man stets zur Antwort, daß das natürlich nicht so gemeint sei. Ich frage mich allerdings, weshalb man diesen Grundgesetzartikel nicht so formuliert hat, wie er gemeint ist. Nach meiner Auffassung dürfte bereits ein recht bescheidener Intelligenzquotient ausreichen, um den Satz so zu formulieren, daß jeder weiß, was damit zum Ausdruck gebracht werden soll. Wie wäre es z. B. mit dem Satz: »Die Würde des Menschen steht unter dem besonderen Schutz des Staates«? Dieser Satz sagt genau das aus, was damit gemeint ist und schließt solch widersprüchliche Wortakrobatik aus.

3. Der Staat beruft sich auf das Grundgesetz, wenn er sich davon Vorteile verspricht, und für die politische Klasse scheint das Grundgesetz sonst wenig Bedeutung zu haben, sie setzt sich nach Belieben darüber hinweg. Beispiel: In Art. 38 GG heißt es u. a., daß Abgeordnete des Bundestages in allgemeiner, unmittelbarer, freier usw. Wahl gewählt werden. Sie sind Vertreter des ganzen Volkes, an Aufträge nicht gebunden und nur ihrem Gewissen unterworfen. – Was die unmittelbare Wahl betrifft, ist

das nicht zutreffend, denn der Wähler kann nur die wählen, die bereits durch eine Art Vorwahl der Parteiführungen ausgewählt wurden. Darüber hinaus, um ganz sicherzugehen, haben die Parteien Listenplätze geschaffen. Wer einen günstigen Listenplatz hat, für den ist die Wahl durch die Bürger eine reine Formsache. Er kommt auch dann in den Bundestag, wenn die Wähler ihn ablehnen. Weiter heißt es in Art. 38 GG, daß der Abgeordnete nur seinem Gewissen unterworfen sei. Wie aber ist deren Gewissensentscheidung mit dem Fraktionszwang der Abgeordneten zu vereinbaren? Selbst Berufspolitiker waren nicht in der Lage, mir auf diese Frage eine aufklärende Antwort zu geben.

Ein weiteres Beispiel dafür, wie wenig sich Regierung und Parlament nach dem Grundgesetz richten, wenn es deren eigenen Interessen entgegensteht: Da heißt es in Art. 137 GG: »Die Wählbarkeit von Beamten und Angestellten des öffentlichen Dienstes, Berufssoldaten, Zeitsoldaten und Richtern in Bund, Ländern und Gemeinden kann gesetzlich beschränkt werden.« Da die Parlamente ein Spiegelbild des Volkes sein sollen, soll so ein überproportionierter Anteil des öffentlichen Dienstes verhindert werden. Heute sind bis zu 50 Prozent und auch mehr Personen dieser Berufsgruppe in den Parlamenten vertreten, und es geschieht nichts – z. B. sind seit dem Jahre 1997 im Parlament Neuseelands überhaupt keine Beamten mehr zugelassen.

Und noch ein Beispiel: Art. 146 GG besagt, daß das Grundgesetz seine Gültigkeit an dem Tage verliert, an dem eine Verfassung in Kraft tritt, die vom deutschen Volke in freier Entscheidung beschlossen worden ist. Der Sinn dieses Artikels ist, daß dies nach einer eventuellen Wiedervereinigung geschehen sollte. Auch das ist bis zum heutigen Tage nicht geschehen.

4. Betrifft Art. 94 und 95 GG: Die Mitglieder des Bundesverfassungsgerichts werden je zur Hälfte vom Bundestag und Bundesrat gewählt. Die Richter an den obersten Gerichtshöfen des Bundes, z. B. am Bundesgerichtshof, werden durch den für das jeweilige Sachgebiet zuständigen Bundesminister gemeinsam mit einem Richterwahlausschuß berufen und alle vom

Bundespräsidenten ernannt. Das Volk hat dabei keinerlei Einfluß auf die Auswahl der Richter. Selbst der Bundespräsident, der dann die Ernennung vornimmt, ist nicht vom Volk direkt gewählt worden. Dennoch werden alle Urteile (auch die Fehl- und fragwürdigen Entscheidungen all unserer Richter, z. B. Kruzifix- und Soldaten-sind-Mörder-Urteile) im Namen des Volkes gesprochen, was aus meiner Sicht eine dicke Lüge ist. Weshalb sagt man nicht statt dessen: »Im Namen des ersten bzw. des zweiten Senats« usw.? Das wäre ehrlicher. Wir wissen ja alle, wie unterschiedlich Gerichtsentscheidungen ausfallen können. Vielfach ist es doch allein die ganz persönliche Einstellung der Richter zu dem jeweils zu behandelnden Falle. Das Urteil aber wird im Namen von 80 Millionen Bundesbürgern verkündet. Das aber hat mit dem Volkswillen gar nichts zu tun. Richter, die von Angeklagten und von Zeugen verlangen, daß sie die »reine Wahrheit und nichts als die Wahrheit« sagen, scheinen für sich selbst das Privileg in Anspruch zu nehmen, es mit der Wahrheit nicht so genau zu nehmen.

Am Rande noch eine kleine Geschichte, die sich wenige Jahre vor dem Ersten Weltkrieg abgespielt hat. In der Zeit wurden alle Gerichtsurteile »im Namen des Kaisers« gesprochen. Das war jedoch zu verstehen, da diese Formulierung dem Willen des damaligen Kaisers Wilhelm entsprach. Damals gab es in der Stadt Marburg einen Gerichtsassessor Lidke. Ihm war klar, daß der Kaiser von den von ihm verfaßten Urteilen gar keine Kenntnis habe und auch nicht nehmen würde. Die ganze Sache hielt er deshalb für unsinnig. Kurz entschlossen strich er eines Tages die Worte »im Namen des Kaisers« am Schluß des Vordrucks für das Urteil durch und schrieb statt dessen: »im Namen des Assessors Lidke«, was er für richtiger hielt. Die Konsequenz: Der Mann mußte seinen Dienst quittieren. Später arbeitete er als Tutor in Marburg.

Elli Gramm

Demokratie als Prozeß und Bewährungsprobe

Elli Gramm, Jg. 1919, verh., zwei Kinder, Mädchengymnasium absolviert, Kriegs- und Nachkriegszeit mit schmerzhaften Klimmzügen am Wiederaufbau mitgewirkt. Einige Jahrzehnte freie Mitarbeiterin in der Werbebranche. Als Mitautorin an der Veröffentlichung versch. Bücher beteiligt, die inhaltlich ihre lebensbejahende Einstellung leicht satirisch wiedergeben.

Kaum ein Gesprächsstoff bietet soviel Zündstoff wie das Thema »Politik«. Den Friedlichsten in der Runde lockt man aus der Reserve, sobald man die »heilige Kuh«, seinen Lieblingspolitiker und dessen Partei, kritisiert.

Verbale Attacken sind unweigerlich die Folge, und was als lose Debatte so vor sich hin brodelte, gelangt zum Siedepunkt – bis einer entnervt einwirft: ... wir leben doch in einer Demokratie und jeder kann seine Meinung zum besten geben, aber müssen wir hier wie auf dem Fischmarkt unsere Ansichten dem andern so um die Ohren schlagen?

Scheinbar ja – im Wahlkampf wurde es vorgeführt.

Demokratie. Freier Wille des Volkes – für die Nachkriegsgenerationen eine Selbstverständlichkeit. Die Älteren mußten nach 1945 erst einmal lernen, »selbständig zu gehen«!

Genau so ergeht es den eingebürgerten ehemaligen DDR-Bürgern. Die anhaltenden Kontroversen über Dank- oder Undankbarkeit der Ossis nutzen sich langsam ab. Tatsache ist, daß sich vielerorts über die versprochenen blühenden Landschaften Nachtfrost gesenkt hat!

Was die demokratische Denkweise ihrer Bewohner betrifft: von heute auf morgen läßt sich gegängeltes Volk nicht umkrempeln. Heut laufen ungestraft noch ältere »Volksgenossen«

rum, denen gelegentlich der Seufzer rausrutscht: ... so was wäre unter Hitler nicht passiert!

Meine bitteren Erfahrungen mit den Nazis führten mich vor einiger Zeit mit einem Kreis interessierter, politisch aufgeklärter junger Leute zusammen, es ging um die Frage: Wie konnte sich 1933 das Volk einer Hitler-Diktatur beugen? Verbunden mit der Feststellung, so was könnte uns nicht passieren!

Gut, Geschichte ist nicht wiederholbar, sagen die einen ... alles wiederholt sich, antworten die anderen!

Als ältere Dame erschien ich den jungen Leuten sehr suspekt, quasi als Märchentante. Erfreulich war ihr Eingehen auf das Thema, ihre Neugier und anschließend die Feststellung: So hatten wir uns das nicht vorgestellt.

Was im Namen der Demokratie alles passieren kann, ist oft beschämend wie jetzt in Amerika. Da wird die Privatsphäre eines einzelnen bis in die letzten Winkel ausgeleuchtet und die Demokratie auf den Prüfstand gestellt. Die Akteure unserer Demokratie, die von uns gewählten Kandidaten, leben schließlich nicht in Glashäusern, sind auch nicht Mitglieder eines allem entsagenden kirchlichen Ordens, sondern Menschen wie du und ich, mit allen Fehlern.

Bezeichnend ist der Anspruch eines Amerikaners:

Nirgendwo sonst wird Demokratie schonungsloser als das Recht aller verstanden, zu jedem Zeitpunkt über alle informiert zu werden, die im Rampenlicht der Macht stehen!

Demokraten mit einer königlichen Galionsfigur bieten da ihren lüsternen Volksmitgliedern schon länger reichlichen Unterhaltungsstoff.

Für meine Begriffe dürften unsere demokratisch gewählten Volksvertreter ruhig öfter mal ihre Haustür öffnen und Lieschen Müller in die Gemütlichkeit ihres Wohnzimmers blicken lassen. Aus deren Küche brauchen nicht gleich regionale Kochbücher, von der Hausherrin verfaßt, zu purzeln. Das Schlafzimmer gehört natürlich abgeschlossen. Wenn der eine oder andere Herr Volksvertreter sich eine neue Gattin zulegt – was soll das Geschrei –, die Häufigkeit des Wechselns in den oberen

Etagen unserer Demokratie liegt noch weit hinter den im Volk praktizierten Scheidungen!

Die Wahl hat bewiesen: In unserer Demokratie sind die Wünsche nach Veränderungen groß – ob und wie sie angegangen werden, bleibt die Herausforderung an die Gewählten.

Ob wir allerdings unseren Staat weiterhin wie einen Supermarkt mit Selbstbedienung betrachten können, da wird mir angst und bange, wir könnten eines Tages vor leeren Regalen stehen.

Günter Grawe

Mehr Bürgerbeteiligung

Günter Grawe, geb. 1924, nach dem Krieg Lehrer. Wichtige Stationen: einklassige Schule (ein Lehrer für acht Schülerjahrgänge) und Leiter der Planungsgruppe für eine integrierte Gesamtschule, in der Aufbauphase deren Schulleiter; zuletzt Leiter einer Realschule. Durch Jahrzehnte und immer noch Funktionen in der Gewerkschaft Erziehung und Wissenschaft. Seit 40 Jahren Prädikant (Recht der freien Wortverkündigung in der evang. Landeskirche). Außerdem ehrenamtliche Aufgaben im Kirchenkreis. Ehrenamtlicher Umweltberater der Stadt.

Ich weiß nicht , ob ich das, was ich jetzt schreibe, auch würde ändern wollen, wenn ich Politiker wäre – ein bißchen »Insider von Macht«. Aber als »Nichtpolitiker« scheint mir einiges »änderungswert« – ich schreibe einige Punkte zu »mehr Bürgerbeteiligung«.

»Alle Staatsgewalt geht vom Volke aus. Sie wird vom Volke durch Wahlen und Abstimmungen und durch besondere Organe der Gesetzgebung, der vollziehenden Gewalt und der Rechtsprechung ausgeübt.« So lautet Art. 20, Abs. 2 unseres Grundgesetzes, das ich hoch schätze. In diesem Grundgesetz heißt es weiter in Art. 21 (1), Satz 1: »Die Parteien wirken bei der politischen Willensbildung des Volkes mit.« Die vielbeklagte und sehr zu beklagende »Politikverdrossenheit« ist meiner Einschätzung nach eher eine Politikerverdrossenheit oder eine Verärgerung darüber, wie die politischen Parteien das »Mitwirken« bei der politischen Willensbildung des Volkes so ausgeweitet haben, daß der Eindruck entstanden ist (zu Recht oder aber zu Unrecht), die Parteien »mischen sich in alles ein und wollen im gesamten öffentlichen Leben den maßgeblichen

Einfluß haben«. Dem wäre z. B. abzuhelfen, wenn Volksbegehren und Volksentscheide leichter möglich und in vielen Bereichen zugelassen wären. Noch lange nach dem Inkrafttreten des Grundgesetzes habe ich die starke Eingrenzung von Volksbegehren und Volksentscheiden »aus den Erfahrungen von Weimar« für geboten gehalten. Aber nach 50 Jahren Grundgesetz soll man die Bürgerinnen und Bürger für mündig halten. Einschränkungen können möglich sein; z. B. könnten die Grundrechte und gewichtige Probleme der Rechtsstaatlichkeit Bundestag und Bundesrat vorbehalten bleiben.

Ich meine auch, der Art. 102 muß unabänderlich sein: »Die Todesstrafe ist abgeschafft.« Wenn Volksbegehren und Volksentscheide in weiteren Bereichen möglich wären, könnten Bürgerinnen und Bürger stärker im öffentlichen Leben mitbestimmen.

Es gibt meiner Meinung nach noch einen Punkt, bei dem nach 50 Jahren Erfahrung mit dem Grundgesetz das Volk entscheiden könnte: Wahl des Bundespräsidenten. 1949 sollte ein »Ersatzkaiser« (so wurde Hindenburg als Reichspräsident gedeutet) vermieden werden und: »Ein vom Volk gewählter Präsident ist für eine repräsentative Demokratie zu stark.« In Österreich, auch einer repräsentativen Demokratie, wird der Bundespräsident vom Volk gewählt. Ich habe nie gehört, daß diese Wahl durch das Volk dem Funktionieren der repräsentativen Demokratie in Österreich schadet. Außerdem werden Wahlkämpfe vor der Präsidentenwahl befürchtet; das muß »ertragen werden können« – und wie war es in den Monaten vor der Bundespräsidentenwahl 1994?! Darum ist die Wahl des Bundespräsidenten – ebenso wie Volksbegehren und Volksentscheide – eine gute Möglichkeit, die Wählerinnen und Wähler »näher an die Politik zu bringen«.

Wichtig erscheint mir auch die Änderung von Art. 21, Abs. 2 GG: Da wird geregelt, daß über die Verfassungswidrigkeit von Parteien das Bundesverfassungsgericht entscheidet. Die beiden Verfahren in den 50er Jahren, durch die Parteien für verfassungswidrig erklärt worden sind, wirkten auf die Bürger umständlich (das war rechtsstaatlich notwendig), und die Verfahren haben diesen Parteien durch Medienberichterstattung viel Publizität gewährt – das wäre jetzt, im »Medienzeitalter«, noch intensiver; darum ist man immer wieder davor zurückgeschreckt, einen Antrag auf Verfassungswidrigkeit einer Partei zu stellen. Andere verfassungswidrige Organisationen können durch Verwaltungsbehörden verboten werden; das ist durch Verwaltungsgerichte nachprüfbar; so ist Rechtsstaatlichkeit gewährleistet. Eine solche oder ähnliche Regelung wäre auch bei Parteien möglich – und es könnte nicht vermutet werden: Die Parteien wollen sich wieder »Vorteile« verschaffen.

Maria Nicolini

Bürgergesellschaft: Vision und Wirklichkeit

Maria Nicolini, Prof. LPA Mag. rer. nat. Dr. phil., geb. 1936, Studium der Fächer Mathematik, Pädagogik, Musik und Leibeserziehung an den Universitäten Wien und Graz. Nach längerer Praxis (Aufbau und Leitung der Bildungsanstalt für Kindergartenpädagogik und der Akademie für Sozialarbeit in St. Pölten, Niederösterreich) Wissenschaftlerin an der Universität Klagenfurt. Arbeitsfelder: Soziale Ökologie, Bürgerbeteiligung, interdisziplinäre Wissenschaft, Sprache.

Nicht nur in Deutschland, auch in Österreich die buhlenden Klänge politischer Reden: Bürgernähe heißt das Wort. EU-weit frisch verwahrlost, flink, meist gemeinsam mit gemeinsam. Wir, so gemeinsam im Bürgernäheboot: Politiker, Politikerinnen und Bürgerschaft wohlig im großen Geräusch. Die Fahrt kann nur gutgehen.

Irrtum! Selbst wenn es gelänge, etwa die Kosten, die Dauer, die Zudringlichkeit von Wahlkämpfen drastisch zu reduzieren, der Bürgerschaft die Einflußnahme auf Kandidatenlisten zu ermöglichen, wenn es gelänge, Politikern das »öffentliche Herumstehen« (Thomas Bernhard) abzugewöhnen, und wenn wir auch eine Nachschärfung plebiszitärer Instrumente erreichten – lauter wunderbare Schritte –, wären wir damit immer noch bei Symptomkuren. Im Grunde blieben Bürgerschaft und Politiker einander feind. Politikverdrossenheit hin, Politikabscheu her – Angst vor Machtverlust droht. Politische Entscheidungsträger haben Angst, Bürger und Bürgerinnen könnten, öffnet man ihnen die Tür nur einen Spalt, in Scharen als Beteiliger und Beteiligerinnen daherkommen. Die Angst ist unbegründet. Lieber, als sich als Bürger zu beteiligen, wäre der Bürgerschaft die Gewißheit, sich auf die Politik verlassen zu können, von strittigen Angelegenheiten unbehelligt zu bleiben. Als in Kärntens Landeshauptstadt Klagenfurt, einer Stadt mit 90 675 Einwohnern, der Straßen-Stadtrat via Stadtzeitung mehrfach zur »Bürgerbeteiligung an der Erstellung eines Verkehrskonzeptes« eingeladen hatte, erschienen 140 Personen, das sind dreieinhalb Promille. Als sich dann herausstellte, daß mit Bürgerbeteiligung nicht Beteiligung, sondern nur Information durch den Auftragnehmer gemeint war, kamen nur noch 25. Von diesen wurden 23 weggeschickt; zwei durften in einen Arbeitskreis. Erfolg: das fertige Konzept und sechs Millionen Schilling verschwanden in der Schublade. Im Konkretwerden verliert das Wort Bürgernähe seinen Schmelz: Bleib mir vom Leib, Volk! Nur ein ohnmächtiger Bürger ist ein geliebter Bürger. Ist es wahr und ist es wirklich so?

Gelangen wir mit dem Schlüsselwort »Bürgergesellschaft« unter die Oberfläche der beschönigten Feindschaft? Was mag die bürgergesellschaftliche Hoffnungsformel bedeuten? Als Instrument machtpolitischer Kalkulation wäre »Bürgergesellschaft« bloß ein magisch aktiviertes Hohlwort: So weich, so fühlig das Bürgernähegerede auch klingt, sein radikaler Gestus kommt durch die Hintertür. Denn das vereinnahmende Wir-alle-so-betroffen-in-einem-Boot behindert den vernünftigen Diskurs, nivelliert die Ebenen der Verantwortung, verschleiert die politischen Aufgaben. Die Dimensionen des Politischen tauchen unter im Sentiment. Das tägliche Engagiertsein der so betroffenen Mündiggewordenen, vormals Pöbel, täuscht über den Verlust des Politischen hinweg. Unter dem Etikett Bürgerbeteiligung wird die Bürgerschaft mit Aufgaben belästigt, die der Politik obliegen. Effekt: Die Aufgaben werden nicht erfüllt, Probleme und Konflikte verschärfen sich.

»Bürgergesellschaft« kann auch herhalten als Instrument der Destruktion: Manche Bürger und Bürgerinnen, Volk also, wollen sich nicht damit begnügen, eben nur Volk und nicht Regierung zu sein. Statt konstruktiver Kritik an der konkreten Gestalt der repräsentativen Demokratie wird das demokratische Prinzip an sich verworfen, der Staat verprügelt. Überschießende Aggression als Antwort auf den Zustand der Demokratie.

Schließlich – die Vision – »Bürgergesellschaft« als Instrument des Aushandelns gesellschaftlicher Widersprüche: Damit ist nicht gemeint, daß in öffentlichen Angelegenheiten immer größere Scharen auf den Plan treten. Das wäre nicht »Bürgergesellschaft« sondern Beteiligungsgraus. Bürgern und Bürgerinnen sei auch gestattet, sich nicht zu exponieren, sich nicht einzumischen. Gemeint ist allerdings ein weitreichendes Einverständnis darüber, daß Demokratie auf die Mitwirkung der Bürgerschaft angewiesen ist: Wie wollen wir (nicht) leben, was wollen wir (nicht) haben? Das sind Fragen, die nicht die Politik zu beantworten hat, sondern die Bürgerschaft. Nur sie kann ihre Bedürfnisse und Ziele benennen. In der Bundesverfassung, dem demokratischen Vertrauensort, finden wir die Norm: Das Recht geht vom Volk aus. Politik sollte den bürgerschaftlichen Diskurs ermöglichen, die Ergebnisse als verbindlich anerkennen und die entworfenen Ziele umsetzen; sollte den Rahmen sicherstellen, der geeignet ist, die Bedürfnisse der Bevölkerung zu regeln. Eine Selbstüberschätzung, wenn von seiten der Politik versucht wird, dem Volk Werte, Ziele, gar die Moral vorzugeben. Eine Provokation, wenn Politiker einander predigen, »wir müssen Vorbild sein«. Der Bevölkerung würde genügen, erfüllten Politikern und Politikerinnen ihre politischen Aufgaben und verhielten sie sich so, wie man es im allgemeinen von rechtschaffenen Bürgerinnen und Bürgern erwartet. »Tatatns net liagn und net schtöin, warats a scho gnua«, so ein Fahrgast im Wiener D-Wagen (»Würden sie nicht lügen und nicht stehlen, wäre es auch schon genug«).

Soll die Bürgergesellschaft wachsen, müssen ihr eine rehabilitierte Politik, ein qualifizierter Staat gegenüberstehen. Das Zusammenwirken von Bürgerschaft und Staat entsteht nicht durch gegenseitige Vereinnahmung, sondern durch ein Gegenübersein. Der Staat darf sich nicht in die Zivilgesellschaft, die Zivilgesellschaft nicht in den Staat hineinverflüssigen. Zugespitzt auf ein Gewaltmoment bedeutet dies: »Der Staat ist das Ergebnis der begründeten Angst des Volkes vor sich selber« (Rudolf Burger, der Rektor der Hochschule für Angewandte Kunst in Wien). Bürgergesellschaft und Staat können nicht eins sein. Die Trennung voneinander ermöglicht erst das zivilisierte Leben. In der Trennung von Bürgergesellschaft und Staat, nicht in der Aufhebung der Trennung, hat demokratisches Verhandeln seinen Ort, Sprachort. Das Gegenübersein ermöglicht wechselseitige Formgebung. Formgebung durch Sprache, nicht durch Waffen.

Meine These, daß mit einer Stärkung der Bürgergesellschaft die Stärkung und Rehabilitation des Staates und der Politik einhergehen müssen, hat freilich ihre subtilen Momente: Da erhebt sich etwa die Frage, ob bürgergesellschaftliche Arbeit bloß ehrenamtlich geleistet werden sollte oder ob man sie, wie von Ulrich Beck und Gerd Mutz zur Diskussion gestellt, unter gewissen Voraussetzungen als Erwerbsarbeit definieren und finanziell abgelten könnte. Dann noch die Frage nach dem Heikelraum Staat: Was für ein Staat verdient es, gestärkt zu werden? Ein Staat, der sich durch Qualität ausweist – was ist das? Staatsqualität bedeutet z. B. nicht, daß die Gesetzesflut noch weiter anschwillt, sondern daß die bestehenden Gesetze vollziehbar und verständlich gemacht, humanisiert und vor allem vollzogen werden. Und Politikqualität bedeutet nicht, daß etwa das Lügen bei Politikern so selbstverständlich ist wie Schwarzbrot. Angenehmer wäre doch, Politiker würden nicht mehr lügen als andere Menschen. Es ist die Sprache: mit leeren Wortattrappen verstellt uns die Politiksprache den öffentlichen Blick. Wir wissen genau, daß der Arbeitslosigkeit nicht mit denselben Mitteln beizukommen ist, mit denen sie geschaffen wurde; daß eine einkommensunabhängige Grundversorgung wohl unausweichlich ist. Wir wissen auch, daß die EU-Politik mit der Lösung ihrer wichtigsten Aufgabe, mit der Sicherung der sozialen Bürgerrechte, noch gar nicht begonnen hat. In so wichtigen Fragen herrscht öffentliche Sprachverweigerung. Ihre Signatur ist Maßlosigkeit und Arroganz: Da grüßt dann plötzlich der

EU-Landwirtschaftskommissar Franz Fischler aus Brüssel nach Süden herunter: Unser (österreichischer) Wirtschaftsliberalismus sei immer noch zu schwach«; noch gar »nicht angekommen« seien wir »mental« in Brüssel. Ein Politgruß, laut und unheimlich.

Und – mit Optimismus allemal – noch ein Stück weiter unter die Oberfläche: Wie kommen Staat und Politik aus der Quetschfalte der Ökonomie heraus? Wie gewinnen sie (wieder?) ihre Souveränität als rahmensetzendes Instrumentarium des zivilen Lebens? Ich weiß keine Anwort, nur die Richtung. Wir sollten das Grundparadigma in Frage stellen: Wirtschaftswachstum um jeden Preis, absolut freier Markt, Profit als höchster Wert? Solange wir bereit sind, solchen Zielen sämtliche anderen Werte unterzuordnen, hat die friedliche Bürgergesellschaft keine Chance. In einem Land, das sich zum Wirtschaftsstandort degradiert, wird das Volk zum Störer. Nicht die Macht, nicht das Recht – die Störung geht vom Volk aus. Solche Störung signalisiert den fundamentalen Dissens. In Deutschland trägt er den Namen »Castor«. Castor ist chronisch und sprachlos.

Wäre ich Politikerin, ich würde die öffentliche Sprache aufrichten als Sprache einer Kulturnation, nicht einer Wirtschaftsnation. »Eine neue Sprache«, so Ingeborg Bachmann in ihren Frankfurter Vorlesungen, »muß eine neue Gangart haben, und diese Gangart hat sie nur, wenn ein neuer Geist sie bewohnt«. Ich würde mir die Freiheit nehmen, in dieser neu aufgerichteten Sprache an jenem Paradigma des absoluten Geldes öffentlich und nachhaltig zu zweifeln.

Eberhard Dutschmann

Das Ende der DDR und die Folgen enttäuschter Ideale

Eberhard Dutschmann, Dessau, Pfarrer i. R., 1931 in der Oberlausitz geboren. Mai 1945 vorzeitiges Ende der Schulzeit in Bautzen. 1945–48 Tischlerlehre. 1949–55 Theologiestudium. Seit 1957 zunächst Gemeindepfarrer, dann zugleich Mitarbeit im Kirchlichen Kunstdienst. 1975–90 Klinikseelsorger (Zusatzausbildung) und Dozent für musische Erziehung im Diakonissenhaus Dessau. 1991–96 Polizeiseelsorger. Erste Ausstellung eigener Malerei 1961 in Leipzig.

Ich greife die Zweideutigkeit auf, die im Titel »Ungehaltene Reden« steckt, und gebe meinem Unmut darüber Raum, wie das Wort »Wende« im Osten und im Westen Deutschlands gebraucht wird.

Ich erinnere: Der neue Generalsekretär Egon Krenz sagt in seiner Rede an die Bürgerinnen und Bürger der DDR am 18. Oktober 1989: »Mit der heutigen Tagung werden wir eine Wende einleiten, werden wir v. a. die politische und ideologische Offensive wiedererlangen.« Am 3. November kündigt Krenz in einer weiteren Fernsehansprache ein »Aktionsprogramm zur Verwirklichung der Wende« an. Zu diesem Zeitpunkt lag ihm bereits der vom 27. Oktober 1989 datierte streng geheime Bericht von Wirtschaftsexperten der DDR an das Politbüro vor, in dem die Zahlungsfähigkeit der DDR in Frage gestellt wird, auf dem Krenz sogar zitiert wird, ohne ihn zu benennen. Erst am 1. Dezember beschließt die Volkskammer die Streichung des Führungsanspruchs der SED aus Art. 1 der DDR-Verfassung. Mit »Wende« beschreibt Krenz also den Versuch, die SED-Herrschaft dem Unmut der Bevölkerung zunächst anzupassen, um später – wie beim »neuen Kurs« vor dem 17. Juni 1953 – die wirklichen Machtverhältnisse um so ungeschminkter wiederherzustellen und zu praktizieren.

Was hat es damit auf sich, daß das tatsächliche Ende der SED-Herrschaft mit einem Begriff benannt wird, der im Sinne der Machthaber den trickreichen Versuch bedeutet, ebendiese Macht unter Vorspiegelung falscher Versprechungen zu erhalten? – Was will der erhalten, der heute noch die Ereignisse vom Herbst 1989 »Wende« und »Wendezeit« nennt? – Oder ist es gar nicht etwas, was man behalten möchte im Sinne von: »Es war doch nicht alles schlecht«, sondern ist vielmehr der Schmerz unerträglich, daß die persönliche Geschichte diffamiert werden könnte? Und wäre das dann ähnlich der Situation nach 1945, die Mitscherlichs mit »Unfähigkeit zu trauern« beschrieben? Und wäre dann die sog. Ostalgie ein weiterer Versuch in unserer Geschichte, die Trauer um den Verlust sehr persönlicher Erlebnisse zu umgehen, weil bspw. die Heimabende in der FDJ bei der einen Generation ähnlich erinnert werden wie die in der HJ bei der anderen Generation?

Besteht dagegen nicht ein fundamentaler Unterschied darin, ob ich meine Erinnerung bewahren und dabei auch trauern will oder ob ich mich an ihr festhalte und damit Trauern vermeide?

Schönt unsere Unfähigkeit zu trauern das Ende der Diktatur zur »Wende«, weil wir die angenehmen Seiten zentraler Leitung schwer aufgeben können?

Es gab keine Wende, auch keine Revolution (friedlich ist nie eine Revolution). Es gab Fakten, die zum Ende der SED-Diktatur führten, viele sind genannt und unterschiedlich gewichtet worden: Massenflucht. Gorbatschows Zurückhaltung, die Friedensgebete und Demonstrationen, die übrigens auch in ihren großen Dimensionen von Minderheiten getragen wurden. Soweit ich sehe, werden zwei Ursachen weithin unterschätzt: Die DDR war bereits im Sommer wirtschaftlich am Ende (s. Geheimbericht vom 27.10.89) und Honecker war durch seine Krankheit nicht mehr Herr der Lage. Damit begann das Ende der Diktatur. Beschleunigt wurde es durch die

Rebellion im Volke, das tags sozialistisch arbeitete und abends entweder mit Kerzen auf die Straßen ging oder das Geschehen am Fenster und Fernseher verfolgte.

Revolutionen führen, wenn sie gelingen, zu grundlegendem Machtwechsel mit oft radikalen Konsequenzen für einzelne. Rebellen siegen selten, und wenn, dann fehlt ihnen zumeist das Konzept für die Zeit danach. Rebellen folgen destruktiven Idealen.

»Auf alles waren wir vorbereitet, nur nicht auf Kerzen und Gebete«, läßt Erich Loest einen Stasigeneral sagen. Wir waren auch nicht vorbereitet, die Macht zu übernehmen, also akzeptierten wir Übergänge, die schließlich durch freie, demokratische Wahlen im März 1990 zu einer völlig anderen DDR führten. Wer heute von »DDR-Zeiten« spricht, sollte sagen, ob er die SED-Diktatur meint oder die einzige, wirkliche deutsche, demokratische Republik, die folgerichtig den Beitritt zur Bundesrepublik Deutschland in freier, parlamentarischer Entscheidung beschloß.

Bis heute beeinflussen enttäuschte Ideale den schwierigen Prozeß der Demokratisierung hierzulande, wo nach einer gescheiterten Demokratie seit Anfang der 30er Jahre ununterbrochen Diktaturen herrschten. Enttäuschte Ideale haben Illusionen zur Folge, mit allen neurotischen Anteilen; die Rebellionen haben in sich auch Larmoyanz, Resignation, Regression, Trotzreaktionen, Geschichtsfälschungen. Ist es wirklich immer nur ein Gag, wenn bei passender Gelegenheit gesungen wird »wir wollen unseren alten Kaiser Wilhelm wiederham«? Gibt's ein altes deutsches Mißtrauen gegenüber Demokratie? Suchen wir weiter eine »starke Führung«? Leiden wir noch an den Folgen, daß in beiden Diktaturen Arbeit als Merkmal des Menschseins gedeutet wurde? Wie lebt jeder mit seiner Schuld in der Geschichte und jede mit ihrer?

In den Tagen um den 7. Oktober 1989 habe ich mich damit auseinandergesetzt, was Paulus in seiner Zeit zum Verhältnis von Machthabern und Untergebenen sagt: »Jedermann sei untertan der Obrigkeit, die Gewalt über ihn hat. Denn es ist keine

Obrigkeit ohne von Gott ...« (Neues Testament, Brief an die Römer Kap. 13,1 ff. in der Übersetzung Martin Luthers).

Diese Sätze haben den Kirchen besonders seit 1933 schwer zu schaffen gemacht, und nicht immer war das Ergebnis solchen Schaffens hilfreich für den einzelnen Christen. Wie ist so ein Wort in einer Demokratie zu deuten? Ich habe damals meine Deutung gefunden und gepredigt. Jedermann sei darauf bedacht, daß keine Obrigkeit Gewalt über ihn bekomme, denn alle Gewaltenteilung ist von Gott.

Ulf Mailänder

Artikel 1 GG: Falsches Pathos

Ulf Mailänder, Jg. 1956, freiberuflich tätig als Lektor, Autor, Herausgeber, Journalist, Ghostwriter und Coach für Führungskräfte. Lange Auslandsaufenthalte (Spanien und Indien), Interessen: Aikido, Wandern, Flanieren und Meditieren.

Die Würde des Menschen mieft. Frage danach auf der Straße deinen Nachbarn, die Zeitungshändlerin gegenüber, und du wirst verwunderte Blicke ernten. Momente peinlichen Schweigens und Bildungsgestammel. Wegwerfende Gesten, als hättest du etwas Unanständiges gesagt. Über Würde spricht man nicht. Würde hat man oder etwa nicht? Würde ist out, im Konjunktiv tönt sie kläglich: Ich würde ja gern.

Die Würde des Menschen ist unantastbar – tatsächlich? Nicht mal Sonntagsredner berufen sich auf sie, von besonderen Jubiläen abgesehen. Heilige Scheu! Abscheuliche Phrase! Wozu lesen wir Zeitung und schauen Nachrichten? Die Welt straft diesen Satz Lügen, tagtäglich und millionenfach. Frage die Alten, die wie Schränke abgewischt werden, die Gefolterten, die wie Verbrecher behandelt werden, ihre Peiniger, die stumm gewordenen Vergewaltigten, die toten Kinder in der Plastiktüte, ihre Väter und Mütter. Die Würde der Menschen ist verletzlich und wird verletzt – durch Fußtritte, Messerstiche und Faustschläge. Mehr noch: durch Amtsschreiben, Entlassungsbriefe, gezieltes Wegschauen, feiges Schweigen, rohe Fragen, üble Nachrede, durch Untätigkeit im falschen Moment. Im Briefkasten, auf der Autobahn, in der Talkshow, im Häuserblock um die Ecke, am Küchentisch und unter der Decke.

Die Würde des Menschen ist unantastbar – ein unglaublicher Satz. Und doch: Die Väter des Grundgesetzes müssen sich etwas dabei gedacht haben. Wären Mütter in der Lage, solch einen Satz an so prominenter Stelle niederzuschreiben? Vermutlich hätte es ihnen die Schamesröte ins Gesicht getrieben. Die Väter wollten vergessen, wollten einen Neuanfang. Nie wieder Krieg, nie wieder Gaskammern, wenn die Würde des Menschen schon mit Füßen getreten wurde, von Vätern, Vorgesetzten, Verfolgern und Volksangehörigen, dann soll sich jetzt erst recht in den Himmel gehoben werden. Meine Würde, deine Würde, seine, ihre und unsere Würde: allesamt unantastbar. In guter, alter Verfassungstradition. IST: natürlich affirmativ gemeint. Soll heißen: möge sein, sei. Wir erklären, nur die besten Absichten zu haben. Der Staat möge dafür sorgen, daß die Würde unantastbar werde. So stimmt es dann wieder. Hat bislang nicht geklappt, wir üben noch.

Ist – in diesem Sinne – die Würde von Schweinen antastbar? Hat unsere Würde noch einen anderen Grund als den, daß wir böse werden können? Hühner schützt kein Grundgesetz. Alles, was ein Gesicht hat, hat Würde.

Die Würde des Menschen ist unantastbar. Wer geht, wer bleibt? Die Würde des alleinstehenden Mannes, der im Vernichtungslager sein Leben gab, um den Familienvater zu retten. Wenn einer nichts mehr hat, was man ihm wegnehmen kann, findet er seinen letzten, unzerstörbaren Schatz – die Würde. Das Leuchten in den Augen zwischen Bergen aus Müll – die Würde von innen, der das Außen nichts anhaben kann. Ist Würde ansteckend?

Wo ist die Würde heute zu finden? Im Supermarkt, an der Tankstelle, auf der Autobahn, in der Disco? Im Restaurant – was darf es sein, mein Herr, meine Dame? Am Telefon: Was darf ich für Sie tun? Besteht Würde aus Vermeidung – ich achte Sie, weil ich nicht mit Ihnen spreche, Sie übersehe? Würde bringt Bürde – also nichts wie rein in die Jogginghose. Autos haben Würde – in der Werbung, im Stau weniger, Jugendliche vermissen Respekt – und verschaffen ihn sich, zur Not mit Gewalt. Faß mich nicht an – ein Widerhall der unantastbaren Würde.

Die Würde des Menschen ist spürbar – als Ausstrahlung, in der Art, wie jemand geht, spricht, seinen Blick richtet oder abwendet, einen Kaffee bestellt, aus dem Kinderwagen schaut, eine Auszeichnung ablehnt, die Schwäne füttert, mit seinen Fingerkuppen über die Haut des Geliebten streift. Die Würde ereignet sich – wie ein Wunder –, wenn Menschen sich achtsam begegnen. Die Würde kann ertastet werden. Die Würde kann einen ergreifen. Würde hat Gewicht – ihre Träger, aber auch die Würdelosen wissen ein Lied davon zu singen. Kann Würde geschützt werden? Unbedingt – durch tätliches Eingreifen. Durch Wahrnehmung der Verletzungen, die ihr tagtäglich angetan werden, Zivilcourage. Durch Kultivierung der eigenen Würde, Schweigen im richtigen Moment, wenn von Würde die Rede ist, stinkt es meist zum Himmel.

Die Würde des Menschen ist unantastbar. Dieser Satz steht in unserer Staatsbibel. Wer ihn verwirft, setzt sich dem Vorwurf der Blasphemie aus. Ihn abschaffen – warum? Stört doch niemand, ist doch folgenlos. Selbst wenn unseren Beamten verordnet würde, diesen Satz tagtäglich als Mantra 1000 Mal zu rezitieren. Eine Zulage würden sie fordern und weitermachen wir bisher.

Aber nützlich ist es doch, unser Grundgesetz. Wenn wir uns bloß daran erinnern könnten!

Die Würde des Menschen ist verletzlich. Auch durch falsches Pathos.

Gerlinde Kraus

Das Grundgesetz als Freiheitsraum für politisches Handeln

Gerlinde Kraus, geb. am 29. Dezember 1958 in Mühlheim am Main. Nach einer Ausbildung im steuer- und wirtschaftsberatenden Beruf fühlte sie sich von der Arbeit in einer Redaktion angezogen und wechselte daher zu einer Tageszeitung. Dort waren ihr die zu verarbeitenden Geschehnisse mit der Zeit zu ephemer, deshalb zog sie es vor, den Dingen im Rahmen eines Studiums der Mittleren und Neueren Geschichte, Politikwissenschaft und Romanistik auf den Grund zu gehen. Ihre Interessen liegen vor allem auf geisteswissenschaftlichen Gebieten, aber auch darin, sich dafür einzusetzen, daß Frauen gemäß Art. 3 GG zumindest paritätisch endlich die ihren Qualifikationen entsprechenden Tätigkeiten in Politik und Wirtschaft einnehmen können. Z. Z. als Privatdozentin tätig und mit einer Dissertation zu dem Thema ›Die Rolle der Frau als Unternehmerin im 18./19. Jahrhundert‹ beschäftigt. Aus Überzeugung unverheiratet, ein Sohn.

Nach der zwölfjährigen totalitären Staatserfahrung, die Millionen von Menschen nicht überlebten, erhielten die Ministerpräsidenten der Länder in Deutschland nach mehrjähriger Besatzungszeit von seiten der westlichen Alliierten die Londoner »Empfehlungen« und damit erstmals die Chance, das Gebiet der drei Westzonen als föderalistisch strukturiertes Land mit einer angemessenen Zentralregierung demokratisch zu gestalten.

Es soll an dieser Stelle nicht darum gehen, das schwierige Procedere zu beschreiben, das nötig war, um überhaupt erst ein entsprechendes Organ zu schaffen, das mit der Ausarbeitung einer Verfassung befaßt werden konnte, oder um die problematische Frage, ob die neue Verfassung für einen gemeinsamen Staat aller Deutschen, also auch für die russisch besetzte Zone, gelten solle, wofür sich mutig die Berliner Bürgermeisterin Luise Schroeder (SPD) eingesetzt hatte, die freie Wahlen für ganz Deutschland gefordert und ebenfalls darum gebeten hatte, »keine Isolierung der Stadt Berlin« zuzulassen. Entgegen den Wünschen von Frau Schroeder mußte indessen bei der ostdeutschen Bevölkerung erst verstärkt das Verlangen nach einem Leben in einer freiheitlich demokratischen Rechtsordnung wach werden, die zumindest theoretisch, wie es im Art. 1 GG formuliert ist, sie die »Würde des Menschen« als »unantastbar« garantiert. Dieser Prozeß sollte 40 Jahre in Anspruch nehmen und erst mit dem Fall der Mauer in Berlin im Jahr 1989 wurde wieder die Möglichkeit gegeben, ein Leben in Freiheit zu führen, das mit der menschlichen Würde vereinbar ist. Sicherlich trat nach 1989 in dieser Hinsicht zumindest für viele derjenigen Menschen eine qualitative Verbesserung ein, die zuvor ständig damit leben mußten, selbst von ihren engsten Freunden bespitzelt zu werden. Doch sei an dieser Stelle die Frage erlaubt, wie es im Alltag um die Würde des einzelnen und insbesondere der Kinder und Jugendlichen im nunmehr vereinigten Deutschland bestellt ist.

»Daß sich der Gesetzgeber in erster Linie um die Erziehung der Jungen kümmern muß, wird wohl niemand bestreiten. Wo es in einem Staat nicht geschieht, da erwächst auch ein Schaden für die Verfassung. Die Menschen müssen ja im Hinblick auf die jeweilige Verfassung erzogen werden. Denn der eigentümliche Charakter jeder Verfassung erhält diese und begründet sie auch von Anfang an, so der demokratische die Demokratie und der oligarchische die Oligarchie. Und immer ist der beste Charakter auch der Grund der besseren Verfassung«, bemerkte vor mehr als 2000 Jahren der im Jahr 384 v. Chr. geborene Philosoph Aristoteles im achten Buch seiner ›Politica‹. In der heutigen Zeit, in der die Familie als primäre Sozialisationsinstanz in vielen Fällen versagt und der Entwicklung von

Kindern und Jugendlichen aus zahlreichen Gründen eher abträglich scheint, haben die Worte von Aristoteles offensichtlich nichts von ihrer Gültigkeit verloren. Von ihm läßt sich leicht der Bogen zu den deutschen Vordenkern bürgerlicher Freiheit in einem Gemeinwesen – zu Immanuel Kant und Wilhelm von Humboldt – schlagen. Setzte die aristotelische Tradition das Bestehen der Herrschaftsgewalt der bürgerlichen Gesellschaft (societas civilis) gleich mit dem griechischen Stadtstaat, der Polis, so sind uns Heutigen die Gedanken, wie sie Kant in seinem Buch ›Metaphysik der Sitten‹ formulierte, daß »ein Staat (civitas) die Verneigung einer Menge von Menschen unter Rechtsgesetzen« sei, insofern näher, als er die Staatsbürger (cives) unzertrennbar mit der Freiheitsidee verbunden sah. Diese, so Kant, müßten keinem anderen Gesetz gehorchen als demjenigen, dem sie ihre Zustimmung gegeben haben. Wilhelm von Humboldt hingegen, der vor gut 200 Jahren einer der ersten war, der eine Verfassung für Deutschland ausgearbeitet hatte, brachte noch in seiner Jugendschrift ›Über die Grenzen und Wirksamkeit des Staates‹ seine Staatsauffassung in der Maxime zum Ausdruck: »So wenig Staat wie möglich, nur soviel Staat wie nötig.« Er brachte das auf die Formel: »Der Staat enthalte sich aller Sorgfalt für den positiven Wohlstand der Bürger und gehe keinen Schritt weiter, als zu ihrer Sicherstellung gegen sich selbst und gegen auswärtige Feinde notwendig ist.« Bei aller Liberalität sah es Humboldt indes doch als eine Aufgabe des Staates an, die körperliche und seelische Unversehrtheit und damit die Würde des Menschen sicherzustellen. Dies wäre in unserer nunmehr seit 50 Jahren bestehenden Demokratie gleichfalls eine selbstverständliche Aufgabe, die darin bestünde, die Grundrechte der Bürgerinnen und Bürger zu achten, zu gewährleisten und zu schützen.

Doch, um von dem kleinen Ausflug in die Staatsphilosophie in den Alltag des Zustandes der »Verfassung« der Bundesrepublik Deutschland zurückzukehren, ist gerade an diesem Punkt Kritik notwendig: Die Auswüchse im Hinblick auf die Entwicklung der Medien hätte schon längst eine Gegenbewegung hervorrufen müssen, die sich zum besonderen Ziel machte, die Schwächsten in unserer Gesellschaft, Kinder und Jugendliche, stärker zu schützen. Man hat zwar Verständnis dafür, daß ein Teil der kirchlichen Würdenträger, die sonst bei der Diskussion um den §218 ganz vorne stehen, sich in puncto sexueller Mißbrauch von Kindern in ihren Stellungnahmen bedeckt halten, da sie offensichtlich noch damit beschäftigt sind, den Unrat vor der eigenen Haustür wegzukehren. Es ist gleichwohl mit dem Art. 1 GG nicht verein- und hinwegnehmbar, daß eine Kinderpornographie-Industrie Umsätze von Millionen zu verzeichnen hat. Wie unmenschlich, heruntergekommen und krank müssen die zahlreichen Individuen in dieser Gesellschaft sein, die für diesen Markt produzieren und sich in ihm bewegen?

Aber, so ist auch zu fragen, wurde nicht von seiten der Gemeinden, Städte, Länder und des Bundes schon seit den 70er Jahren stets an den verkehrten Stellen gespart? Jugendhäuser wurden geschlossen, weil Gelder für die Verwaltung gestrichen wurden. Alternativen wurden und werden gerade den Jugendlichen in den Städten nicht aufgezeigt. Angefangen von sozialer Desorientierung bis hin zu extremen Parteigruppierungen oder bis zur Verwahrlosung, ganz zu schweigen von den nach wie vor drängenden Problemen der Drogenabhängigkeit und der Kinderprostitution, lassen sich gerade auch im Hinblick auf berufliche Perspektiven nicht durchweg positive Bilder zeichnen. Wie rasch Kinder durch das sonst viel gerühmte deutsche Sozialnetz fallen, zeigen nicht zuletzt die Straßenkinder besonders in großen Städten wie Hamburg, Berlin oder Frankfurt. Humboldts Name wird mich seit dem letzten Winter stets auch an ein 17jähriges Mädchen erinnern, das sich in eisiger Kälte unter den Baum eines gepflegten Frankfurter Vorgartens in gleichnamiger Straße gelegt und dort die Nacht verbracht hatte. Darf es sich ein Staat leisten, daß die Jugend seines Landes derart vernachlässigt wird? Staatsbürgerinnen und Staatsbürger wissen indessen längst, daß nicht alles Heil von den politischen Parteien zu erwarten ist, zu sehr erinnert das anhaltende »Mit-sich-selbst-Beschäftigtsein« im Bonner Schauspiel im Schachern um Posten und Pöstchen gelegentlich an einen Bullenmarkt.

Es muß allerdings erneut (be-)greifbar werden, daß das Grundgesetz, das entstanden war aus den Erfahrungen der menschenverachtenden Nazidiktatur, für jeden einzelnen in diesem Staat Gültigkeit besitzt und daß Freiheit im politischen Handeln nicht zuletzt darin besteht, dazu beizutragen, die Rechte, wie sie im Grundgesetz auch für die jüngsten Bürgerinnen und Bürger formuliert sind, mit Leben zu erfüllen. Ein Staat, dem es nicht gelingt, für die schwächsten Mitglieder der Gesellschaft, für Kinder und Jugendliche, menschenwürdige Daseinsbedingungen zu schaffen, muß wenigstens am 50. Geburtstag seines Grundgesetzes an die Notwendigkeit zur Aufhebung der erneut entstandenen Defizite erinnert werden dürfen, ansonsten bliebe die Verfassung nur bedrucktes Papier, das offensichtlich niemanden in diesem Staat etwas angeht.

In der Tat, »es muß ein Ruck« durch dieses Land gehen.

Stefan Kleinschmidt

Über den opportunistischen Umgang mit Grundgesetzartikeln

Stefan Kleinschmidt, Jg. 1963. Fremdsprachenkorrespondent, Bankkaufmann. Studium (M.A.) der Geschichte, Politischen Wissenschaft und Philosophie in Hannover und Wien. Parteiungebundene politische Aktivitäten. Zeitweise Tätigkeit als technischer Redakteur/World Wide Web. Z. Z. Arbeit an einer Dissertation zu Kriminalität und Strafverfolgung in der Frühen Neuzeit als Stipendiat im DFG-Graduiertenkolleg »Sozialgeschichte von Gruppen, Schichten, Klassen und Eliten«, Universität Bielefeld.

Eine ungehaltene Rede – ungehalten im doppelten (Wort-)Sinn – stellt den »Redner« vor ein besonderes Problem: gibt es überhaupt ein Publikum, das diese Rede zur Kenntnis nimmt?

Normalerweise läßt sich sofort erkennen, wie viele Menschen durch eine Ansprache erreicht werden können; das ist hier zwangsläufig nicht der Fall. Also zunächst eine Rede ins Nichts, das sich erst durch Leserinnen und Leser füllen kann, aber nicht muß.

Zum Thema: Es geht mir um das, was man allgemein »eine kritische Würdigung« des Grundgesetzes nennen könnte. Für eine detaillierte Analyse und eine umfassende Würdigung reichen aber weder Raum noch Zeit, so soll sich auf einige wesentliche Punkte beschränkt werden.

Das Grundgesetz der Bundesrepublik Deutschland, nun schon seit einiger Zeit die nicht mehr vorläufige Verfassung dieses Staates, verdient trotz mancher Schwächen eine »Würdigung«. Es ist eine der freiheitlichsten Verfassungen der Welt, und wohl die meisten Bürgerinnen und Bürger der Bundesrepublik Deutschland (West) waren, sofern es sie überhaupt interessiert, über Jahre recht zufrieden mit ihr. Trotzdem fiel über die Jahre immer wieder ein quasi heuchlerischer Umgang mit dem Text des Grundgesetzes v. a. von seiten der Politik auf. In Festreden wie in aktuellen politischen Auseinandersetzungen wurde er häufig wie ein Heiligtum des demokratischen Deutschlands präsentiert, an dem keinesfalls gerüttelt werden dürfte.

Äußerst selten erfuhren die »mündigen Bürgerinnen und Bürger«, daß diese Grundlage des vielzitierten »Verfassungspatriotismus'« auch eine der am meisten veränderten demokratischen Verfassungen der Welt war. Wenn es opportun schien, waren Parteien und Politik – entgegen der öffentlich verkörperten Haltung gegenüber dem Text des Grundgesetzes – immer bereit, Änderungen vorzunehmen. Als ein Beispiel sei hier nur die Notstandsgesetzgebung genannt.

Mindestens ebenso wichtig wie die Änderungen des Gesetzestextes ist allerdings die stillschweigende Vernachlässigung einzelner Teile. Dies trifft meiner Meinung nach v. a. auf die Art. 14 Abs. 2 und Art. 21 Abs. 1 zu.

Die Formel: »Eigentum verpflichtet, sein Gebrauch soll zugleich dem Wohle der Allgemeinheit dienen«, ist zwar durchaus bekannt, rückte aber im Lauf der Jahre immer weiter in den Hintergrund. Sie wurde zunehmend, teils ausdrücklich, teils unausgesprochen, als eine Art ideeller Floskel diffamiert, die schön klingt, der aber ansonsten keinerlei Bedeutung zuzumessen ist.

Dem muß heftig widersprochen werden! Es handelt sich eben nicht um eine ausschließlich dekorative Phrase, sondern um einen eindeutigen Auftrag an alle, die Eigentum (und Macht) besitzen.

Die Formel: »Parteien wirken bei der politischen Willensbildung des Volkes mit«, ist – betrachtet man die gesellschaftlich-politische Realität und die Verfassungswirklichkeit – zu einem schlechten Witz geworden. Die Parteien (samt ihrem »Klüngel« im weitesten Sinn) sind heutzutage nahezu identisch mit dem Staat; von einer bloßen Mitwirkung kann nicht mehr die Rede sein, allenfalls überlassen sie ihrerseits einzelnen Menschen und alle vier Jahre auch dem gesamten »Wahlvolk« eine gewisse Mitwirkung von sehr begrenzter Reichweite. Das hat sich prinzipiell auch nicht dadurch geändert, daß in den letzten Jahre einigen außerparlamentarischen Organisationen, hier denke ich v. a. an Umweltschutzverbände, gewisse Rechte eingeräumt und, vorrangig auf Länderebene, gewisse plebiszitäre Elemente neu geschaffen wurden.

Auch der Umgang z. B. mit den GG-Artikeln bzgl. der Wahrung des Brief-, Post- und Fernmeldegeheimnisses oder der Unverletzlichkeit der Wohnung verdiente eine ähnlich kritische Bewertung, doch statt dessen möchte ich lieber noch kurz auf ein bzw. das Ereignis der jüngeren deutschen Vergangenheit eingehen. Es geht natürlich um die deutsche Einheit, die leider verfassungsrechtlich nicht im Sinn des Grundgesetzes erfolgte (letzter Satz der Präambel: »Das gesamte deutsche Volk bleibt aufgefordert, in freier Selbstbestimmung die Einheit und Freiheit Deutschlands zu vollenden.« Art. 146: »Dieses Grundgesetz verliert seine Gültigkeit an dem Tage, an dem eine Verfassung in Kraft tritt, die von dem deutschen Volke in freier Entscheidung beschlossen worden ist.«), sondern mit Hilfe des Art. 23, der wohl in erster Linie mit Blick auf den bei seiner Entstehung anstehenden Beitritt des Saarlandes Aufnahme in das Grundgesetz fand, am 3. Oktober 1990 vollzogen wurde. Hiermit wurde auch die einmalige Chance vertan, mittels einer allgemeinen Verfassungsdiskussion und u. U. der Bildung eines nicht nur aus Politikern und Politikerinnen bestehenden verfassungsgebenden Rats dem »deutschen Volk« eine echte demokratische Mitwirkung an der eigenen Verfassung zu ermöglichen. Auch wenn durch diese Diskussion einer neuen Verfassung sich das »alte« Grundgesetz in weiten Teilen bestätigt und damit erst wirklich demokratisch legitimiert hätte, wäre ihre Wirkung für die Menschen in unserem Saat von entscheidender Wirkung gewesen: ich bin überzeugt, daß sich im Fall einer echten Mitwirkung alle endlich einmal nicht als »entmündigte Bürgerinnen und Bürger« hätten fühlen können. Darüber hinaus wäre den Menschen aus der ehemaligen DDR eben nicht der Eindruck vermittelt worden, nur einem bereits bestehenden Verband beigetreten zu sein, der sie nicht wirklich wollte und brauchte. Die innere Einheit – bis heute nicht erreicht – wäre durch eine aktive und gemeinsame Teilnahme an einer offenen Verfassungsdiskussion um einen großen Schritt vorangebracht und der Trend zur Entpolitisierung so vieler Menschen in Deutschland möglicherweise umgekehrt worden.

Was den oben kritisierten Umgang mit dem Art. 14 und 21 GG angeht, seien noch in aller gebotenen Kürze Vorschläge zur Veränderung erlaubt. Der erste liegt klar auf der Hand: Nachdem die Bundesrepublik Deutschland mehr und mehr ein Staat der Reichen geworden ist, ein Staat derjenigen, die Geld und Macht vereinigen, während ein zunehmend größerer Teil der Bevölkerung immer weniger am Wohlstand (und der Entscheidungsgewalt) teilhat, ja es faktisch bereits Bürger erster und zweiter (und möglicherweise auch dritter Klasse) gibt, könnte eine tatsächliche, ernsthaft betriebene Umsetzung des Art. 14 ein Schritt in die richtige Richtung sein, um diese Tendenz aufzuhalten.

Dabei stellt sich allerdings zu Recht die Frage, ob die derzeitigen politischen und gesellschaftlichen Eliten dies überhaupt wollen. Wenn die zunehmende Politikerferne der Bevölkerung, die das Funktionieren jeder Demokratie über kurz oder lang massiv gefährdet, tatsächlich aufgehoben werden soll, muß die Rolle der Parteien wieder auf das Maß reduziert werden, das der Art. 21 GG für sie vorsah. Voraussetzung dafür ist das Aufbrechen der verfilzten Parteistrukturen (im weitesten Sinn); eine sinnvolle Neugestaltung kann nur durch eine Öffnung der Parteien erreicht werden. Es gibt genug Menschen in diesem Land, die in Warteposition stehen, die mitwirken, verändern und umgestalten wollen, wenn man sie nur läßt. Vorrang des »Stallgeruchs«, unbedingte Parteidisziplin, Kreativitäts- und Veränderungsfeindlichkeit, Besitzstandswahrung und der Primat der Mittelmäßigkeit müssen so schnell wie möglich aus den Parteien verschwinden!

Diese kurzgefaßten Anregungen und Gedanken, über die sich noch viel länger sprechen bzw. schreiben ließe, möchte ich mit der Feststellung abschließen, daß jede Reform möglich ist, wenn wir es wollen, und daß es durchaus Anlaß genug zum Feiern des Grundgesetzes gibt. Doch dies darf nicht allein in der Rückschau auf 50 Jahre geschehen, sondern vorrangig mit dem Blick auf Gegenwart und Zukunft, und das heißt konkret: Unsere Verfassung kann und muß die Basis für eine Neugestaltung der Demokratie und gleichzeitig für eine Rückbesinnung auf ihren ursprünglichen Kern sein.

Ernst August Thienemann

Demokratie, Wachsamkeit und Frieden

Ernst August Thienemann, Jg. 1927, war im Buchhandel und Schuldienst tätig, Mitarbeit an Zeitungen und Zeitschriften. Hauptinteressen: Literatur, Schreiben., Bevorzugte lit. Formen: Gedicht, Erzählung. Vertreten in Anthologien sowie in der Nationalbibliothek des Deutschsprachigen Gedichtes, ›Ausgw. Werke I‹.

Von allen möglichen Staatsformen ist die Demokratie (westlicher Prägung) immer noch die beste – mit allen ihren Mängeln, hat sich sinngemäß ein Winston Churchill, der bedeutende britische Staatsmann, geäußert. Denn einen idealen Staat wird es nicht geben, wie jeder Staat auch mit den Unzulänglichkeiten der Menschen behaftet ist. Eine Rückblende sei mir zur besseren Verdeutlichung gestattet: Als ich im Herbst '45 als noch sehr junger Kriegsteilnehmer der letzten Tage aus sowjetischer Gefangenschaft heimkehrte, waren vor dem Einschlafen am ersten Abend meine Gedanken: endlich Frieden – keine Bomben und Granaten, keine Überfälle und Ängste mehr – der Krieg ist endgültig vorbei! Und was ist nicht alles an Kriegen und Schrecknissen seitdem in der Welt geschehen, wenn auch unser Volk vor dem Ärgsten verschont blieb. Ich benötigte damals längere Zeit, bis ich mich selbst gefunden und im Nachkriegsdeutschland zurechtgefunden hatte. Mit Freunden diskutierten wir oftmals die Möglichkeiten und die Staatsform für unser Land, denn es mußte ja mit einer besseren Regierungsform weitergehen. Nach den Besatzungszonen entstand im Westen Deutschlands die Bundesrepublik Deutschland, deren erster Kanzler Konrad Adenauer und deren erster Bundespräsident Theodor Heuss hieß. Dieses Duo hat damals Deutschland repräsentiert und wesentlich zur Anerkennung und Eingliederung unseres Landes in den Reigen der Nationen beigetragen, natürlich mit wesentlicher Zustimmung und viel Arbeitseinsatz aller Bürger. Wie glücklich und dankbar war jeder von uns, als er wieder arbeiten, lernen oder studieren konnte auf ein Ziel hin.

Einige Zeit arbeitete ich in einem englischen Verlag in London, wo ich mich recht wohl fühlte, wie mir überhaupt die Lebensart der Engländer sehr zusagt. Ihre Akzeptanz und Toleranz sowie den Begriff »Fair play« wußte ich bald zu schätzen. – Eines Morgens auf meinem Weg zum Verlag sah ich auf den ersten Seiten der neuen Zeitungen schlimme Schlagzeilen mit dem Inhalt »Wieder Hakenkreuze in Deutschland«. Es waren seinerzeit in zwei, drei Bundesländern entsprechende Schmierereien an öffentlichen Gebäuden und Kirchen entdeckt worden, die die Menschen aufschrecken ließen. Bedrückt und schockiert betrat ich an jenem Tag das Verlagsgebäude. Wie sollte ich den wenigen jüdischen Mitarbeitern als Deutscher gegenübertreten, was hätte ich ihnen sagen können? Ja, ich schämte mich damals – 1960 – für mein Land. Aber der Arbeitstag verlief wie üblich, ich spürte keinerlei Ablehnung. Als ich etwas später mit meinem Freund John darüber sprach, sagte er lächelnd: »Never mind, Ernest, that are just newspapers.« Jener Auslandsaufenthalt hat mir unendlich viel gegeben und ich denke, daß sich auch mein Demokratieverständnis damals entscheidend entwickelt hat.

Die diesjährige Bundestagswahl hat uns gezeigt, daß offensichtlich zahlreiche Menschen in den neuen Bundesländern unzufrieden sind, daß es namhafte Frauen und Männer der ehemaligen SED verstanden haben, Wähler für ihre sozialistische Nachfolgepartei zu gewinnen. Und das, obwohl unendlich viel nach der Wende in Ostdeutschland an Aufbauarbeit geleistet worden ist. Gewiß kann nach 40 Jahren DDR-System und -Wirtschaft nicht alles innerhalb von acht Jahren nennenswert verbessert und dem Westen angeglichen werden. Auch konnte nicht erwartet werden, daß alle unsere ostdeutschen Landsleute in relativ kurzer Zeit den Weg zu einer demokratischen Einstellung gefunden haben nach einem jahrzehntelangen Leben unter einem diktatorischen System. Hinzu kommt, daß sich gewiß manche Bürger in den neuen Bundesländern in einer schlechten wirtschaftlichen Lage befinden, durch die Gegebenheiten der Vereinigung. Das alles mögen die Altparteien nicht genügend berücksichtigt haben. Die Quittung erhielten wir bei der Wahl. Auf jeden Fall ist noch mehr soziale Gerechtigkeit in unserem Land anzustreben. Nur kann sie nicht von »Vater Staat« verordnet werden. Weil dann unsere demokratische Verfassung, basierend auf dem Grundgesetz, Schaden nehmen könnte. Ebenfalls würde der Staat bei zu großen Ausgaben sich übernehmen und weiter verschulden. Was bei zuviel Staat herauskommt, haben viele unserer Mitbürger im realen Sozialismus selbst erlebt. – Als damaliges Mitglied der »Anglo-German Association« habe ich zahlreiche Veranstaltungen, auch Aussprachen miterlebt. Unvergessen ist mir ein älterer Engländer, der sich zum Krieg geäußert hat: »Weißt du, Ernst, ihr und wir wollten nicht den Krieg, aber es gibt ›the theys‹, eine kleine Gruppe von Leuten, leider in jedem Land, die Kriege verherrlichen.« Im Verlauf unseres Gesprächs ergänzte er etwas später: »Eine gefestigte Demokratie muß mit solchen Leuten leben können, darf sie nur nicht zu stark werden lassen.« Dem hatte ich nichts hinzuzufügen.

Meine Sorge gilt heute unserer noch jungen Demokratie, in der wir alle mitwirken müssen und Verantwortung tragen sollten. Jeder von uns ist aufgerufen, wachsam zu sein und extreme Einflüsse, seien sie von rechts oder von links, zu verhindern. Das kann u. a. geschehen durch mehr soziale Gerechtigkeit, durch weniger Arbeitslosigkeit, durch mehr Ehrlichkeit und Offenheit innerhalb unserer Gesellschaft. Jegliche Korruption ist zu bekämpfen, ethische und moralische Werte sollten wieder an Bedeutung gewinnen. Nur auf diese Weise, denke ich, können wir langfristig echte Freiheit und den Frieden in unserem Land und in Europa sichern. Politiker und verantwortliche Frauen und Männer sollten aber auch mit Festigkeit und Konsequenz und nicht halbherzig entsprechende Maßnahmen in die Wege leiten, damit wir den Frieden und die Freiheit in Deutschland und Europa bewahren und zu einer friedlicheren Welt unseren Beitrag leisten.

Anton Tischinger

Unsere Demokratie ist nicht so demokratisch, wie sie sein könnte

Dr. Anton Tischinger, Dr. theol., geb. 1948 in Augsburg, kath. Hochschulpfarrer und Lehrbeauftragter für christliche Sozialethik an der Universität der Bundeswehr, München. Neben gelungenen Operninszenierungen interessieren ihn geistreiche Kleinkunst. Als Seelsorger und Lebensberater versucht er eine Synthese von christlichem Glauben und Lebenserfahrung.

Jede Staats- und Regierungsform trägt ihre speziellen Früchte. Doch um die Frage, »was ist faul im Staate Deutschland?« zu beantworten, genügt es sicherlich nicht, aus dem Korb der politischen Ereignisse des vergangenen halben Jahrhunderts von oben weg nur diejenigen herauszugreifen, die Druckstellen aufweisen.

Wir würden uns damit ausschließlich mit Symptomen auseinandersetzen, anstatt der Sache auf den Grund zu gehen und nach den Wurzeln zu forschen.

»Die Bundesrepublik Deutschland ist ein demokratischer und sozialer Bundesstaat. Alle Staatsgewalt geht vom Volke aus«. So legt es Art. 20 GG, das am 23. Mai 1949 feierlich verkündet wurde, fest.

Aber wie sind wir, die Bürger der Bundesrepublik Deutschland, zu diesem Grundgesetz und dem damit verbundenen demokratischen Prinzip überhaupt gekommen? Eine Überlegung, die ganz schnell einen Grundmangel deutlich macht.

Unsere Demokratie wurde dem besiegten und am Boden platt gedrückten Volk nach dem Zweiten Weltkrieg von den Besatzungsmächten aufgesetzt, vorgeschrieben, verordnet. Sie ist allein von ihrer Entstehungsgeschichte her keine »Volksherrschaft«, da sie nicht explizit vom Volke ausgegangen ist. Nicht das Volk hat sich für die Demokratie entschieden, sondern die Verfügung wurde über die Köpfe des lethargischen Volkes hinweg getroffen.

Deutsche Verfassungspolitik wurde nach dem Zweiten Weltkrieg in Washington, Moskau, London und Paris gemacht. Parteien wurden von der Militärregierung ausgewählt, eingesetzt, notfalls auch ausgewechselt – und mit Lizenznummern versehen. Ein Umstand, aufgrund dessen sich Konrad Adenauer von Kurt Schumacher den Vorwurf gefallen lassen mußte, ein »Lizenzpolitiker« zu sein.

Natürlich barg diese »Demokratisierung« für uns eine Menge Vorteile in sich – insbesondere im Rückblick auf eine furchtbare Nazidiktatur und mit der Aussicht auf eine stalinistische kommunistische Diktatur.

In Deutschland gab es jedenfalls bis zur Wiedervereinigung keinen ausdrücklich demokratischen Prozeß. In dieser Hinsicht sind uns die Bürger der ehemaligen DDR einen Schritt voraus, denn durch den Druck des Volkes wurde die Diktatur der SED vertrieben.

Auch im Vergleich mit anderen Ländern zeigt sich, daß Demokratie in fast allen Fällen aus Umbrüchen, Revolutionen resultierte: USA, Frankreich, Schweiz, England, das heißt nichts anderes, als daß dieses Kind aus dem Schoß des Volkes kommen und unter Schmerzen geboren werden muß.

Unsere Demokratie dagegen ist allenfalls ein Adoptivkind.

Positiv betrachtet, können wir sagen, die Demokratie wurde uns geschenkt – aber gewachsen ist sie nicht. Darin liegt ein elementares Manko, das bislang nicht überwunden wurde. Wir leben heute in einer Parteiendemokratie, in einer reinen Parteienfunktionärsdemokratie – und damit mit einem weiteren Defizit. Sicherlich sagt jeder, es geht uns gut, aber Demokratie ist etwas anderes. V. a. ist Demokratie keine Selbstverständlichkeit.

Aus diesem Grundmangel heraus, aus der Tatsache, daß unsere Demokratie historisch gesehen keine vom Volk selbst gewählte ist, ist unsere Demokratie auch nicht so demokratisch, wie sie sein könnte. Wie könnte sie verbessert werden?

Vielen Menschen ist gar nicht bewußt, daß wir bis zur Wiedervereinigung staatsrechtlich keine deutsche Verfassung hatten, sondern nur ein Grundgesetz mit Verfassungsrang. Welch ein Widerspruch, daß wir dennoch ein Verfassungsgericht kannten, das der Wahrung der im Grundgesetz verankerten Rechte dient.

Wenn wir daran zurückdenken, wie das Grundgesetz verabschiedet wurde, dann erinnern wir uns auch daran, daß der Bayerische Landtag dem Grundgesetz nicht zustimmte – auch wenn er dessen Geltung für Bayern anerkannte. Ein Umstand, durch den Bayern für mich mit Recht ein Freistaat ist.

Aus der Fülle der bisherigen Betrachtungen folgt für mich: Der erste Schritt, um eine Verbesserung unserer Demokratie anzustreben, müßte unweigerlich in der Forderung nach einer Verfassung liegen, die auf dem breiten Konsens des Volkes beruht. Dazu wäre eine neue, verfassunggebende Versammlung notwendig, die sich aus Repräsentanten und Vertretern aller Teile des Volkes zusammensetzt.

Erste positive Tendenzen sind bereits zu erkennen, wie z. B. das Ergebnis der Wahl zum Deutschen Bundestag im September 1998: Das Volk hat nach 16 Jahren der bestehenden Regierung das Vertrauen entzogen und einen Machtwechsel gefordert. Und genau so, wie es das demokratische Prinzip vorschreibt, ist der Wille des Volkes auch geschehen: würdevoll und geordnet. Ein Exempel für eine reife Demokratie. Das hat sicherlich auch den Osten unserer Republik in seinem Demokratiebewußtsein gestärkt.

Ärgerlich ist dabei manches Mal immer wieder die Arroganz der Mächtigen – insbesondere dann, wenn sie sich dadurch ausdrückt, daß weder das demokratische Prinzip, noch der Souverän, das Volk, anerkannt wird. Im Gegenteil: Die Bürger werden am Wahlabend nach der Wahl für dumm und eigentlich uneinsichtig erklärt.

Was würden sie ändern?

Der bayerische Ministerpräsident Edmund Stoiber sieht das Defizit der Politik in der Bürgerferne – und darin kann ich ihm nur zustimmen.

Dies drückt er auch durch seine Unterstützung der Gesetzesinitiative von SPD und Bündnis 90/Die Grünen für ein Plebiszit auf Bundesebene aus. Ein Vorhaben, vor dem Theo Waigel wieder einmal warnt – doch der bayerische Ministerpräsident läßt sich nicht beirren.

Mein oberstes Bestreben – wäre ich Politiker – würde darin liegen, hinsichtlich der Bürgerferne einen Kurswechsel vorzunehmen und die Bürgernähe anzustreben.

Von Grund auf ist unsere bundesrepublikanische Demokratie durch fehlende Bürgernähe geprägt. Dies hat seine geschichtlichen Wurzeln bereits in der Entstehung des Grundgesetzes als der Basis unserer Regierungsform.

Die Entwicklung unserer Demokratie zeigt keinen kontinuierlichen Verlauf. Im Gegenteil: Unter Karl Scharnagel hatte sich das Volk eigentlich wieder einer Militärdiktatur zu fügen.

Sicherlich war das Grundgesetz ein Schutzgesetz gegen Unfreiheit und hat sich als solches auch bewährt. Trotzdem bleibt festzuhalten: es kennt keine Bürgereinbindung und ist und bleibt bürgerfern. Politiker sind heute eine eigene Kaste geworden.

Belegt durch persönliche Erfahrungen: Ein Beispiel für die fehlende Bürgernähe aus meinem Erfahrungsschatz ist die Einführung des Euros. Gewiß ist diese Einführung wichtig. Aber wann hatte das Volk eine Möglichkeit, seine Zustimmung auszudrücken? In keinem anderen Land Europas wurde die Entscheidung ohne die Beteiligung der Bürger getroffen, überall gab es Volksabstimmungen. Nur nicht bei uns.

Oder die doppelte Staatsbürgerschaft für Ausländer?

Auch hier geht es mir nicht um das, was beschlossen wurde, sondern um den Vorgang der Entscheidungsfindungen.

Ich halte es für unvorstellbar, daß solche gravierenden Veränderungen den Bürgern einfach vorgeschrieben werden. In derartigen Belangen müßte doch das Volk in einem breiten

Konsens zu einer Einigung kommen dürfen. Doch in dieser Hinsicht steht auch die neue Regierung in der alten Tradition. Gerade darin sehe ich das Manko, das enorme Defizit unserer Demokratie.

Für die Zukunft läßt sich nur hoffen, daß sich Edmund Stoibers Plan, die Bürger in der Ausländer- und Rechtspolitik mittels Volksentscheiden nach der Akzeptanz der Bonner Beschlüsse zu fragen, bewahrheitet.

Denn so könnte unsere Demokratie – um auf mein einleitendes Beispiel zurückzukommen – trotz ihrer Wurzeln bald gesunde Früchte tragen.

Noch eines. Dies gelingt natürlich nur, wenn sich auch das Volk in Verantwortung zu der Staatsgewalt, die ihm grundrechtlich zugesichert ist, bekennt und mehrheitlich zur Teilnahme an Wahlen und Abstimmungen verpflichtet sieht.

Christian Petzke

Unsere Demokratie leidet unter Parteien- und Funktionärsherrschaft

Dr. jur. Christian Petzke, geb. 1931 in Plauen im Vogtland. Studium der Rechte in München, nach dem Assessorexamen zunächst Staatsanwalt, später im Geschäftsbereich des Staatsministeriums des Inneren, zuletzt Oberlandesanwalt beim Bayer. Verwaltungsgerichtshof in München. Promotion 1960 mit summa cum laude an der Universität München bei Prof. Hans Nawiasky über das Thema ›Wesen der politischen Opposition‹. Hauptinteressen: Öffentl. Recht, besonders Staatsrecht, daneben wissenschaftliche Politik, Sozial- und Kulturwissenschaften.

Schlagzeilen in der Tagespresse im Oktober 1998 wie »SED und Grüne reformieren das Staatsbürgerschaftsrecht, Millionen Ausländer können Deutsche werden« oder »SPD und Grüne einigen sich auf Atomausstieg« zeigen schlaglichtartig, wie tief die politische Kultur in Deutschland gesunken ist. Nicht mehr das volksgewählte Parlament – der Deutsche Bundestag – trifft die politischen Entscheidungen, sondern ein Kreis von Parteifunktionären in Koalitionsverhandlungen. Der Bundestag ist nur noch eine Art Staatsnotar, der anderweitig bereits getroffene Entscheidungen lediglich noch in die staatsrechtlich vorgeschriebene Form zu bringen hat, jedoch als Entscheidungsträger abdanken mußte. Das ist Funktionärsherrschaft pur! Hier bestünde für die Medien ein rechtes Feld der Kritik, aber kritische Stimmen dazu liest man selten oder nie, gerade auch bei Presseorganen, die sich gern als Hüter der Demokratie und Rechtsstaatlichkeit gerieren.

Die Demokratie ist vielfach nur noch ein dünner Firnis, der die Parteien- und Funktionärsherrschaft verdeckt.

Schon bei den Entscheidungen über den Euro wurde das deutlich sichtbar. Das Volk murrte, aber gefragt wurde es nicht, weder von Schwarz/Gelb noch von Rot/Grün. Und das, obwohl das Grundgesetz in Art. 20, Abs. 2 Volksentscheide ausdrücklich zuläßt. In diesem Punkt hebt sich die Bayerische Verfassung – obwohl mehrere Jahre älter und deshalb von geringerem Erfahrungshorizont – wohltuend von den Verhältnissen auf der Bundesebene ab, wie die Entscheidung der bayerischen Bevölkerung über die Fortexistenz des Senates beweist. Die Verheißung im Grundgesetz »Alle Staatsgewalt geht vom Volke aus« ist hingegen nur noch graue Theorie, aber keine Realität.

Kerstin Schröder

Auf dem Weg zur mündigen Bürgerin

Kerstin Schröder, Eisenberg/Thüringen, 25 Jahre (25.07.1973), zwei Kinder, Altenpflegerin, z. Z. Fachoberschule für Soziales.

Für mich besteht der Zusammenhang zwischen Demokratie, politischer Kultur und meiner Lebenswelt darin, daß ich die mir gegebenen demokratischen Möglichkeiten kenne bzw. mich über sie informiere und sie auch nutze. Beispiele:

1. Ich kann mir mit den mir zur Verfügung stehenden Mitteln ein Bild über die sog. »große Politik« machen, und aufgrund des sich mir ergebenden Bildes nutze ich die Chance zur Veränderung durch Mitbestimmung und gehe wählen.

2. Im Kindergarten meiner Kinder bin ich Mitglied im Elternbeirat. Hier habe ich im kleinen Format die Möglichkeit zur demokratischen Mitbestimmung. Ich habe die Wahl zu verändern, zu belassen, kann mich mit anderen Eltern darüber streiten, was ich für richtig oder falsch halte. Das Entscheidende daran ist – wir tun etwas und lassen nichts mit uns tun.

3. Wenn Erziehung zu Demokratie und politischer Kultur schon in der Familie beginnt, dann leben wir das unseren Kindern schon vor, indem wir versuchen, auf die Bedürfnisse jedes einzelnen Familienmitgliedes Rücksicht zu nehmen. Wir bemühen uns, auch unsere Kinder in ihren Ängsten und Freuden ernst zu nehmen, und bei uns funktioniert, glaube ich, auch die »Gleichberechtigung zwischen den Geschlechtern« ganz gut. Auf jeden Fall bekommen unsere Kinder keine Hierarchie zwischen Mann und Frau vorgelebt.

4. Ich bin der Meinung, die Tatsache, daß ich als Mutter die Möglichkeit des zweiten Bildungsweges nutze, hat auch etwas mit Demokratie und politischer Kultur zu tun. Ich glaube nicht,

daß das vor 20 oder 30 Jahren so selbstverständlich gewesen wäre.

5. Ich habe eine Freundin, deren Mann den Umgang mit mir verbieten wollte, weil ich nicht ihrem »sozialen Status« entspreche. Daß wir dieses Verbot mißachten, ist meiner Ansicht nach auch Demokratie. Denn erstens ist es mehr als undemokratisch, daß es noch Männer gibt, die glauben, in solcher Weise über ihre Frauen bestimmen zu können, und zweitens setzen wir uns damit über den Unterschied unserer sozialen Herkunft hinweg!

6. Ohne irgendwelche Tricks anwenden zu müssen, habe ich nach genauer Information verstanden, während meiner Erziehungszeiten Ansprüche auf Wohngeld, Sozialhilfe, Mutterschutz- und Erziehungsgeld geltend zu machen. Und das hat immerhin auch etwas mit Kenntnissen über das politische System zu tun, denn dieses politische System hat solche Ansprüche für mich erwirkt.

Vielleicht gibt es ja auch andere Betrachtungsrichtungen oder Zusammenhänge zwischen Demokratie, politischer Kultur und meiner Lebensweise. Die obengenannten sind aber die mir bewußten oder bewußt gewordenen Zusammenhänge.

Holger Zettl

Über Zusammenhänge zwischen Demokratie, politischer Kultur und Lebenswelt

Holger Zettl, geb. am 11.03.1962 in Rudolstadt (Thüringen). 1968–1978 Besuch der polytechnischen Oberschule in Rudolstadt (Abschluß: Mittlere Reife), seit 1978 wohnhaft in Jena. 1978–1980 Lehre als Elektromechaniker bei Carl-Zeiss, Jena, bis 1991 in diesem Beruf tätig, danach »wendebedingt« arbeitslos, 1993–1996 Arbeit als Verwaltungsangestellter, 1996 bis 1997 Ausbildung im Bereich Bürokommunikation, seit September 1998 Besuch der Fachoberschule für Gesundheit und Soziales in Jena (Ziel: Fachhochschulreife im Juli 1999). In Lebensgemeinschaft, zwei Söhne (fünf und zehn Jahre alt), Interessen: Sport, Natur, Politik.

Was ist eigentlich Demokratie? Demokratie wird als eine Regierungsform definiert, bei der die Staatsgewalt vom Volk ausgeht. Ziele einer Demokratie sind die Mitbestimmung, Freiheit und soziale Gerechtigkeit aller Menschen. Doch leider ist das Erreichen dieser Ziele kompliziert. Es gab und wird auch in Zukunft Menschen geben, welche unter dem Deckmantel der Demokratie eigene Interessen wahrnehmen bzw. versuchen, diese durchzusetzen. Auch schon früher in der Antike gab es eine Art von Demokratie: von den Reichen gelebt, Sklaven, Frauen und Besitzlose waren allerdings von den politischen Rechten ausgeschlossen. Mit diesem Beispiel möchte ich nun auf keinen Fall die damalige Demokratie mit der unsrigen heutigen gleichsetzen, ich will eigentlich darauf hinweisen, daß es leider auch heute in Deutschland noch Gruppen von Personen gibt, welche von Demokratie ausgeschlossen sind bzw. benachteiligt werden (z. B. Ausländer, Minderheiten, Behinderte, oft auch Frauen). Ich verweise hier nochmals auf die eingangs erwähnten Ziele einer Demokratie. Ich bin der Meinung, jeder Mensch sollte (da ich in Deutschland lebe, möchte ich auch nur für uns Deutsche sprechen) von seiner Möglichkeit, Demokratie aktiv zu gestalten, unbedingt Gebrauch machen (diese Chance haben wir den Menschen in den meisten Ländern voraus). Denn nur in der Art und Weise (natürlich auch »zahlenmäßig«), wie wir uns selbst an der Gestaltung der Demokratie beteiligen, können wir auch Nutznießer von demokratischen Verhältnissen sein. In einem demokratischen Staat ist die Regierung zwar von der Mehrheit des Volkes gewählt, trotzdem wird es immer ratsam sein, den Regierenden auf die Finger zu sehen. Denn es gilt: »Der Einfluß von Parteioligarchen und Parteibonzen kann nur so stark sein, wie es die Parteimitglieder zulassen. Demokratie lebt noch immer davon, daß die einzelnen bereit sind, ihr Schicksal und ihre Interessen in die eigenen Hände zu nehmen und sich nicht bevormunden zu lassen.«

In engem Zusammenhang zur Demokratie steht eine demokratische politische Kultur, welche besagt, daß die Bevölkerung eines Staates Kenntnisse über das entsprechende politische System hat. Ich meine, dies ist eine Grundvoraussetzung, Demokratie überhaupt mitgestalten zu können. Ich begreife solche Menschen nicht, welche sich für ihre »politische Umgebung« einfach nicht interessieren. Wie oft hört man Aussprüche wie: »Für Politik interessiere ich mich nicht« oder: »Da kann man ja doch nichts ändern« oder: »Die da oben machen das schon.« Hier wird Mitbestimmung aus der Hand gegeben, solche Gleichgültigkeit trägt natürlich wenig dazu bei, Demokratie ständig voranzutreiben, zu verändern, zu verbessern.

Ich selbst sehe Demokratie als Chance, mich persönlich (natürlich im Rahmen der mir gegebenen Möglichkeiten) an der Gestaltung meiner gesellschaftlichen Umgebung aktiv zu beteiligen. So bin ich, obwohl ich momentan keiner Partei angehöre, politisch sehr interessiert. Für mich ist es selbstverständlich, mein Wahlrecht wahrzunehmen bzw. bei Bürgerbefragungen meine Meinung zu äußern. In meiner Tätigkeit als ehrenamtlicher Richter versuche ich (wenn auch nur im ganz kleinen Rahmen des mir gegebenen Mitspracherechts), die Rechtsordnung unseres demokratischen Staates gerecht auszulegen. Meine Kinder erziehe ich in jeder Hinsicht weltoffen. Ich selbst versuche, vorurteilsfrei und in Achtung den anderen gegenüber bzw. der Sache/Angelegenheit zu begegnen. Ich betrachte mich als »Kleines Rad« unserer Demokratie.

Reni Maltschew

Haben wir etwas zu feiern?

Reni Maltschew, geb. 1976, Studentin an der Juristischen Fakultät der Universität Potsdam. Besondere Interessen: gesellschaftliches Engagement außerhalb einer Partei, insbesondere Mitglied der »European Law Student's Association«; lesen, reisen, tanzen, studieren.

Haben wir was zu feiern, wenn das Grundgesetz am 23. Mai 1999 ein halbes Jahrhundert alt wird?

Wenn im Mai '99 Festreden geschwungen werden, ein Loblied auf das deutsche Grundgesetz gesungen und gleichzeitig in Berlin und anderen Bundesländern von Initiativen, Vereinen, Organisationen, Schulen, von engagierten Bürgerinnen und Bürgern proklamiert wird: »50 Jahre Grundgesetz: Die Bürgergesellschaft lebt – Wir mischen uns ein!«, berührt uns das?

Was haben wir »Ossis« schon mit dem 23. Mai 1949 zu tun? 50 Jahre Grundgesetz – was geht uns das an?

Für ca. 16 Mio. Menschen werden es genaugenommen gerade mal neun Jahre sein. Neun Jahre. Kein Grund zum Feiern. Kann man uns dennoch so etwas wie »Verfassungspatriotismus« abverlangen? Darüber nachzudenken könnte sich lohnen.

Als wir im Herbst 1989 auf die Straßen gingen, wollten wir in erster Linie Freiheit und Demokratie. Uns lagen wichtige Grundrechte am Herzen.

Erst dann wurde aus dem Ruf: »Wir sind das Volk« die Forderung nach der deutschen Einheit: »Wir sind ein Volk!«

Mag sein, daß in letzter Zeit wieder mehr über die Probleme der inneren Einheit geredet wird, und das Bewußtsein der gewonnenen Freiheit hintenansteht. Mag sein, daß uns das, wofür wir einst so lautstark demonstrieren gingen, heute schon als selbstverständlich erscheint.

Darf ich als junger Mensch, der beide Systeme kennengelernt hat, und den die Umwälzungen und Veränderungen der Wende-Jahre stark geprägt haben, dennoch hoffen, daß uns unsere Erfahrungen und Motivationen von damals nicht ganz verlorengehen?

Meinungs-, Presse-, Versammlungsfreiheit, Freizügigkeit, freie demokratische Wahlen ... – all dies haben wir nicht geschenkt bekommen. Jedoch sollten wir uns auch der Tatsache bewußt sein, daß wir viele Möglichkeiten ohne die Festschreibung dieser wertvollen Grundrechte im Grundgesetz nicht hätten. Wir könnten in den Ferien nicht nach Mallorca, Gran Canaria, London, Paris, Madrid reisen, hätten nicht die Chance gehabt, im September ganz demokratisch über einen Wechsel parlamentarischer Mehrheiten zu befinden, würden nicht nach gescheiterten Tarifverhandlungen in den Streik treten ...

Vielleicht ist uns das Grundgesetz ja doch nicht so egal.

Und trotzdem: eine Identifikation von Ostdeutschen mit dem Grundgesetz – ist das überhaupt möglich? Studien zur Akzeptanz des Grundgesetzes in Ostdeutschland lassen zumindest daran zweifeln.

Eine Chance wurde bereits verpaßt, indem 1990 Art. 146 GG nicht umgesetzt wurde, und der Weg für eine gemeinsame Verfassung versperrt blieb. Vielleicht wären wir mit einem solchen Volksentscheid heute tatsächlich »politisch intelligenter, wacher und über uns selbst aufgeklärter«.

Wir können diese verpaßte Chance nun bedauern. Wir können dem Ganzen auch gleichgültig gegenüberstehen: Es ändert sich ja sowieso nichts. Die Revolution ist schließlich längst vorbei und überhaupt ...

Aber wo ist da unser Pioniergeist geblieben?

Ohnmächtig sind wir keineswegs!

Wir »Ossis« sollten und mit einmischen und dem Aufruf zur Woche der Bürgergesellschaft folgen, weil wir ein Teil von ihr sind. Gerade wir sollten die Gelegenheit nutzen, um auf die wachsenden Gerechtigkeitsprobleme, auf das Auseinanderdriften unseres Gemeinwesens, auf die immer stärker werdende Entsolidarisierung, auf die Ausgrenzung von Minderheiten, die Arbeitslosigkeit und auf die um sich greifende Perspektivlosigkeit aufmerksam zu machen.

Wir sollten die Gelegenheit nutzen, um zu zeigen, mit wieviel Kreativität und Engagement wir in Leipzig, Dresden, Cottbus, überall in den neuen Ländern, arbeiten und uns als Teil einer aktiven und mündigen Bürgergesellschaft beweisen.

Der 50. Geburtstag des Grundgesetzes ist ein guter Zeitpunkt, um sich zu artikulieren, um anzumahnen, was anzumahnen ist, um für gut zu befinden, was sich als gut erwiesen hat und schließlich ... um ein wenig gemeinsam zu feiern.

Jan Röttgers

Gebt der Jugend eine Chance!
Über Jugendliche und das Ehrenamt
bei den Pfadfindern

Jan Röttgers, Jg. 1970, geboren in Oldenburg, 1990–1995 Studium der Volkswirtschaftslehre in Göttingen, 1995 Examen. Seit 1995 Promotion an der Humboldt-Universität zu Berlin an der wirtschaftswissenschaftlichen Fakultät zum Thema Umweltinformationssysteme. Parallel Tätigkeit für die Berliner Medizintechnikfirma Mediport Consult GmbH im Bereich Marktforschung. Seit 1979 Mitglied im Bund der Pfadfinderinnen und Pfadfinder (BdP). Dort verschiedene Aufgaben wahrgenommen, u.a. Gruppenleitertätigkeit, Landesvorstand in Niedersachsen und Sprecher des Bundesarbeitskreises für Öffentlichkeitsarbeit. Er setzt sich auf verschiedenen Ebenen des BdP für eine stärkere Bereitschaft zur Übernahme von Verantwortung durch Jugendliche ein.

In den letzten Jahren haben sich Soziologen, Marktforscher und Trendforscher in diversen aufwendigen Studien intensiv mit dem Lebensgefühl und Konsumverhalten von Jugendlichen auseinandergesetzt. Wenn deutsche Jugendliche selbst beschreiben sollen, halten sich viele für selbstbewußt und vergnügungssüchtig. 53 Prozent wollen das Leben genießen und 11 Prozent wollen die Welt zum Guten verändern. Zentrale Feststellung der YOYO (youth observes youth)-Studien ist eine egozentrische deutsche Jugend, die sich auf der wachsenden Suche nach Sinnfindung befindet und sich immer mehr an inneren Befindlichkeiten und Ideen orientiert.

Hinter der vermeintlichen Egozentrik steckt jedoch bei genauerer Betrachtung ein nüchterner Pragmatismus, in dem sich abgeklärter Realismus mit einem Mangel an Visionen verbindet. Keine andere deutsche Nachkriegsjugend ist mit so vielen materiellen Möglichkeiten und gleichzeitig so viel Wissen über die sie umgebenden Probleme aufgewachsen.

In den letzten Jahren haben sich die Rahmenbedingungen des Lebens allgemein spürbar verändert. Dabei ist zu beobachten, daß vor den existentiellen Sorgen um Arbeit und Ausbildung andere Probleme mittlerweile in den Hintergrund getreten sind, selbst die Umweltproblematik gerät angesichts der unmittelbaren Bedrohung, arbeitslos zu werden, immer mehr aus dem Blickfeld der jungen Generation. Die jüngeren Studien (u.a. 12. Shell-Studie von 1997) belegen, daß die Befragten den Zustand der Welt eher pessimistisch sehen und das Vertrauen in die Leistungsfähigkeit von Politik und Wirtschaft immer weiter verlorengeht. Der qualitative Teil der 12. Shell-Studie beschreibt die Grundstimmung unter Jugendlichen so: »Es herrscht mehrheitlich der Eindruck vor, daß Politik bzw. das politische System versagen. Da Jugendliche das Gefühl haben, derzeit, in naher oder ferner Zukunft, von diesem Versagen mitbetroffen zu sein, fanden wir Zukunftsangst und mangelndes Vertrauen. Es gab deshalb vorwiegend eine depressive Grundstimmung bezüglich Gesellschaft und Politik; man fühlt sich nicht beteiligt und einflußlos.«

Und es gibt sie doch noch, die engagierten Jugendlichen! Junge Menschen im Alter zwischen zwölf und 21 Jahren treffen sich in kleinen Gruppen zum gemeinsamen Tun bei den Pfadfindern. Sie verabreden sich am Wochenende, um auf Fahrt zu gehen. Die Kohte, das schwarze Zelt aus Lappland, ist immer dabei. Man wandert, fährt Kanu und sucht sich irgendwo einen Lagerplatz. In dem Zelt wird über offenem Feuer gekocht. Die Pfadfinder also ein Wanderverein? – Wenn wir die technische Welt verlassen, wissen wir morgens noch nicht, was im Laufe des Tages passiert. Schwierige Situationen sind nicht nur eine Herausforderung, sondern oft der Anfang für unvergeßliche Erlebnisse. Mit der Einstellung, Schwierigkeiten nicht aus dem Weg zu gehen, sondern gemeinsam mit anderen zu meistern, beginnt das Abenteuer. Und zu wissen, daß die anderen hinter einem stehen, gibt uns den Mut, unsere Grenzen zu überschreiten.

Ihren Leiter bestimmt die Gruppe selbst. So wird oft bereits im Alter von 15 Jahren Verantwortung übernommen. Bei uns ist das Prinzip »Jugend für die Jugend«. Wir wollen damit einen Beitrag leisten, Jugendliche zu jungen kritischen und verantwortungsbewußten Bürgerinnen und Bürgern zu erziehen. Und viele junge Menschen in unseren Gruppen nehmen die Verantwortung an und sehen in ihr eine sinnvolle Aufgabe, eine Herausforderung. Natürlich fehlt diesen Menschen die Erfahrung der Erwachsenenwelt. Aber nach dem Prinzip »learning by doing« sollen die Jugendlichen in einem verantwortbaren Rahmen eigene Erfahrungen sammeln und aus diesen lernen.

In der Jugendarbeit ist jedoch eine eindeutige Entwicklung zu erkennen, daß immer weniger Jugendliche die Bereitschaft aufbringen, Verantwortung zu übernehmen. Nicht selten sind es die Eltern, die dem ehrenamtlichen Engagement junger Menschen im Wege stehen. Das Angebot Pfadfinder finden Eltern durchaus sinnvoll. Lernt man doch hier ganz praktische Dinge für das Leben. Aber dann soll ihr Kind plötzlich selber Verantwortung übernehmen! Von dieser Vorstellung sind viele Erziehungsberechtigte sehr erschrocken, ja entsetzt. Es mangelt oft an dem Vertrauen, daß auch junge Leute etwas können – sehr viel mehr können, als wir ihnen oft zubilligen. Man muß Jugendlichen eine Chance für die Annahme von Herausforderungen geben. Hierbei geht es nicht um Überforderung oder falsch verstandene Pflichtausübung. Es geht hier eher um eine Gegenwelt, die dem Konsumrausch – man betrachte nur die Milliardenumsätze durch jugendliche Käufergruppen – und den vielen Eindrücken der elektronischen Medienwelt gegenüber steht.

Gebt der Jugend ein Chance! Gebt ihr eine Chance, etwas selber in die Hand zu nehmen, kreativ zu sein und gemeinsam Ideen zu entwickeln. Wieso glauben eigentlich Erwachsene immer zu wissen, was gut und was schlecht für junge Menschen ist? Braucht man nicht Spielräume, um neue Sachen zu probieren, eigene Erfahrung zu sammeln und daraus zu lernen? Fest steht, daß das Ehrenamt gesellschaftlich nicht gerade hoch im Kurs steht. Und fest steht auch, daß ehrenamtliches Engagement sich nicht sofort in barer Münze auszahlt. Das ist oft bereits ein K.O.-Kriterium für weitere Überlegungen, sich aktiv in die Gesellschaft über ein Ehrenamt einzubringen. Und doch muß es wohl darum gehen, jungen Menschen die Chance zu geben, Schlüsselqualifikationen zu erlernen. Unsere Pfadfinderregeln mögen altmodisch klingen, sind aber doch auch für Nichtpfadfinder durchaus von Bedeutung. Sie lauten z. B.: »Ich will kritisch sein und Verantwortung übernehmen« oder: »Ich will dem Frieden dienen und mich für die Gemeinschaft einsetzen, in der ich lebe.«

In unseren Gruppen vor Ort spüren wir sehr deutlich die abnehmende Bereitschaft zur Übernahme von Verantwortung. Und da muß man sich fragen, wo die Reise in dieser Gesellschaft hingeht. Klar, nicht jeder kann eine Gruppe leiten. Das ist hier auch gar nicht gemeint. Aber wenn es fähige junge Menschen mit der Bereitschaft zu solchem Engagement gibt, dann muß die Gesellschaft auch den entsprechenden Rahmen zur Verfügung stellen. Denn sonst nutzen wir nicht die Potentiale, die in den jungen Menschen stecken. Und damit vergeben wir die große Chance. Denn wer schon in jungen Jahren lernt, Verantwortung zu übernehmen und mit ihr umzugehen, wird auch im späteren Leben der Gesellschaft keinen schlechten Dienst erweisen.

Hildegard Hamm-Brücher
Freiheit ist mehr als ein Wort
Eine Lebensbilanz
dtv 30644

Ihren ersten Sprung ins Ungewisse wagte sie als Kind vom Zehnmeterbrett. 1948 war sie das jüngste Mitglied des Münchner Stadtrates, 1950 mit 29 Jahren Abgeordnete für die FDP im Bayerischen Landtag. So begann für Hildegard Hamm-Brücher eine lange und wechselvolle Karriere in der Politik, ihrem »Lebensberuf«. In ihren Erinnerungen erzählt sie ganz ohne Nostalgie und mit kritischem Blick von ihrem bewegten und bewegenden Leben. Das Buch ist nicht nur lebendige Zeitgeschichte und ein Blick hinter die Kulissen der großen Politik, sondern auch engagierte Demokratielehre und beherzte Streitschrift für ein kritisch-aktives Politikverständnis.

»Zivilcourage – woher sie kommt, wie sehr sie gebraucht wird, wieviel sie kostet und wie kostbar sie ist: Darüber gibt dieses Buch Auskunft.« (Die Zeit)

dtv

Deutsche Geschichte nach 1945 bei dtv

Peter Bender
Episode oder Epoche?
Zur Geschichte des geteilten Deutschland
dtv 4686

Peter Bender, erfahrener und scharfsichtiger Beobachter der deutsch-deutschen Verhältnisse, betrachtet die beiden deutschen Staaten in den 40 Jahren, in denen sie nebeneinander bestanden haben.

Wolfgang Benz
Die Gründung der Bundesrepublik
Von der Bizone zum souveränen Staat
(Deutsche Geschichte der neuesten Zeit)
dtv 4523 · Aktualisierte Neuausgabe 1999

Die Vor- und Frühgeschichte der Bundesrepublik Deutschland von den Anfängen in der amerikanisch-britischen Bizone im Jahr 1946 über die Verkündung des Grundgesetzes im Mai 1949 bis zur weitgehenden Erlangung der staatlichen Souveränität im Jahr 1955.

Deutsche Geschichte seit 1945
Chronik und Bilder
Von Wolfgang Benz
dtv 30705 (i.Vb.)

Eine umfassende, informative Dokumentation zum Nachlesen und Nachschlagen. Reichhaltiges Bildmaterial ergänzt die chronologische Darstellung.

Hans Boldt
Verfassungsgeschichte der Bundesrepublik Deutschland von 1945 bis heute
dtv 30704 (i.Vb.)

Hans Boldt legt nicht nur eine Geschichte der Verfassung vor, sondern darüber hinausgehend eine Geschichte der politischen Ordnung.